独立企業原則の限界と
移転価格税制の改革

江波戸順史

五絃舎

はじめに

1. 問題意識と研究の意義

　これまでは移転価格問題は租税回避との関係を中心に論じられてきた。この理由は，多国籍企業は各国の税率格差を利用して租税負担の軽減に努め，その際に利用されるのが移転価格であると考えられてきたからである。この場合，移転価格税制の目的は租税回避の防止であり，その範囲は国内に限定されていると言えよう。アメリカ合衆国などの租税国家は，社会的厚生の最大化のために，十分な公共財を供給しなければならない。租税回避の防止は，その供給財源の基礎となる課税ベースが他国へ移転するのを防ぐために必要となる。

　しかしながら，以前よりも各国間の関係が密接になった今日では，移転価格税制は国際的な観点から検討されるべきであろう。経済社会のグローバル化が進展する中では，租税回避の防止を目的とした，ある国による移転価格税制の執行が，相手国の課税ベースにマイナスの影響を与える可能性がある。そのため，移転価格税制は，国内的に租税回避を防止するだけでなく，国際的な目的として国家間の課税ベース配分を達成しなければならない。この現状を踏まえれば，本研究が，移転価格税制の国際的な目的として，国家間の課税ベース配分に関して検討することは意義があろう。

　また，従来の研究では，国家間の課税ベース配分は経済的二重課税の回避（第1条件）により適正になると考えられていたが，本研究では，第1条件に加え，国家間で課税ベースが過多過少なく配分されることを新たな条件（第2条件）として検討する。現行のシステムでは，事前確認制度（APA）により経済的二重課税が回避されると期待される。従来の研究の結論もまたAPAに帰結するものが多い。しかしながら，本研究では，APAは第1条件をクリアしても，第2条件をクリアできないことを明らかにする。結論として，定式配賦方式に準じながらPS法の枠組みを有する貢献度分析法によれば，第1条件及び第

2条件がクリアされ,国家間の「適正」な課税ベース配分が達成されると考える。

2. 研究の背景

2010年の調査 (the 2010 Global Transfer Pricing Survey by Ernst & Young) では,その対象となった世界中の多国籍企業（親会社）の95%が今後2年間の間に移転価格が重要になると回答した。また,移転価格調査を受けた多国籍企業は,2007年には52%であったが2010年には68%まで増加した。米国の多国籍企業に限るとその比率は90%であった。なお,移転価格調査はアメリカ合衆国で最も多く行われている（全体の36%）。このデータだけをみても,移転価格が現在でも重要な問題であると納得できるが,加えてそれを規制する移転価格税制（移転価格調査）がその背景にあり,幾度ものその改正が調査結果に影響したと推察される。

歴史的にみれば,アメリカ合衆国では,世界に先駆けて1928年に内国歳入法第482条（移転価格税制の根拠法）が導入され,1968年に財務省規則において独立企業間価格を算定するための基本三法が明らかにされた。その後1986年にはスーパーロイヤルティー条項が規定され,1988年には移転価格に関する白書が公表された。そして1992年及び1993年の税制改正後,1994年に最終規則として現在の移転価格税制が規定された。先行研究は,この複数回の改正を独立企業原則の変容として考えるが,実際には,それまでの独立企業原則に基づく移転価格税制がうまく機能しないため,その時代に合った新たな仕組みが求められたのだろう。

最近では,EU域内において定式配賦方式の導入が検討されている。なお,独立企業原則と定式配賦方式は対極的な概念である。現時点ではEU加盟国でも移転価格税制は独立企業原則に基づくが,それが定式配賦方式の導入に向けて動き出したことは興味深い。独立企業原則では多国籍企業グループを複数の独立企業（=法人）から構成されると考えるが,定式配賦方式では多国籍企業グループを一つの組織体として認識する。この点を踏まえると,独立企業原則から定式配賦方式への移行は多国籍企業グループそのものを認め,

法的ではなくその経済的活動を重視する新たな仕組みが求められた結果であると言えよう。

以上，アメリカ合衆国の移転価格税制は，現行の独立企業原則に基づく仕組みの基礎を構築したものであり，今でもその動向が各国に多大な影響を与えている。本研究ではその点を踏まえ検討対象とする。また，企業活動のグループ化が進む現在，独立企業原則に基づく移転価格税制が限界にあるとの考えのもと，EU加盟国の動きも加味して，理論的にも現実的にも有用である新たな仕組みを模索する。

3. 先行研究との関連

本研究で注目すべきは，①独立企業原則の限界を考慮して，その代替的なシステムとして定式配賦方式を支持する点である。しかしながら，現時点では定式配賦方式は国際的に認められていないので，②定式配賦方式の有用性が組み込まれ，かつ利益分割法（PS法）の枠組みに含まれる方法を提唱する点である。

①に関わる先行研究には，McLure (1984), Miller (1995), Hellerstein (2005), 岡村 (1997) などがある。これらの研究では，まず独立企業原則に関する批判的な考察に加え，関連者間取引では，非関連者間取引にはない内部取引利益が生じることが検討されている。また，独立企業原則のもとでは，内部取引利益は国家間で配分されないことが指摘され，それに代わり定式配賦方式が提案されている。

②に関わる先行研究には，Lebowitz (1999), Russo (2005), Herzig and Joisten (2010) などがある。これらの研究では，独立企業原則の限界が検討され，また定式配賦方式の問題点に関しても考察されている。その結論，独立企業原則と定式配賦方式の有用性を兼ね備えた方法として，PS法の枠組みに含まれる残余利益分割法を Lebowitz (1999), Russo (2005) は提唱し，Herzig and Joisten (2010) はその枠組みを有する貢献度分析法を推奨する。

しかしながら，先行研究では次の点が欠落している。第1に，独立企業原則による場合に内部取引利益が関係国間で配分されない理由が明確にされてい

ない。第2に，定式配賦方式及びPS法による場合，内部取引利益が適正に配分される理由の考察が不十分であり，またその方法のあり方に関しても十分には検討されていない。第3に，内部取引利益は国家間の課税ベース配分に影響を与えるはずだが，その点に関しても考察されていない。第4に，経済的二重課税に関して検討が加えられていない。

そこで，本研究では，国家間の「適正」な課税ベース配分の観点から，独立企業原則に基づく移転価格税制は，経済的二重課税を回避できるが，内部取引利益が存在する場合にはその機能が停止することを明らかにする。それに対して，定式配賦方式に準じながらPS法の枠組みを有する貢献度分析法であれば，経済的二重課税が回避され（第1条件），また，内部取引利益が認められ，過多過少のない課税ベース配分が可能（第2条件）となるので，国家間の「適正」な課税ベース配分が達成されることを明確にする。なお，内部取引利益に関しては，McLure (1984) の研究を援用する。この研究では，取引費用の節減などの観点から，内部取引利益を確認している。

4. 本研究の構成

本研究は以下のように構成されている。

第1章 移転価格の決定と移転価格税制

本章では，多国籍企業と租税国家が考える移転価格に相違がある中で，移転価格税制が果たすべき機能を明らかにする。まず，なぜ多国籍企業は移転価格を決定するのか，移転価格の決定要因は何か，また租税国家にとって移転価格とは何か，なぜ租税国家は移転価格を規制するのかを検討する。移転価格税制は国内的には租税回避を防止する機能を果たすが，国際的には国家間の課税ベース配分の機能を果たすべきであると主張する。なお，国家間の「適正」な課税ベース配分の条件として，経済的二重課税の回避（第1条件），過多過少のない課税ベース配分（第2条件）を設定する。

第2章 独立企業原則に基づく基本三法

本章では，独立企業原則，基本三法の仕組みとその問題に関して検討する。

まず，独立企業原則は完全競争市場のメカニズムを求めることを明らかにする。次に，独立企業原則のもとで，国家間の課税ベース配分のために，独立企業間価格が「情報」として機能することを検討する。また，独立企業原則と基本三法の関係を明確にした上で，独立企業間価格算定の仕組みを検討する。そして，その問題として，無形資産の評価の困難性，独立企業間価格幅，連続価格帯について考察し，基本三法による場合にも，経済的二重課税が生じる可能性のあることを明らかにする。

第3章　第四の方法による無形資産の評価

本章では，第四の方法である利益比準法（CPM），取引単位営業利益法（TNMM），PS法による無形資産の評価とその問題を検討する。まず，第四の方法が誕生した理由とその経緯について検討する。次に，CPM及びTNMMに関しては，酷似した方法であるのにも拘わらず，国際的には異なる方法と認識される点を踏まえて，その仕組みと問題に関して比較検討する。そして，PS法による無形資産の評価システムを考察した上で，その問題として相対的貢献度の評価の困難性について検討する。以上の問題から，いずれの第四の方法を適用しようとも，経済的二重課税が生じることを明らかにする。

第4章　コストシェアリング契約に基づく無形資産の評価

本章では，無形資産を評価する方法として，コストシェアリング契約に関して考察する。まず，コストシェアリング契約の有用性とその仕組みに関して検討する。次に，Buy-in無形資産の評価に関する問題に取り組み，その解決のために提案されたインベスターモデルに関して考察する。加えて，理論的に，コストシェアリング契約の利用は無形資産の評価アプローチが目指す方向に逆走するとの考えのもと，その利用による経済的二重課税の可能性を検討する。

第5章　経済的二重課税を回避するAPA：事前確認制度

本章では，APAによれば，第1条件である経済的二重課税が回避されることを明らかにする。まず，OECD，アメリカ合衆国，日本におけるAPAの位置づけ，APAが導入された理由，APAから受ける便益と負担について考察する。そして「事前」かつ「双務的」な協議の場としてAPAが機能することで，

経済的二重課税の原因となる基本三法及び第四の方法の問題が解決されることを明らかにする。また APA 諸形態を概観した上で，経済的二重課税を回避するためには，二国間 APA が適当であることを明確にする。

第6章　独立企業原則の限界と移転価格税制改革の方向性

本章では，独立企業原則の限界と改革について検討する。まず，関連者間取引における内部取引利益が存在する場合には，独立企業原則が機能せず，基本三法，第四の方法，APA が第2条件クリアに失敗することを明確にする。次に，独立企業原則限界の原因を明らかにした上で，それを払拭する方法として，定式配賦方式に準じながら PS 法の枠組みを有する貢献度分析法を提唱する。この方法によれば，合算利益が貢献度に基づき関連企業間で分割されるので，第1条件及び第2条件がクリアされ，国家間の「適正」な課税ベース配分が達成されると期待する。

5.　本研究の概要

移転価格税制の第一の目的は租税回避の防止である。多国籍企業は，国家間で税率格差がある中で，移転価格の操作により租税負担の軽減を図るが，租税国家はそれを防止するために移転価格税制を執行する。しかしながら，これまで以上に各国間の関係が密接になった今日では，移転価格税制は国際的な目的として国家間の「適正」な課税ベース配分を達成すべきである。なお，本研究では，国家間の「適正」な課税ベース配分の条件として，経済的二重課税の回避（第1条件），過多過少のない課税ベース配分（第2条件）を設定する。

現行の移転価格税制では，独立企業原則を基礎に国家間で課税ベースが配分される。独立企業原則では，関連者間取引と非関連者間取引の税務上のパリティが求められるが，独立企業間価格がその要求を満たす。独立価格比準法，再販売価格基準法，原価基準法（以下「基本三法」）は，独立企業間価格を算定する基本的な方法である。また基本三法が適用できない場合には，第四の方法として，CPM，TNMM，PS 法の適用が認められている。独立企業原則のもとでは，基本三法及び第四の方法により算定された独立企業間価格（独立企業間利益）

に基づくことで,国家間で課税ベースが適正に配分されると期待される。

しかしながら,基本三法も第四の方法も,その適用が片務的であるために,経済的二重課税が生じる可能性がある。すなわち,基本三法や第四の方法だけでは第1条件さえクリアされない。この現状において,経済的二重課税を回避するためにはAPAが有効であると考えられる。APAによれば,独立企業原則の遵守や独立企業間価格の算定方法に関して,関係各国が「事前」かつ「双務的」に協議するので,基本三法や第四の方法の片務的な適用から生じる経済的二重課税は回避されると期待できる。

一般的には,以上の仕組みによれば,国家間で課税ベースは適正に配分されると考えられる。しかしながら,この場合,第1条件がクリアされただけで,第2条件はクリアされていない。つまり,現行の仕組みでは,経済的二重課税は回避されるが,関連者間取引の内部取引利益(＝取引費用の節減)が考慮されないために,国家間で課税ベースが過多過少に配分される。内部取引利益を踏まえると,基本三法や第四の方法,さらにAPAによる場合でさえ,国家間の課税ベース配分は歪められる。すなわち,内部取引利益が存在する中では,独立企業原則に基づくいずれの方法も機能しないのである。

それに対して,内部取引利益が存在する場合も,定式配賦方式は国家間の「適正」な課税ベース配分を達成すると期待できる。定式配賦方式は,多国籍企業グループの合算利益をある定式に基づき関連企業間で配分する方法なので,移転価格が操作される余地はなく,その結果として経済的二重課税は回避される。また,内部取引利益はその合算利益に含まれるので,当該定式が国際的に公正である限り,内部取引利益がある国に過多に他の国に過少に配分されることはない。したがって,定式配賦方式によれば,第1条件及び第2条件はクリアされよう。

ただ現段階では,定式配賦方式は国際的には認められていない。そこで,将来的には,定式配賦方式の有用性が組み込まれ,国際的にも容認されるシステムの構築が望まれよう。それに合致するのが,定式配賦方式に準じながら,OECDが認めるPS法の枠組みを有する貢献度分析法である。貢献度分析法に

よれば，合算利益が貢献度に基づき関連企業間で分割され，その結果は，定式配賦方式による場合と近似するので，本研究が設定する第1条件及び第2条件のクリアが可能であり，国家間の「適正」な課税ベース配分が達成されると期待できよう。

目　次

はじめに

第1章　移転価格の決定と移転価格税制 ―――――― 3
第1節　移転価格の決定に関する経済分析 ――――― 3
1. 水平的関連取引における移転価格の決定-------------------- 4
   (1) 効率的移転価格の決定に関する検証　4
   (2) 多国籍企業グループの「余剰」分析　6
2. 垂直的関連取引における移転価格の決定-------------------- 7
   (1) 親子会社間取引の効率的移転価格　7
   (2) 多国籍企業グループの利潤　9
3. 国家間の税率格差と移転価格の決定-----------------------10
   (1) 税率格差に影響される移転価格の決定　10
   (2) 利潤最大化移転価格の決定　12
4. 多国籍企業が移転価格を決定する要因--------------------14
第2節　租税国家が求める租税回避の防止 ――――― 16
1. 租税国家における法人課税-------------------------------16
   (1) 租税国家と租税回避の防止　16
   (2) 法人課税システムと移転価格税制　18
2. 移転価格税制に求める租税回避の防止--------------------19
   (1) 1960年代以降の移転価格税制の改正　20
   (2) クリントン政権下の移転価格税制の強化　20
3. オートケースにみる租税回避の防止----------------------21
   (1) オートケースの発生と結果　21
   (2) オートケースを引き起こした原因　23
   (3) 強力な租税回避防止政策　24
第3節　移転価格税制と国家間の課税ベース配分 ――― 25
1. 国家間の課税ベース配分の必要性------------------------25
2. 租税条約に基づく相互協議及び対応的調整----------------26
   (1) 租税条約が果たす機能　26

(2) 租税条約に基づく相互協議　27
　　　(3) 対応的調整と国家間の課税ベース配分　28
　　3. 国家間の「適正」な課税ベース配分──────────────28
　　　(1) 経済的二重課税の回避—第1条件　29
　　　(2) 過多過少のない課税ベース配分—第2条件　31
　第4節　小　　括────────────────────────34

第2章　独立企業原則に基づく基本三法──────────39
　第1節　独立企業原則と独立企業間価格──────────────39
　　1. 独立企業原則の存在意義──────────────────── 39
　　　(1) 独立企業原則と税務上のパリティ　39
　　　(2) 国際的な統一原則となる独立企業原則　40
　　2.「情報」としての独立企業間価格 ──────────────────41
　第2節　基本三法による独立企業間価格の算定 ────────42
　　1. 明確にされた基本三法──────────────────── 42
　　2. 独立企業原則に基づく基本三法──────────────────43
　　3. 比較対象取引における独立企業間価格────────────── 44
　　　(1) 独立価格比準法　44
　　　(2) 再販売価格基準法　45
　　　(3) 原価基準法　46
　第3節　比較対象取引の発見と問題 ─────────────47
　　1. 比較対象取引と比較可能性の評価──────────────────47
　　　(1) 比較可能性の評価とその要素　47
　　　(2) 重要性の高い機能分析とリスク　49
　　2. 無形資産の特殊性と基本三法の限界 ──────────────── 49
　　3. 比較対象取引が不要な第四の方法────────────────── 51
　第4節　「幅」のある独立企業間価格 ────────────── 52
　　1. 独立企業原則と独立企業間価格「幅」──────────────── 52
　　2. 独立企業間価格幅とインタークォータイルレンジ────────── 54
　　　(1) 独立企業間価格幅の基本的仕組み　54
　　　(2) 信頼性を高めるインタークォータイルレンジ　55
　第5節　基本三法の適用順位とその問題 ───────────── 57
　　1. 基本三法の法制上の適用順位────────────────── 57
　　2. 最適方法ルールに基づく基本三法の適用──────────────58

(1) 最適方法ルールが求める信頼性　　58
　　　(2) 基本三法の適用順位廃止の問題　　59
　　3. 基本三法に関する第1条件の検証 ---------------------------------- 61
　第6節　小　括 ———————————————————————— 63

第3章　第四の方法による無形資産の評価 ——————————— 67
　第1節　内国歳入庁及び米国財務省の88年白書と第四の方法 — 67
　　1. 88年白書とBALRM：基本的な独立企業間利益法 ------------------ 67
　　　(1) 88年白書が求める完全競争市場の結果　　67
　　　(2) ミクロ経済学を基礎とするBALRM　　69
　　　(3) BALRMによる利益配分　　70
　　2. 88年白書が抱える矛盾 -- 71
　　3. 88年白書の影響を受けた第四の方法 ----------------------------- 73
　　　(1) 88年白書を踏襲した92年規則案　　74
　　　(2) PS法を提言した93年新規則案　　74
　　　(3) 94年最終規則での88年白書の結実　　75
　　4. 独立企業原則に基づく第四の方法 -------------------------------- 76
　第2節　アメリカ合衆国のCPM：利益比準法 ———————————— 77
　　1. 利益水準指標に基づくCPM -- 77
　　　(1) 利益水準指標の選定　　77
　　　(2) 租税裁判にみるベリー比率の信頼性　　78
　　2. アメリカ合衆国で適用頻度が高いCPM --------------------------- 79
　　3. CPMに関する第1条件の検証 -------------------------------------- 81
　　　(1) 移転価格以外の費用の軽視　　81
　　　(2) 国際的に認められていないCPM　　82
　　　(3) ロケーションセービングの帰属　　83
　第3節　日本が導入したTNMM：取引単位営業利益法 ——————— 85
　　1. TNMMの二つの形態 -- 85
　　　(1) 修正再販売価格基準法　　85
　　　(2) 修正原価基準法　　86
　　2. TNMMによる営業利益率の検証 ----------------------------------- 87
　　　(1) 検証すべき営業利益率の選定　　87
　　　(2) 営業利益率を検証する長所と短所　　88
　　3. 増加傾向にあるTNMMの適用 ------------------------------------- 89

4. 伝統型の利益法である TNMM ─────────────── 89
　　　(1) TNMM と CPM の比較　　90
　　　(2) 再販売価格基準法及び原価基準法との比較　　92
　　5. TNMM に関する第 1 条件の検証 ──────────── 93
　　　(1) TNMM の適用と経済的二重課税　　93
　　　(2) 営業利益率の片務的な検証　　94
　第 4 節　基本三法に代わる PS 法：利益分割法 ─────────95
　　1. PS 法の諸形態 ─────────────────── 95
　　　(1) 比較対象取引に基づく方法　　95
　　　(2) 残余利益分割法　　96
　　　(3) その他の PS 法　　97
　　2. PS 法による無形資産の評価―残余利益分割法を中心に ───── 98
　　　(1) PS 法の長所と無期資産の評価　　98
　　　(2) 租税裁判にみる PS 法の有用性　　99
　　3. PS 法に関する第 1 条件の検証 ──────────── 101
　　　(1) 相対的貢献度と経済的二重課税　　101
　　　(2) PS 法と CPM のハイブリッド方式　　102
　第 5 節　小　　括 ─────────────────── 104

第 4 章　コストシェアリング契約に基づく無形資産の評価 ── 109
　第 1 節　コストシェアリング契約とその有用性 ───────── 109
　　1. コストシェアリング契約の構成 ─────────── 109
　　　(1) 合理的予測便益による開発費の分担　　109
　　　(2) 20% ルールによる判定　　111
　　　(3) コストシェアリング契約の参加者　　111
　　2. コストシェアリング契約と無形資産の帰属 ────────── 112
　　3. 独立企業原則に基づくコストシェアリング契約 ───────── 114
　第 2 節　Buy-in 無形資産の評価とインベスターモデル ────── 115
　　1. Buy-in 無形資産の評価 ────────────── 115
　　2. インベスターモデルの特徴 ─────────────── 116
　　3. 外部貢献の評価方法の提案 ─────────────── 117
　第 3 節　コストシェアリング契約と第 1 条件の検証 ─────── 118
　　1. 不明確な開発費及び合理的予測便益 ───────────── 118
　　　(1) 開発費に関する問題　　119

(2) 共通認識のない合理的予測便益　　119
　2. 外部貢献の異なる評価方法と「幅」-------------------------------- 120
　3. コストアプローチに関する第1条件の検証------------------- 121
　　　(1) 知的財産を評価するアプローチ　　122
　　　(2) アメリカ合衆国の移転価格税制の動向　　123
　　　(3) コストアプローチと第1条件　　124
第4節　小　括 ──────────────────────── 125

第5章　経済的二重課税を回避するAPA：事前確認制度──── 129
第1節　APAの基本的な枠組み ─────────────── 129
　1. APAと独立企業原則の遵守------------------------------------- 129
　2. APAの諸形態の手続き--- 131
　3. APAを導入した主要国-- 132
第2節　APAから受ける便益と負担 ───────────── 133
　1. APAの「自発的」な負担-- 133
　　　(1) APAの申請　　133
　　　(2) APA申請の手数料　　134
　　　(3) APA年次報告書の提出　　135
　2. APAの予測可能性と協調性------------------------------------ 136
　　　(1) APAによる予測可能性　　136
　　　(2) APAがもたらす協調性　　137
　　　(3) その他の便益　　137
　3. APAに要する長期間-- 138
　4. 守秘義務に関わる負担-- 139
第3節　APAにおける第1条件の検証 ──────────── 141
　1. APAによる「事前」の協議-------------------------------------- 141
　2.「片務的」から「双務的」への転換----------------------------- 142
　3. コストシェアリング契約とAPA----------------------------------- 144
第4節　二国間APAによる第1条件のクリア ──────── 145
　1. 二国間APAの積極的な利用 ----------------------------------- 145
　　　(1) アメリカ合衆国におけるAPAの状況　　145
　　　(2) 日本におけるAPAの状況　　146
　2. APAの諸形態と経済的二重課税の回避------------------------ 147
　3. 二国間APAを補完する相互協議 ------------------------------ 149

第5節　小　括 ———————————————— *150*

第6章　独立企業原則の限界と移転価格税制改革の方向性 ——— *155*
第1節　市場の内部化と内部取引利益 ———————— *155*
1. 多国籍企業による市場の内部化-------------------------------- *155*
    (1) OLI 理論にみる多国籍企業の存在意義　*155*
    (2) 内部取引の優位性と市場の内部化　*157*
2. 内部取引利益と取引費用の節減-------------------------------- *158*
    (1) McLure が主張する「内部取引利益」　*158*
    (2) 取引費用が存在する影響　*160*
3. 独立企業原則のもとでの内部取引利益-------------------------- *161*
    (1) 基本三法による場合　*161*
    (2) 取引費用を節減しない第四の方法　*162*
第2節　内部取引利益と独立企業原則の限界 ——————— *163*
1. 基本三法に関する第2条件の検証-------------------------------- *163*
    (1) 独立価格比準法による場合　*163*
    (2) 再販売価格基準法及び原価基準法の場合　*165*
2. 第四の方法に関する第2条件の検証---------------------------- *166*
    (1) CPM による場合　*166*
    (2) TNMM による場合　*167*
    (3) PS 法による場合　*168*
3. 二国間 APA に関する第2条件の検証 ------------------------- *170*
第3節　独立企業原則に代替する定式配賦方式 ——————— *171*
1. 独立企業原則の限界と定式配賦方式---------------------------- *171*
    (1) 独立企業原則が限界に至る原因　*171*
    (2) 定式配賦方式の必要性　*172*
2. 定式配賦方式の範囲--- *172*
    (1) アメリカ州政府のユニタリータックス　*172*
    (2) 定式配賦方式に準ずる PS 法　*174*
3. 第1条件及び第2条件の検証------------------------------------ *175*
    (1) 過多過少のない課税ベース配分　*175*
    (2) 経済的二重課税の回避　*175*
第4節　定式配賦方式が抱える問題 ————————————— *177*
1. 合理的な配賦要素の選定-- *177*

(1) 三つの配賦要素―売上，給与，資産　*177*
　　　(2) 応益原則に基づく配賦要素の選定　*178*
　　　(3) 原産地原則と仕向地原則の付加価値　*179*
　2. 配賦要素と税率問題 ──────────────────── *180*
　　　(1) 配賦比率と税率格差　*180*
　　　(2) 配賦要素と法人税率　*182*
　3. 企業グループの範囲の決定 ─────────────── *183*
第5節　PS法にみる移転価格税制改革の方向性 ─────── *186*
　1. 定式配賦方式の要素を含むPS法 ──────────── *186*
　　　(1) Lebowitz の所説　*186*
　　　(2) Russo の所説　*187*
　　　(3) Herzig and Joisten の所説　*188*
　2. 貢献度分析法の選定と課題 ──────────────── *189*
　　　(1) 第2条件をクリアする貢献度分析法　*189*
　　　(2) APAによる貢献度の公正な評価　*191*
　3. 国家間の「適正」な課税ベース配分に向けた改革 ──── *192*
第6節　小　括 ───────────────────────── *194*

結　語 ─────────────────────────────── *201*

参考文献 ───────────────────────────── *207*
謝　辞 ─────────────────────────────── *215*
索　引 ─────────────────────────────── *217*

独立企業原則の限界と
移転価格税制の改革

第1章 移転価格の決定と移転価格税制

　多国籍企業は利潤を最大化するために移転価格を決定するが，租税国家にとって，その決定は租税回避のためであると考えられ，その更正のために移転価格税制が施行される。この場合，移転価格税制の目的は租税回避の防止である。すなわち，租税国家は，公共財の供給財源が海外へ移転されるのを防止することを望む。しかしながら，これまで以上に国家間の関係が密接になった中では，自国ばかりでなく相手国の課税ベースも考慮すべきであり，国家間の課税ベース配分が求められる。

　本章では，以上のことを踏まえ，多国籍企業が移転価格を決定するメカニズムを経済学的に検討する。また，租税国家が租税回避の防止を目的に移転価格税制を執行する場合を考察した上で，国家間の「適正」な課税ベース配分を目的とする場合に関して検討を加える。

第1節　移転価格の決定に関する経済分析

　多国籍企業は何を目的に移転価格を決定するのだろうか。一般的には，多国籍企業は租税回避のために移転価格を決定すると考えられるが，そればかりではない。多国籍企業が関わる経済や法律，為替リスクなど国際的な問題を勘案した上で，移転価格は決定されるはずである[1]。理論的には，多国籍企業が移転価格を決定するのは，利潤を最大化するためであると言えよう。

　Hirshleifer（1956）は，経済学の観点から移転価格の決定メカニズムに取り組んでいる[2]。その分析から，企業内の部門間取引においても外部市場での取引と異なることなく，移転価格は，完全競争市場では市場価格と等しくな

り,不完全競争市場では限界費用と限界収益との交点で決まることがわかった (Hirshleifer Rule)。Eden (1998) は, Hirshleifer Rule を発展させ, 多国籍企業が関連者間取引を国際的に行う場合に決定される移転価格に関して検討している。

1. 水平的関連取引における移転価格の決定
(1) 効率的移転価格の決定に関する検証

Eden (1998) は, まず多国籍企業グループ内の水平的な関連者間取引 (以下「水平的関連取引」) に対する Hirshleifer Rule の適用可能性を検証している。その結論として, Hirshleifer Rule が求める移転価格は「効率的移転価格」であると主張する[3]。

Eden (1998) の検証では, 多国籍企業グループに属する関連企業 (輸出企業1と輸入企業2) による水平的関連取引と外部市場における輸出企業1と独立企業との取引 (最終財の取引) が想定される。また, 最終財の外部価格 Pe は, 初期移転価格 (initial transfer pricing ; 外部価格を考慮する前の移転価格) p = λ より高価格であるため, 輸出企業1は外部市場への輸出を求めると仮定する。この仮定のもと, 輸出企業1と輸入企業2の合算利潤 Π_{1+2} は, 以下の式により求められる。

$$\Pi_{1+2} = [(R_1(Y_1) + PeS + pX) - C_1(Q_1)] + [P_2Y_2 - C_2(Q_2) - pX] \cdots (1)$$

この場合, 第一項が輸出企業1の利潤であり, 第二項が輸入企業2の利潤である。輸出企業1の利潤は, 国内市場 (local market) で得た収入 $R_1(Y_1)$, 外部市場 (輸出) において得た収入 (外部価格 Pe ×数量 S), 関連者間取引から生じた収入 (移転価格 p ×数量 X) の合計額から, それらの収入に関わる総費用 $C_1(Q_1)$ を差し引いた額である。そして輸入企業2は, 輸出企業1から購入した最終財 (移転価格 p ×数量 X) と自社で製造した最終財を価格 P_2 で, 前者を X だけ後者を Q_2 だけ国内市場で販売する。

なお, 輸出企業1の販売量は $Q_1 = Y_1 + S + X$ であり, Y_1 は国内市場における販売量, X は関連者間取引の初期量, S は外部販売量である。また輸入企

業2の販売量は $Y_2 = Q_2 + X$ となる。この条件を考慮し，すべての最終財が販売されたとするラグランジュ制約を加え (1) 式を整理すると，以下のような目的関数が得られる。

$$\Pi_{1+2} = R_1(Y_1) + PeS - C_1(Q_1) + P_2Y_2 - C_2(Q_2) + \lambda_1[Q_1 - Y_1 - S - X] + \lambda_2[Y_2 - Q_2 - X] \cdots (2)$$

次に，(2) 式を Q_1, Y_1, S に関して微分すると，以下のようになる。

$\delta\Pi / \delta Q_1 = -MC_1 + \lambda_1$

$\delta\Pi / \delta Y_1 = MR_1 - \lambda_1$

$\delta\Pi / \delta S = Pe - \lambda_1$

これらの式を整理すると，以下のような関係式が得られる。

$MC_1 = MR_1 = Pe = \lambda_1 \cdots (3)$

また，(2) 式を Q_2 と Y_2 に関して微分すると，以下のようになる。

$\delta\Pi / \delta Q_2 = -MC_2 - \lambda_2$

$\delta\Pi / \delta Y_2 = MR_2 + \lambda_2$

これらの式を整理すると，以下のような関係式が得られる。

$MR_2 = MC_2 = -\lambda_2 \cdots (4)$

さらに，(2) 式を X に関して微分すると，以下のようになる。

$\lambda_1 = -\lambda_2 \cdots (5)$

以上の (3) (4) (5) の条件を組み合わせると，以下のようになる。

$MR_1 = MR_2 = MC_1 = MC_2 = Pe = \lambda_1 = \lambda_2$

この式は，経済学が教える利潤最大化の条件 MR = MC に他ならない。Eden (1998) は，外部市場が存在する場合，多国籍企業は効率的移転価格 $\lambda = \lambda_1 = -\lambda_2$ を外部価格 Pe に等しく設定することで，この条件のもと利潤は最大化すると主張する[4]。また Eden (1998) の主張に付言すれば，(3) 式と (4) 式を踏まえることで，輸出企業1と輸入企業2の個別の利潤の最大化が，合算利潤Πの最大化につながると言えよう。この分析は Hirshleifer Rule が示したものと同じであり，この結果から Hirshleifer Rule が多国籍企業グループ内の水平的関連取引にも適用可能であることが証明されよう。

(2) 多国籍企業グループの「余剰」分析

図1-1には,以上の分析が示されている。図1-1(1)は,移転価格 p が外部価格 Pe より上方に決定される場合であり,図1-1(2)は,移転価格 p が外部価格 Pe より下方に決定される場合である。まず,前者の場合は,式で証明した内容を図示したものであるが,この場合には,初期値として,多国籍企業は移転価格 p を $MR_2 = M_1$ が成り立つ点 a で決定する。上述の条件のもとでは,移転価格 p を外部価格 Pe と等しく設定すれば,多国籍企業グループ内の水平的関連取引は Q_1 まで減少するが,外部市場が存在するために,輸入企業2が S だけ外部市場から製品を購入すれば,外部市場での取引を含めた総取引量は Y_2 まで増加する。

以下では,Eden (1998) の考察を踏まえ,「余剰」概念を取り入れ,輸出企業1の余剰(生産者余剰)と輸入企業2の余剰(消費者余剰)から検討を加えてみたい。まず図1-1(1)では,初期値として移転価格が点aで決定された場合,輸出企業1の余剰は 0pa であり,輸入企業2の余剰は pad となる。その後に移転価格 p が外部価格 Pe と等しくなるように決定されると,輸出企業1の余剰は 0Pec まで減少するが,その一方で輸入企業の余剰は Pedb まで増加する。以上の検討からわかるように,移転価格 p を外部価格 Pe と等しく決定することで,初期値に比べて輸入企業2の余剰は abc だけ増加する。これは abc 分の多国籍企業グループ全体の余剰の増加を意味する。

また,図1-1(2)においても同様の議論が成り立つ。この図では,移転価格 p が外部価格 Pe より下方に示されているが,この場合も $MR_2 = MC_1$ が成り立つ点 a で移転価格が決定される。またこの場合も,外部市場が存在するため,移転価格が外部価格と等しくなるように引き上げられると,輸出企業1から輸入企業2が輸入する量は Y_2 まで減少し,その一方で輸出企業1が輸出する総量は Q_1 まで増加する。この Y_2 と Q_1 の差額分 S は外部市場に輸出することが可能となる。したがって,水平的関連取引量と外部市場での取引量を合算すると,多国籍企業グループの総取引量は増加する。

この関係を「余剰」を用いて考察すると,図1-1(2)において,初期値とし

て点 a で移転価格が決定された場合には，輸出企業 1 の余剰は 0pa であり，輸入企業 2 の余剰は pad である。次の段階として，移転価格が外部価格 Pe と等しくなるように決定されると，後者の余剰は Pedb まで減少するが，前者の余剰は 0Pec まで増加する。したがって，結果的には多国籍企業グループ全体の余剰が abc 分だけ増加する。

図 1-1　水平的関連取引における移転価格の決定

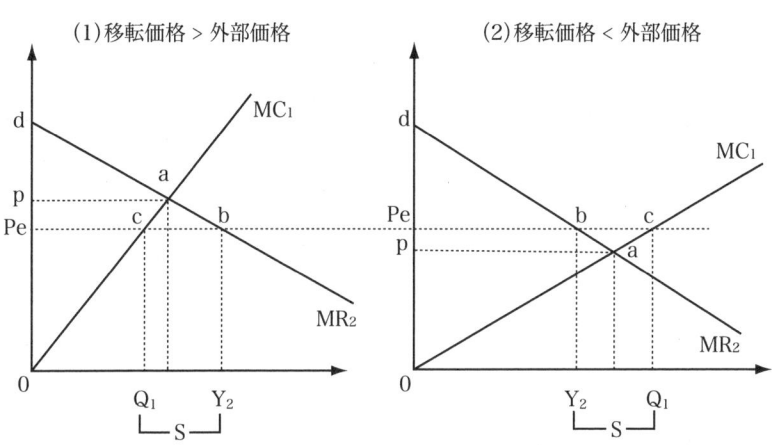

(出所) Eden, L. [21] p.224.

2. 垂直的関連取引における移転価格の決定

(1) 親子会社間取引の効率的移転価格

Eden (1998) は，多国籍企業グループ内の垂直的な関連者間取引（以下「垂直的関連取引」）における移転価格の決定に関しても考察している。

その想定は，多国籍企業グループを構成する親会社と子会社間において垂直的関連取引が行われる場合である。なお，親会社は A 国に居住し，子会社は B 国に居住すると仮定する。この場合，親会社は中間財を製造し，子会社に輸出する。一方，子会社は親会社から輸入した中間財を最終財に加工し，その最終財を国内や国外の消費者に販売すると仮定する。

また，中間財 1 単位 Q_1 から最終財 1 単位 Q_2 が生産できると仮定されるの

で，$Q_1 = Q_2$ となる。つまり，この場合，親会社が子会社に輸出した中間財はすべて最終財に加工されるので，中間財が残ることはない。さらに，移転価格 p は中間財1単位ごとに決定されると仮定する。そして，中間財に係るコストは $C_1(Q_1)$ であり，最終財の加工コストは $C_2(Q_2)$ であるとする。この仮定のもと，親会社の利潤は以下のようになる。

なお，先述したとおり，中間財は子会社に全て輸出されるので $Y_1 = X = Q_1$ となる。ここで，Y_1 は親会社から子会社に向けた輸出量，X は子会社における親会社からの輸入量，Q_1 は中間財の販売量である。

$$\Pi_1 = [pY_1 - C_1(Q_1)] = [pX - C_1(Q_1)] \cdots (1)$$

他方，子会社の利潤 Π_2 は以下のようになる。$R_2(Y_2)$ は最終財の販売収入であり，pX は親会社から中間財を輸入するためのコストである。

$$\Pi_2 = R_2(Y_2) - C_2(Q_2) - pX \cdots (2)$$

Eden (1998) は，子会社のこの利潤関数に次の制約を設ける[5]。第一に，中間財の全てが垂直的関連取引において売買される。この制約により $Q_1 = Y_1 = X = Q_2$ が得られる。すなわち，中間財の販売量，親会社の輸出量，子会社の輸入量，最終財の生産量は等しくなる。第二に，最終財の全てが国内及び国外の消費者に販売される。この制約は $Y_2 = Q_2$ を導き出す。なお，Y_2 は最終財の販売量である。

上記の (1) 式と (2) 式から，多国籍企業グループの利潤 Π_{1+2} は以下のようになる。

$$\Pi_{1+2} = [pX - C_1(Q_1)] + [R_2(Y_2) - C_2(Q_2) - pX] \cdots (3)$$

この (3) 式に上記の制約を加えて整理すると以下のようになる。

$$\Pi_{1+2} = R_2(Y_2) - C_2(Q_2) - C_1(Q_1) + \lambda [Q_2 - Q_1] + \phi [Q_2 - Y_2] \cdots (4)$$

そして (4) 式を Y_2, Q_1, Q_2 に関して微分すると，次のような利潤最大化の条件が得られる。

$$MC_1 = \lambda \cdots (5)$$

$$MR_2 = MC_2 + MC_1 = \phi \cdots (6)$$

また (5) 式と (6) 式を書き換えると以下のようになる。

$$MR_2 - MC_2 = NMR_2 = MC_1 = \lambda \cdots (7)$$

Eden (1998) によれば，(5) (6) (7) 式が意味する内容は次のようにまとめられる[6]。(5) 式は，親会社の限界費用 MC_1 と同額に中間財の効率的移転価格 λ が決まることを意味する。その後の議論の中で，Eden (1998) は，「親会社はコストセンター（cost center）として活動するので，移転価格を限界費用に等しくする」と主張している[7]。また (6) 式は，最終財の限界収入と親会社及び子会社の限界費用合計（$MC_2 + MC_1$）が等しくなる時，多国籍企業グループの利潤は最大化するが，その場合にはシャドウ価格（shadow price）ϕ が決まることを意味する[8]。さらに，(7) 式は，子会社の限界収入 MR_2 から限界費用 MC_2 を控除することで求められる純限界収入 NMR_2 と親会社の限界費用 MC_1 が等しくなる点で効率的移転価格が決まることを意味する。

(2) 多国籍企業グループの利潤

図 1-2 には以上の分析が示されている。図 1-2(1) にある垂直的関連取引における中間財の効率的移転価格 p は，(5) 式の $MC_1 = \lambda$ との関係から点 b で決まる。また (6) 式の $MR_2 = MC_2 + MC_1$ から，点 a では最終財の効率的移転価格が決定される。なお，この価格のもとでは，最終財の売れ残りは生じないため，子会社の資源配分は効率的になる。そして，最終財の需要曲線（消費者の需要）が D_2 で与えられた場合には，市場価格は P_2 となる。Eden は指摘していないが，市場価格 P_2 と最終財の効率的移転価格との間にある余剰 $dacP_2$ は多国籍企業グループの独占利潤となろう。

図 1-2(2) では，NMR_2 が組み込まれている。NMR_2 は子会社の MR_2 から MC_2 を控除して算出される。点 b では，NMR_2 と親会社の限界費用 MC_1 の交点で垂直的関連取引における移転価格 p が決定される。ここで先述と同様に，「余剰」分析を行えば，NMR_2 と移転価格 p との間にある pbh は子会社の余剰であり，移転価格 p と MC_1 との間にある 0bp は親会社の余剰である。つまり，pbh + 0bp は多国籍企業グループの余剰であり利潤となる。したがって，親子会社間での当該利潤の配分が，移転価格 p の操作により決まることは明白

図1-2　垂直的関連取引における移転価格の決定

(1) $MR_2 = MC_1 + MC_2$　　　　(2) $NMR_2 = MR_2 - MC_2 = MC_1$

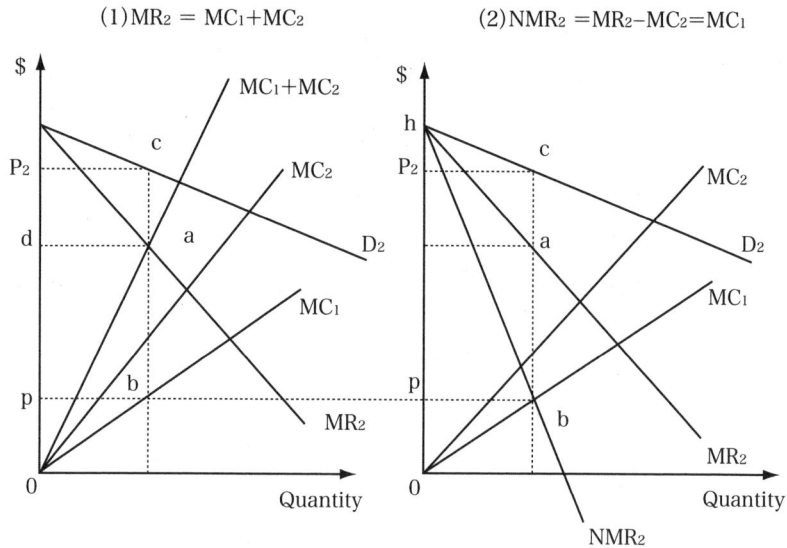

（出所）図1-1に同じ，p.230。

であろう。例えば，移転価格pが引き上げられれば，子会社の余剰（利潤）は減少するが，その一方で親会社の余剰（利潤）は増加する。移転価格pが引き下げられれば，その反対の結果が生じることは容易にわかる。

3. 国家間の税率格差と移転価格の決定

(1) 税率格差に影響される移転価格の決定

以上から明らかなように，Hirshlifer Ruleは多国籍企業が移転価格を決定する場合にも適合する。すなわち，中間財の完全競争市場が存在する場合には，移転価格は限界費用と等しくなるように決定され，中間財の市場が不完全競争市場ならば，移転価格はMRとMCとの交点で決まる。また，この移転価格による場合には，多国籍企業グループの利潤最大化がもたらされることも明らかになった。

しかしながら，Hirshleifer RuleでもEden (1998)の分析でも国家間の税

率格差は考慮されていない。実際には,多国籍企業は国家間の税率格差を利用して移転価格を決定することでそのグループ全体の利潤最大化を図る。つまり,多国籍企業は移転価格を操作し,高税率国から低税率国へ利潤の一部を移転することにより租税負担を軽減する(=利潤の増加)。そのため,この点を踏まえ移転価格の決定に関して考察するならば,国家間の税率格差を分析に加える必要があろう。

Bond (1980) では,Hirshleifer Rule を発展させ,国家間の税率格差を移転価格の決定分析に組み込んでいる。まず,製造企業と販売企業から構成される多国籍企業グループが中間財に関して企業グループ内取引を行う場合を想定する。ただし,この場合,中間財の外部市場は存在しないと仮定する[9]。この仮定により,製造企業が生産した中間財は販売企業に全て販売される。また,Hirshleifer Rule の条件と同じように,企業間には技術独立があると仮定される[10]。したがって,それぞれの企業活動は他方の企業に影響を与えず,双方の企業が独立して活動する。

以上の仮定のもと,製造企業における中間財の費用関数 C^* は以下のようになる。なお,$C^{*'}>0$,$C^{*''}>0$ と仮定されるので,この費用関数は中間財の生産量 x の増加関数である。

$$C^* = C^*(x)$$

また,中間財の移転価格を p,また製造企業の利潤に課される税率を t^* とすると製造企業の税引き後利潤 Π_1 は以下のように示される。

$$\Pi_1 = (1-t^*)[px - C^*(x)]$$

したがって,製造企業の税引き後利潤は $C^{*'}(x) = p$,つまり限界費用=移転価格となる場合に最大化される。この場合,中間財の生産量は,移転価格の関数 $x^s(p)$ として表される。また,$x^s(p)$ は,中間財の供給曲線が製造企業の限界費用曲線であることを意味する。

次に,販売企業は,製造企業から購入した中間財を加工販売している。この場合,最終財の生産量は y であり,$\gamma(y)$ は最終財を生産する際に要した費用である。また,$\gamma'>0$,$\gamma''>0$ と仮定されるので,最終財の費用関数 $\gamma(y)$ は

最終財の生産量 y の増加関数である。そして, 販売部門は完全競争市場で最終財を販売すると仮定されるので, その最終財の価格は p_y となる。また, 販売企業の利潤に課される税率を t とすると, 販売企業の税引き後利潤 Π_2 は以下のように示される。

$$\Pi_2 = (1-t)[p_y y - \gamma(y) - px]$$

先述したとおり, 最終財を 1 単位生産するために中間財が 1 単位必要とされるので, 製造企業が生産した中間財が全て販売企業の最終財生産に投入される。したがって, 販売企業の利潤が最大化するのは, $(p_y - p)$ が最終財の限界費用 $\gamma'(y)$ に一致する場合である。ここで, p_y は一定であると仮定すると, 最終財の生産量は移転価格 p の減少関数となり, またこの関数は販売企業の中間財需要 $x^d(p)$ として表される。つまり, 移転価格 p が高まるにつれ, 販売企業による中間財需要 $x^d(p)$ は減少する。

(2) 利潤最大化移転価格の決定

図 1-3 には, 以上の検討を踏まえ, 中間財に対する販売企業の需要曲線と製造企業の供給曲線が示されている。また, 図に示されるように, 需給曲線が交わる点で移転価格は p_0, 生産量は x_0 に決定される。なお, 生産量 x_0 のもとでは $\gamma'(x_0) = p_y - p$, $C^{*\prime}(x) = p$ が成り立つことは明らかである。さらに, Bond (1980) は, この場合の移転価格 p_0 は製造企業の限界費用と一致するのだから, Hirshlifer Rule に基づくと主張する [11]。

では, 国家間の税率格差が存在する中で, 移転価格 p_0 が多国籍企業グループ全体の利潤最大化のために最適か否か。これが Bond (1980) の重要な分析対象である。製造企業と販売企業の利潤を合算した, 多国籍企業グループの利潤 Π_{1+2} は以下のように示すことができる。

$$\Pi_{1+2} = (1-t)[(p_y - p)x^d(p) - \gamma(x^d(p))] + (1-t^*)[px^s(p) - C^*(x^s(p))]$$

また $p = p_0$ のもとで, Π_{1+2} を p に関して微分すると, 以下のようになる。

$$\delta\Pi_{1+2}/\delta p|p = p_0 = -(1-t)x_0 + (1-t^*)x_0 = (t-t^*)x_0$$

この式は，移転価格操作の効果を示している。例えば，$t > t^*$ である場合は，$\delta \Pi_{1+2} / \delta p > 0$ となるので，移転価格 p を p_0 より高く決定することにより，利潤は高税率国（この場合は販売企業の居住国）から低税率国（この場合は製造企業の居住国）へ移転されるであろう。この場合，租税負担の軽減が図られるのだから，多国籍企業グループ全体の利潤が増加するのは容易に予想できよう。他方，$t < t^*$ である場合には，$\delta \Pi_{1+2} / \delta p < 0$ となるので，移転価格 p を p_0 よりも下方に決定すれば多国籍企業グループの利潤は増加するであろう。この結果から，Bond（1980）は，国家間で税率格差がある場合の移転価格は，税率格差がない場合に設定される移転価格 p_0 とは異なると主張する[12]。

しかしながら，Bond（1980）が指摘するように，移転価格操作は需要と供給のズレを生みだす[13]。つまり，$t > t^*$ である場合に，移転価格 p が p_0 の上方に決定されれば，中間財の供給量はその需要量を超過する。Bond（1980）の分析では，外部市場が存在しないと仮定されるため，その超過供給を調整するために中間財の需要量に一致するように供給量は引き下げられる。他方，$t < t^*$ である場合，移転価格 p が p_0 より下方に決定されれば，中間財の超過需要が生じるため，中間財の供給量と一致するように需要量が引き下げられる。

この需要と供給のズレを図でみると，例えば，移転価格が p^* まで引き上げられると，中間財の超過供給を調整するために，需要量と供給量は x^* に決まる。この結果として，税引き後利潤は DCBp^* だけ増加するが，その一方で供給量の引き下げから ABC 分の利潤が減少する。また，$t < t^*$ のもとで移転価格が D まで引き下げられた場合も同様の結果となる。すなわち，この場合，DCBp^* − ABC 分の利潤増加が期待できよう。

したがって，国家間の税率格差がある中では，多国籍企業は Hirshleifer Rule に基づく効率的移転価格ではなく，利潤最大化移転価格を決定することを Bond（1980）は以上の分析から導き出したと言えよう。つまり，この結論による限り，国家間に税率格差がある場合でも，多国籍企業にとって移転価格は利潤を最大化させるための手段となり得る。

図1-3 国家間の税率格差と移転価格の決定

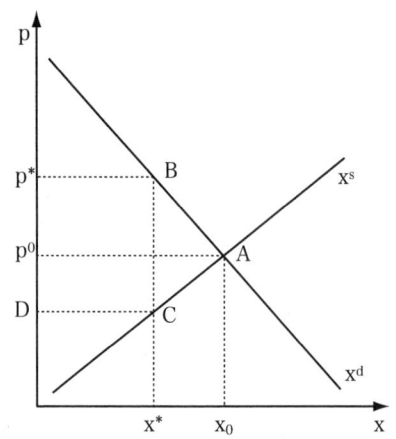

(出所) Bond, E. W. [7] p.194.

4. 多国籍企業が移転価格を決定する要因

　以上の Eden 及び Bond の研究を実証する調査データがある。Tang（1993, 2002）は，1977年，1990年，1997-1998年の3回にわたって同様の調査を行っている[14]。この調査では，移転価格の決定要因に関する「平均的な重要度（Average Importance）」が評価され，それがランキング形式で示されている。なお，平均的な重要度は，調査対象となった多国籍企業が移転価格の決定要因ごとに重要度の高いもの（Extremely important-5point）から低いもの（Not at all important）へポイントを与え，そのポイントの合計を当該項目に回答した企業の数で除したものである。

　そのデータ結果が，表1-1に示されている。まず1977年のデータをみると，平均的な重要度のランキング1位は「企業全体の利益」である。平均的な重要度も3.96で非常に高い値を示している。税務上問題となる「各国間の法人所得税率の格差と法人所得税制の相違」は第4位であり，平均的な重要度は3.06である。この数値から移転価格を決定する上で「企業全体の利益」が非

常に重要な位置を占めていたことがわかる。この結果は，1977年当時では移転価格を決定する際に多国籍企業は利潤の最大化を求めるという Eden 及び Bond の分析を証明するであろう。

表 1-1 移転価格の決定要因に関する平均的な重要度

		1977年	1990年	1997-1998年
企業全体の利益	平均的な重要度	3.94	4.04	3.82
	ランキング	1位	1位	2位
各国間の法人所得税率の格差と法人所得税の相違	平均的な重要度	3.06	3.45	—
	ランキング	4位	2位	—
アメリカ合衆国の移転価格税制とその他の税制	平均的な重要度	—	—	3.97
	ランキング	—	—	1位

(注) 1997-1998年調査では，「各国間の法人所得税率の格差と法人所得税の相違」は「各国間の法人所得税率の格差」「アメリカ合衆国の移転価格税制とその他の税制」「外国の移転価格税制とその他の税制」に細分された。
(出所) Tang, R. Y. W.［61］p.89 及び Tang, R. Y. W.［62］p.39 より作成。

次に1990年のデータをみると，1977年の調査と同様に第1位は「企業全体の利益」であるが，注目すべきは「各国間の法人所得税率の格差と法人所得税制の相違」が飛躍的に重要度を高めたことである。その平均的な重要度ランキングは第2位に上昇し，平均的な重要度も3.45にまで高まっている。Pagan and Schott (1993) は，当時は多国籍企業も税務当局も移転価格や各国税制の相違や税率格差の重要性を意識していなかったと指摘しているが[15]，1990年にはその重要性が高まったと推察される。また1977年よりも1990年の方が，国家間の法人税率格差が大きかったこともこの調査結果の要因になったと考えられる[16]。

さらに，1997-1998年調査のデータをみると，平均的な重要度のランキングの第1位は「アメリカ合衆国の移転価格税制とその他の税制」である。第2位は「企業全体の利益」である。また表には示されていないが，第3位には「外国の移転価格税制とその他の税制」が位置している。これが1997-1998年調査における重要な移転価格の決定要因トップ3である。

このトップ3のうち特に注目すべきは，1977年と1990年の調査では「企業全体の利益」が第2位に転落し，それに代わって「アメリカ合衆国の移転価格税制とその他の税制」が第1位になったことである。この背景には，表1-2が示すように，1992年から1994年までにアメリカ合衆国が行った移転価格税制の強化，また1996年の移転価格に関わる罰則規定の明確化があったとする説明は納得できよう。

表1-2 移転価格に関する規則等 (1992年-1996年)

1992年	内国歳入法第482条に関わる財務省暫定規則
1993年	内国歳入法第482条に関わる最終規則
1994年	内国歳入法第482条に関わる最終費用分担規則
1995年	内国歳入法第482条に関わる財務省規則案
1996年	内国歳入法第6662条に関わる最終規則―正確性に係る罰則の賦課

以上から，多国籍企業が移転価格の決定要因として「企業全体の利益」を重要視していることがわかる。また Tang (2002) は，1990年調査では45%，1997-1998年調査では42%の多国籍企業が税引き後連結利益の最大化 (maximize consolidated after-tax profits of the company) を求めていると示している[17]。以上の結果は，Eden や Bond の理論的な分析が実証するであろう。つまり，理論でも実際でも，多国籍企業は利潤(利益)の最大化のために移転価格を決定すると言えよう。

第2節　租税国家が求める租税回避の防止

1. 租税国家における法人課税

(1) 租税国家と租税回避の防止

しかしながら，アメリカ合衆国や日本などの租税国家にとっては，多国籍企業が決定する移転価格は租税回避の手段でしかない。そのため，租税国家は，移転価格税制を適用して租税回避を防止することに努める[18]。

租税国家において，租税は，国防，外交，社会保障，教育，道路整備，上下水道，警察，消防など，多種多様な公共財を国民に供給するための財源調達手段として機能しなければならない。すなわち，ここで租税国家が求めるのは，効率的

な資源配分に他ならない。図1-4に示されるように，租税を主たる財源として，国内で利用可能な資源が公共財Xと公共財Yの供給のために配分され，それが社会的厚生を最大にするのであれば，資源配分は効率的になる。つまり，民間財の効率的な配分を前提とし，租税以外の歳入を一定と仮定すれば，租税は，公共財の供給を通じて，社会的厚生を最大にする効率的な資源配分を達成する。

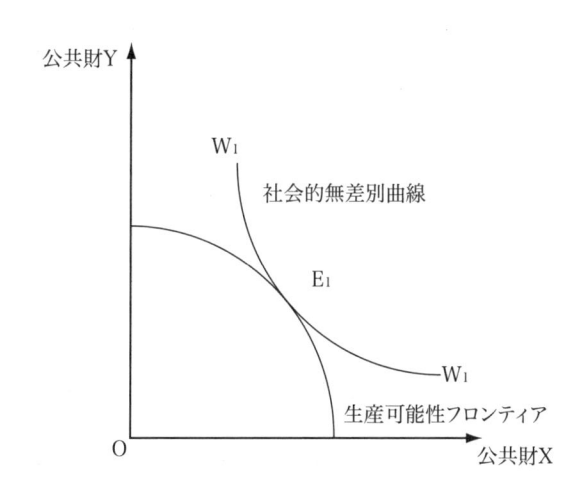

図1-4 効率的な資源配分と社会的厚生の最大化

しかしながら，租税回避があった場合には，社会的厚生は低下するであろう。例えば，後述するオートケースの場合のように，アメリカ合衆国から日本へ800億円の租税収入が移転されれば，これはアメリカ合衆国においてそれに相当する公共財の供給財源が失われたことを意味する。このような状況のもとで，公共財が供給されると，予算制約がかかるので，図1-5に示されるように，その結果は生産可能性フロンティアの内側への移動として確認できよう。この場合，社会的無差別曲線も内側に移動することで，E_2点で公共財は効率的に供給されるが，租税回避の前と比べて，社会的厚生の水準はW_1W_1からW_2W_2に低下してしまう。

以上のことから，租税国家は，社会的厚生の最大化のために，国民が必要とする公共財を不足なく供給するための財源として租税を確保しなければならな

い。その意味で，財源調達こそが租税国家の最も重要な役割であると言っても過言ではない。そのため，租税国家は多国籍企業による課税ベースの海外移転（租税回避）を防止するために移転価格税制を執行する。

図 1-5　租税回避と社会的厚生水準の低下

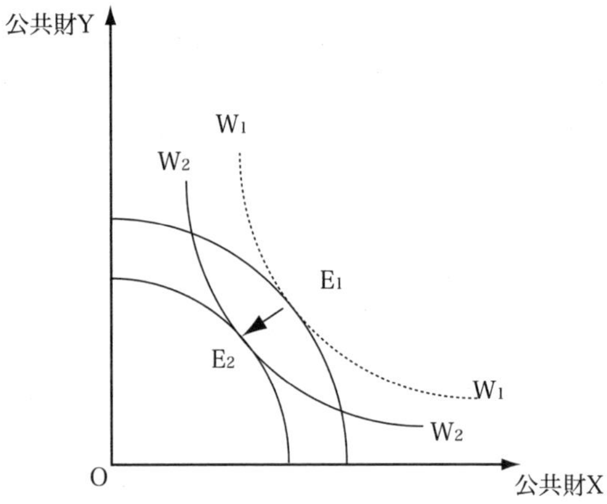
公共財Y
W1
W2
E1
E2
W1
W2
O
公共財X

(2) 法人課税システムと移転価格税制

ところで，同じ租税国家でもアメリカ合衆国と日本では法人課税システムが異なるが，閉鎖経済においてはこの相違は問題にはならない。閉鎖経済では国内の法制度に基づき国内に限定して課税権が執行されるのだから，課税ベースが海外に移る余地はない。例えば，国内で移転価格が操作されようとも，国内のある地域から他の地域に課税ベースが移るだけである。確かに，アメリカ合衆国の場合には，国内でも州間で移転価格が問題となるが，他国に課税ベースが移転されることはないので，それは他の国が関わる問題にはならない。

しかしながら，開放経済では，国内だけでなく外国の法人課税システムが関わるので，国際的な課税ベース配分の問題が生じる。複数の租税国家がそれぞれの法制度に基づき課税権を主張すれば，その結果は重複した課税ベースに対する課税である。また，開放経済のもと異なる法人課税システムは，課税ベースを海外へ移す余地を多国籍企業に与える。この問題を解決するためにも，租

税国家間の課税権の調整を図り，課税ベースが適正に配分されなければならない。しかしながら，各租税国家の国内にその効果が限定された法人課税システムでは，この国際的な問題は解決されない。

この状況を打開すべく存在するのが移転価格税制であり，そのもとで多国籍企業が移転価格を操作して課税ベースを海外へ移すことが規制される。現行の仕組みによれば，国内的には，移転価格が独立企業間価格に引き直されることで，課税ベースの海外移転，租税回避は防止される。そして次の段階として，租税条約のもと関係する租税国家間で相互協議が国際的に行われ，その合意内容に基づき対応的調整（課税ベースの更正）が実施される。現在はこの国際的手続きのもと国家間で課税ベースが適正に配分されると考えられる。

以上のように，移転価格税制は，開放経済のもとで国内の法人課税システムだけでは解決できない国際的な問題を対象として，多国籍企業による租税回避を防止すると期待される。また，上記の国際的手続きが機能すれば，租税国家間での課税ベース配分も適正になるはずである。ただし，移転価格税制もまた各租税国家の国内の法制度に基づくことには注意しなければならない[19]。なお，アメリカ合衆国では，その法的根拠は内国歳入法第482条にあり，日本の場合には租税特別措置法第66条の4で移転価格税制に関して規定されている[20]。

2. 移転価格税制に求める租税回避の防止

アメリカ合衆国における移転価格税制の歴史をみると，それは租税回避の防止をめぐる歴史であると言えよう。そのうち特に注目すべきは，ケネディ政権，レーガン政権，クリントン政権下の移転価格税制に関する動きである。移転価格税制が改正されたケネディ政権及びレーガン政権でも，その強化が進められたクリントン政権でも，移転価格税制に求めたものは租税回避の防止であったことは間違いない。

(1) 1960年代以降の移転価格税制の改正

　まず，ケネディ政権の課題の一つは，EEC諸国に進出する米系企業による租税回避を防止することであった。つまり，企業活動の国際化が進む中で，ケネディ政権は課税ベースが海外に移転されることを防止しなければならなかったのである。この課題を解決するために，ケネディ政権では，海外に移転された課税ベースにも国内所得と同じように課税するために，サブパートF条項が創設され，そして移転価格税制が改正された。この段階では，移転価格税制の対象は海外に進出した米系企業の所得だけであった。その後は，アメリカ合衆国へ進出したヨーロッパ諸国や日本などの外資系企業がアメリカ合衆国で稼得した所得を本国などに持ち出すようになったため，その対象は外資系企業の所得にまで拡大された。このような対象の拡大は，国際的な企業活動の進展に伴い，自国の課税ベース確保の観点から，租税回避防止の重要性が高まった証拠であると言えよう。

　1986年には，レーガン政権の下で税制の公平，中立，簡素を理念に広範囲に及ぶ個人・法人所得税システムの改正が実施された。特に，移転価格税制の改正に注目すれば，スーパーロイヤルティー条項が内国歳入法第482条に組み込まれ，それ以降アメリカ合衆国では無形資産は所得相応性基準に基づき評価されることになった。飯野（1993）は，この改正の目的は，不適切な資源配分の是正であったと主張している[21]。これは，所得相応性基準に基づき租税回避を防止することで，国内の資源配分を調整することを意味する。すなわち，無形資産を利用して課税ベースが海外へ移転されることを防止（租税回避の防止）するために，移転価格税制が改正されたと言えよう。

　以上のように，ケネディ政権では課税ベースの海外移転防止，そしてレーガン政権では資源配分の調整が求められたわけだが，いずれの政権においても移転価格税制に租税回避の防止機能が求められたのである。

(2) クリントン政権下の移転価格税制の強化

　1993年に発足したクリントン政権では，同年に財務省暫定規則及び新規則

案(「93年暫定規則及び新規則案」),その翌年には移転価格に関する最終規則(「94年最終規則」)が公布され,移転価格税制の確固たる基盤を構築することでその執行体制が強化された。

　結論を先に述べれば,クリントン政権における移転価格税制強化は,政府活動財源を確保するためであった。それを証明する材料の一つがクリントン政権下で提唱された増税案である。その内訳をみると,移転価格税制の強化による450億ドルの税収増が予定されていた[22]。クリントン政権で増税が提案されたのは,景気回復,雇用の拡大を目的とした公共投資,共和党政権から受け継いだ財政赤字の削減のための財源が必要とされたからであり,移転価格税制の強化もその一助であった。また,飯野(1993)は,同様の事情を背景として,移転価格税制が強化された理由は「…国内の反対を惹起することなくとりあえず増収が可能な外国企業課税が選択・強化された」と指摘する[23]。

　このように,クリントン政権が移転価格税制の強化を進めたのは,当時,外資系企業の利益率の低さがアメリカ合衆国の課税ベースを侵食し,その低い利益率の原因が移転価格操作であると考えられたからである。なお,クリントン大統領(候補)は,選挙活動中から外資系企業の税金の未納問題を批判していた[24]。以上から,クリントン政権では,外資系企業の利益率の低さ,移転価格操作,税金の未納との間に関連性をもたせ,租税回避を防止するために,すなわち,公共財の供給財源(政府活動の財源)を確保するために,移転価格税制の強化が正当化されたと受け取ることができる。

　したがって,クリントン政権下における移転価格税制の強化は,租税回避の防止を求めたものであって,国家間の課税ベース配分は軽視されていたと考えざるを得ないであろう。

3. オートケースにみる租税回避の防止

(1) オートケースの発生と結果[25]

　租税回避の防止を目的として,日米間で移転価格税制が初めて執行されたのは,1970年代中頃から1980年代後半にかけて生じた,いわゆる「オートケー

ス」においてである。なお,オートケースは,トヨタ・日産といった自動車メーカーをめぐる租税問題である。

この問題の発端はダンピングにある。1975年9月にアメリカ財務省関税局は日産,トヨタ,ホンダを含む日欧の自動車メーカーの米国子会社の輸入価格ダンピング調査を開始したが,翌1976年にはダンピングはないとの結論に至った。

しかし,ダンピングの疑いは晴れたとしても税務上の問題があるのではとの疑惑から,1977年にはIRSによる内国歳入法482条に関する調査,すなわち移転価格調査がトヨタ・日産・ホンダに対して開始された。その結果,1985年に,IRSは日本の親会社から在米子会社に向けた輸出価格(米国側の輸入価格)が高すぎるため,米国における在米子会社の利益が圧迫され,その分納税額が過少であるとの考えのもと,日産の在米子会社が10億ドル,トヨタの在米子会社が8億5,000万ドルの所得申告不足があるとして,9億ドル超(当時のレートで約2,500億円)の仮更正処分(追徴課税)を決定した[26]。

この決定に対してトヨタ・日産は不服として,1986年1月に日米租税条約に基づく相互協議を国税庁に申し立てた。そして翌1987年に日米税務当局間で合意が成立し,所得申告不足額は,トヨタの在米子会社が2億7,000万ドル,日産の在米子会社が5億7,800万ドルとされ,この金額相当の所得が日本では減額更正され,アメリカでは増額更正された。この結果,日本では法人税(国税)がトヨタに220億円,日産に580億円(合計で800億円)が還付され,また,この減額更正との関係から,地方税である法人住民税と法人事業税の合計400億円がトヨタと日産に還付された。

これは,アメリカ合衆国が租税回避を防止するために移転価格税制を執行した代表的な事例として一般的には認識されている。先述のように,オートケースではダンピングが疑われたわけだが,それが租税回避の議論に発展した事例としても興味深い。すなわち,オートケースでは,アメリカ合衆国から日本へ課税ベースが移転するのを防ぐために,移転価格税制が執行された点が注目されよう。日本においても,これを機に移転価格税制が導入されたが,この理由

もまた租税回避の防止であり，自国の課税ベースを確保するためであったことは疑う余地がないであろう[27]。

(2) オートケースを引き起こした原因

アメリカ合衆国でオートケースが生じた原因としては，日系在米企業の低い租税負担率がたびたび指摘される。中村（1995）によれば，1987年の時点で，外資系企業（44,862社）の受取り所得は6,868億ドルであり，それに対する租税負担率は平均0.6％であった[28]。それに対して，日系在米企業（1,520社）の受取り所得はおよそ1,363億ドル（全体の19.8％）であり，その対租税負担率は0.5％で全体の平均を下回っていた[29]。

また1989年には，アメリカに進出している外資系企業の所得は70億ドルであったが，アメリカ企業は全産業で黒字であり，その黒字額は2,524億5,900万ドルであったとの報告がある[30]。さらに，中村（1995）の指摘では，粗利益率に関しては，1987年では外資系企業は21.88％，アメリカ企業は30.53％，1989年では前者が21.88％，後者が29.89％であり，双方の間には大きな格差があった[31]。とりわけ，自動車の製造及び卸売は，1989年のアメリカ企業の粗利益率がそれぞれ18.52％，23.83％であるのに対して，外資系企業では製造が9.69％，卸売が12.39％の粗利益率であった[32]。

アメリカ側からすれば，外資系企業の租税負担率や粗利益率が低いのは，移転価格を操作して自国へ利益（所得）を移転し，その結果が以上の相違として表れたのだと考えたものと思われる。そして，その対策として，外資系企業への課税強化，特に，自動車関連の日系在米企業に対する租税回避防止政策の強化が進められたと考えられる。

確かに，この点に関して，中村（1995）は「実効税率ではアメリカの40％に対して日本は50％と10ポイント高く，アメリカに進出した日系企業が移転価格を通じて本国に所得を持ち帰ることには何のメリットもない」と主張する[33]。また，森田（2001）は，税率に関係なく日系企業が本国に所得を集中させる傾向があると分析する[34]。しかしながら，アメリカ合衆国とすれば，

日系企業がどうあれ，課税ベースの海外流出を防止しようとしたと言えよう。

(3) 強力な租税回避防止政策

また，オートケースにおける日米間の利益配分をみても，アメリカ合衆国の租税回避防止に対する強い要求が確認できる。

日産のケースでは，薄木（1988）によれば，次のように利益配分が決定された[35]。日産自動車（親会社）から米国日産（子会社）が自動車を1台当たり8,400ドルで輸入し，これを10,000ドルで販売したとする。この場合，自動車の生産原価は6,000ドルであるため，製造段階で2,400ドルの利益が生じ，さらに販売に際しては，輸入価格が8,400ドル，販売経費が1,000ドルであるため，販売段階で600ドルの利益が生じている（表1-3）。そのため，この取引において，自動車1台当たりの生産・販売利益と販売利益の合計額は3,000ドルになる。よって，日産自動車と米国日産の利益配分は2,400ドル対600ドル（8：2）となる。なお，この場合，米国日産の輸入価格（日産自動車の輸出価格）8,400ドルが移転価格である。

IRSは，この利益配分は移転価格操作によるものとして，日米間で5：5に更正する必要があると主張したが，相互協議によりこの取引における独立企業間価格は7,800ドルと決定され，これに基づき利益配分比率は1,800ドル対1,200ドル（6：4）で日米の合意が成立した（表1-4）。そして，この比率のも

表1-3 相互協議前の日米間の利益配分（1台当たり）

日産自動車		米国日産	
生産原価	6,000ドル	輸入価格	8,400ドル
生産・販売利益	2,400ドル	販売経費	1,000ドル
輸出価格	8,400ドル	販売利益	600ドル
		販売価格	10,000ドル

（出所）薄木正治［71］p.128より作成。

と日米間で利益が配分され，日産自動車の利益(所得)は 600 ドル減額更正され，米国日産の利益は 600 ドル増額更正された。しかしながら，この場合，独立企業間価格が 7,800 ドルと算出された根拠が不明確であり，また，この価格によって，日米間の利益配分比率 6：4 により日産自動車と米国日産で更正が行われた理由が明確にはされていない。

この事案に関しては，中村（1995）は，日米間で政治的な解決が図られたとみており[36]，それも確かであろうが，アメリカ合衆国の強力な租税回避防止政策に日本が完敗したとも言えよう。

表 1-4　相互協議後の日米間の利益配分（1 台当たり）

日産自動車		米国日産	
生産原価	6,000 ドル	輸入価格	7,800 ドル
生産・販売利益	1,800 ドル	販売経費	1,000 ドル
輸出価格	7,800 ドル	販売利益	1,200 ドル
		販売価格	10,000 ドル

（出所）表 1-3 に同じ。

第 3 節　移転価格税制と国家間の課税ベース配分

1. 国家間の課税ベース配分の必要性

以上のように，これまで移転価格税制では租税回避の防止，すなわち海外への課税ベースの移転を防ぐことが目的とされてきた。自国に帰属すべき課税ベースが他国へ移転された場合，国内において公共財を供給するための財源がその移転に相応して失われる。そのため，租税国家は多国籍企業による租税回避を防止し，公共財の供給財源の確保に努める。したがって，租税国家にとって移転価格は租税回避の要因であり，移転価格税制はその租税回避を防止する手段であると言える。

しかしながら，これまで以上に各国間の関係が密接になった今日では，移転価格税制は，自国ばかりでなく他国をも考慮した国際的な視点からアプローチ

される制度でなければならないであろう。すなわち、移転価格税制は、租税回避の防止という国内的な目的だけでなく、国際的な目的として国家間の課税ベース配分を達成すべきであろう[37]。

アメリカ合衆国をみると、確かに、内国歳入法第482条の目的は、租税回避の防止であることは上述した通りであるが、しかしながら、その目的は国家間の課税ベース配分と解釈することもできよう。内国歳入法第482条では、租税回避の防止を目的とするだけでなく「…当該組織、営業若しくは事業の所得を正確に算定するために必要と認めるときは、当該組織、営業若しくは事業の間において、総所得、所得控除、税額控除又はその他の控除を配分し、割り当て…」とも記されている[38]。これは、税務上公正に関連企業間で所得が配分されることを求めたものであるが、その延長線上にはその関連企業が居住する国家間での課税ベース配分があると言えよう。

現状では、各国が課税ベースの獲得を利己主義的に考えるため、国家間で課税ベースが適正に配分されているかは疑問である。租税回避の防止という国内の目的ばかりを追求する限り、移転価格税制が課税ベース獲得の道具として利用され、移転価格をめぐる国際紛争は沈静化しないであろう。しかしながら、将来的には、これまで以上に国際化が進むと予想される中で、自国だけでなく相手国をも考慮して移転価格税制が執行され、その結果が国家間の「適正」な課税ベース配分であるべきである[39]。

2. 租税条約に基づく相互協議及び対応的調整
(1) 租税条約が果たす機能

国家間の課税ベース配分のためには、租税条約の機能に期待する必要があろう。租税条約は、国際的二重課税（経済的二重課税を含む）の回避と脱税や租税回避を防止するとともに、二国間で合意された共通の課税ルールに基づいた税制の執行及び相互協力を約したものであり、その機能は以下の通りである[40]。

① 締結国間の国際的二重課税の排除
② 締結国間の課税権の配分

③ 各約締結国における相手国居住者への課税関係の明確化
④ 相手国の国内税制変更による不確実性への保護機能
⑤ 両国税務当局の紛争処理，租税回避防止に係る協力体制

このような機能を果たす租税条約が関係国間で締結されることで，法人税に関して言及すれば，当該関係国は法人税の脱税や租税回避が防止でき，多国籍企業は相手国で不当な課税を受けた場合や条約に適合しない課税を受けた場合には，国内的な救済措置に加え，相手国に対しても救済措置を求めることができる。

国家間の課税ベース配分に関わる救済措置としては，相互協議と対応的調整が必要である。すなわち，租税条約に基づき締結国間で相互協議が行われ，独立企業間価格に関して合意され，その合意内容に基づき対応的調整が実施された場合には，国内的には租税回避の問題は解決され，国際的には国家間の課税ベース配分の問題が解決される。

(2) 租税条約に基づく相互協議

相互協議は租税条約に基づくが，日米間の相互協議に関しては，日米租税条約の第25条で規定されている。同条は，「一方の又は双方の締約国の措置によりこの条約の規定に適合しない課税を受けたと認める者又は受けることになると認める者…」（1項）からの申し立てがあった場合，「権限のある当局は，…（中略）…この条約に規定しない課税を回避するため，他方の締約国の権限のある当局との合意によって当該事案を解決するよう努める」（2項）ことを求めている[41]。また，日米租税条約の第25条3項は「二以上の者の間における所得…の配分」の合意を求めている[42]。

このように，この条項に従い当該事案に関して関係各国が合意した場合には，租税条約に反する国際的二重課税は回避される。つまり，租税条約に基づき相互協議を実施することで，移転価格の金額や算定方法などを関係国間で協議することができ，またその金額や算定方法などに関して関係各国が合意した場合には，経済的二重課税を回避するための準備が整えられる。したがって，相互

協議は多国籍企業の二重の租税負担を回避するだけでなく，国家間の課税ベース配分を達成するための手段としても期待できる。

(3) 対応的調整と国家間の課税ベース配分

相互協議で合意が成立した後は，国家間の課税ベース配分のためには，対応的調整が必要である。対応的調整は，相互協議で合意された独立企業間価格に基づき，一方の多国籍企業の所得を増額更正した場合に，他方の多国籍企業の所得を減額更正することである。つまり，定義的には，対応的調整は多国籍企業間の適切な所得配分を目的としている。

しかしながら，実際には，対応的調整を必要とするのは多国籍企業だけではない。多国籍企業が所得の配分のために対応的調整を必要とするのと同様に，関係国も課税ベース配分のために対応的調整を必要とする。相互協議を通じて合意された独立企業間価格に基づき対応的調整が実施されることで，独立企業原則に基づき国家間で課税ベースが配分される。この反対に，対応的調整が実施されなければ，経済的二重課税が生じ，国家間の課税ベース配分は不適正になる危険性がある。

すなわち，対応的調整がうまく機能すれば，国家間の課税ベース配分が達成されるはずである。移転価格の操作による国家間の課税ベース配分の歪みは，一方の国が独立企業間価格を算定した時点で是正されるわけではない。関係国間で独立企業間価格に関して相互協議が実施され，その合意内容に基づき対応的調整が実施され，経済的二重課税が回避されれば，国家間の課税ベース配分は是正されよう。

3. 国家間の「適正」な課税ベース配分

現在の国際税システムのもとでは，租税条約の要求に応じて，相互協議及び対応的調整の実施により，国際的二重課税，特に移転価格税制に関しては経済的二重課税が回避されれば，国家間の課税ベース配分は適正であると考えられている。また，従来の研究でも，経済的二重課税の回避により，国家間の課税

ベース配分は達成されると考えられていた[43]。

しかしながら,それは国家間の「適正」な課税ベース配分ではない。現行システムのもとでは,関連者間取引に存在する内部取引利益が国家間の過多過少な課税ベース配分を引き起こすのだから,それを踏まえた考察が必要である。そこで,以後,経済的二重課税の回避に加え,国家間で課税ベースが過多過少なく配分されることを検討する。なお,国家間の「適正」な課税ベース配分の条件として,経済的二重課税の回避(第1条件),過多過少のない課税ベース配分(第2条件)を設けることにする。

(1) 経済的二重課税の回避─第1条件

第1条件である経済的二重課税の回避を達成するためには,現行のシステムによれば,第1ステップとして,移転価格税制は,その執行国に居住する多国籍企業と相手国に居住する関連企業との間の取引における移転価格を独立企業間価格に引き直し,多国籍企業の所得(課税ベース)を増額更正することで,課税ベースが相手国へ移転されるのを防止する。そして第2ステップとして,相手国では,この手続きを受けて,相互協議の合意内容に基づき対応的調整が実施される。この場合,対応的調整では,執行国での課税ベースの増額更正に応じて,相手国の課税ベースが減額更正される。これによって,経済的二重課税が回避される。その反対に,この手続きがうまくいかないと,経済的二重課税が生じてしまう。すなわち,第1ステップとしてある国が移転価格税制を執行した後に,第2ステップである相互協議及び対応的調整が失敗に終われば,経済的二重課税が発生する。

経済的二重課税は以下に示す流れの中で生じる。なお,簡単化のために,A社の所得はすべてB社への製品の販売によるものとし,B社の費用はすべてA社からの製品の購入にかかったものと仮定する。またB社はその製品を一定額で独立企業に販売すると仮定する。この仮定のもと移転価格税制が執行される前は,図1-6で示されるようにA社の所得とB社の費用は一致する。すなわち,A社が居住するX国とB社が居住するY国の間に課税ベースの重複

図 1-6　移転価格税制の執行前

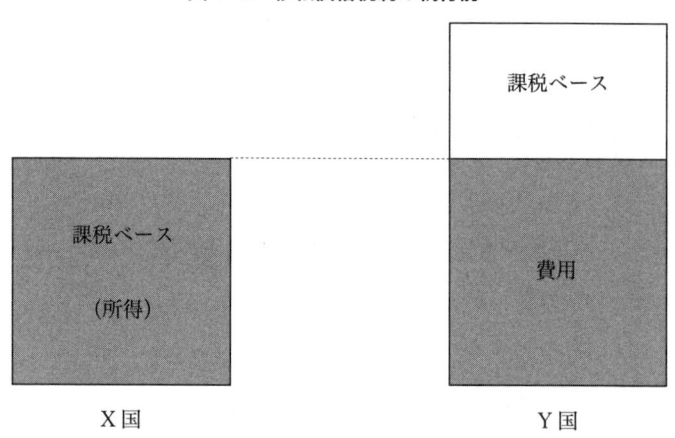

　　　　　　　　　　　　　　　　　　　　課税ベース

　　課税ベース
　　　　　　　　　　　　　　　　　　　　　費用
　　　（所得）

　　　X 国　　　　　　　　　　　　　　　　Y 国

はなく，この時点で課税しても経済的二重課税は生じない。

　しかしながら，X 国が移転価格税制を執行すると，A 社の所得が増額更正されることで，X 国に帰属する課税ベースは実線の位置まで増加する（図1-7）。一方，Y 国がその決定に不服である場合，相互協議が失敗に終わり，対応的調整が実施されなければ，Y 国に帰属する課税ベースは移転価格税制の適用前と同じ状態である。この場合，X 国と Y 国との間には課税ベースの重複が生じることになる。経済的二重課税は，灰色で示された課税ベースの重複部分に Y 国が課税した場合に発生する。

　このような流れの中で生じる経済的二重課税を回避するためには，先述の第1ステップと第2ステップを踏まなければならない。図1-8 は，移転価格の操作により Y 国へ移転された課税ベースを取り戻すために，X 国において Q_1 から Q_2 にまで課税ベースが増額更正され，Y 国ではそれに相当する課税ベースの減額更正（対応的調整）が行われた後の国家間の課税ベース配分の状態である。これが，経済的二重課税が回避された状態であり，国家間の「適正」な課税ベース配分の第1条件である。

図 1-7　移転価格税制の執行後

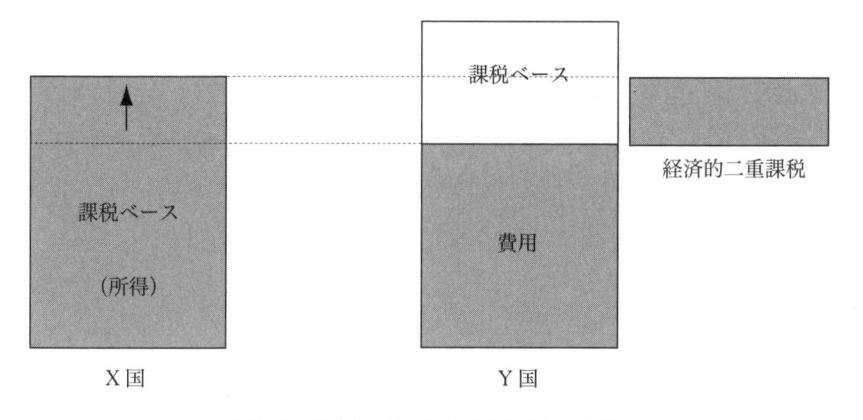

図 1-8　経済的二重課税の回避（第 1 条件）

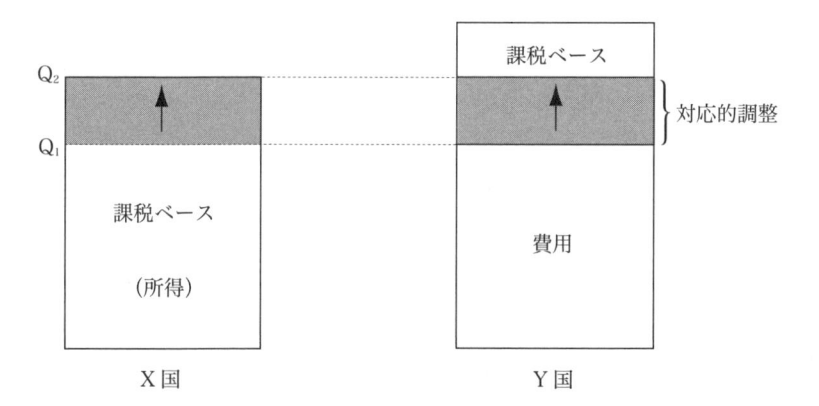

(2) 過多過少のない課税ベース配分―第 2 条件

　国家間の「適正」な課税ベース配分の第 2 条件は，過多過少のない課税ベース配分である。文字通り，第 2 条件が求めるのは，課税ベースがある国に過多に，他方の国に過少に課税ベースが配分されない状態である。

　移転価格税制では，移転価格操作により海外に移転された分の課税ベースだけが更正されなければならない。しかしながら，現行システムのもとでは，移転価格の操作以外の要素が課税ベースに影響を与えた場合に，それが移転価格

の操作によるものとして扱われる可能性がある。このケースにおいては、移転価格の操作に関係する課税ベースに加えて、それ以外の要素に関わる課税ベースもまた更正されれば、その要素の影響を受けた課税ベースが、ある国に過多に他方の国に過少に配分される。

図1-9では、上述のケースが図示されている。例えば、X国では、移転価格の操作によりY国に移転された課税ベースを取り戻すために、移転価格税制の執行が決まったが、Y国のその課税ベースは関連者間取引におけるその他の利益B（例えば、第6章で詳述する「内部取引利益＝取引費用の節減」）を反映している場合を想定する。この場合、独立企業原則に基づき課税ベースが更正されるが、独立企業間の取引にはその他の利益が存在しない。そのため、その利益もまた移転価格の操作によるものとみなされ、X国では課税ベースA及びBが増額更正され、その更正を受けてY国で課税ベースA´及びB´の対応的調整（減額更正）が実施されれば、その結果として、X国にはB分の課税ベースが過多に配分され、Y国にはB´に相当する課税ベースが過少に配分されてしまう。なお、この場合、AとA´は等しく、BとB´もまた等しい。

この問題を解決するためには、移転価格税制は移転価格の操作に関わる課税

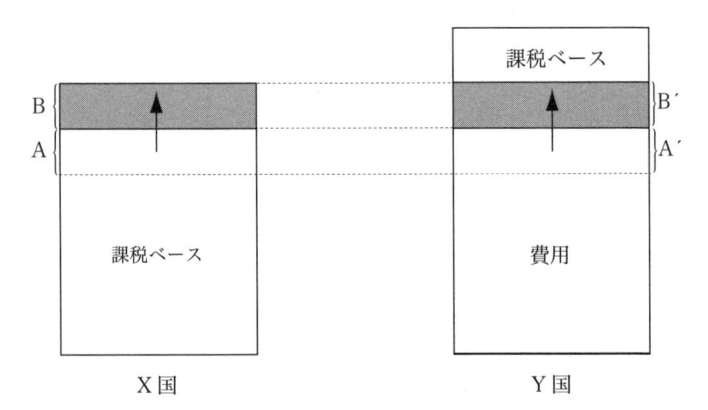

図1-9　過多過少のある課税ベース配分

（A及びA´：移転価格の操作による部分　B及びB´：その他の利益による部分）

ベースだけを厳正に更正するべきである。そして，相手国がその更正を受け入れ対応的調整を実施した場合には，過多過少のない課税ベース配分が達成されるはずである。その状態を図1-10が示している。仮に，その他の利益Bが存在しようとも，X国では移転価格の操作分だけの課税ベースAが増額更正され，他方Y国ではその更正に相当する課税ベースA′が減額更正される。したがって，X国とY国との間で過多過少のない課税ベース配分が達成される。

また，次の問題も解決されなければならない。移転価格の操作以外の要素の影響を受けて，移転価格の操作に相当する課税ベースAの100％増額更正が行われない場合には，Y国に移転された課税ベースが完全には取り戻せないので，その残りの課税ベースはX国に過少にY国に過多に配分される。この問題解決のためにも，X国では移転価格税制のもと移転価格の操作に関わる課税ベースが厳正に更正され，Y国でもその更正を受け入れ，適正な減額更正の手続きが踏まれなければならない。その結果としてX国とY国との間で過多過少のない課税ベース配分が達成される（図1-10）。

以上，国家間の「適正」な課税ベース配分の第2条件が求める結果である。

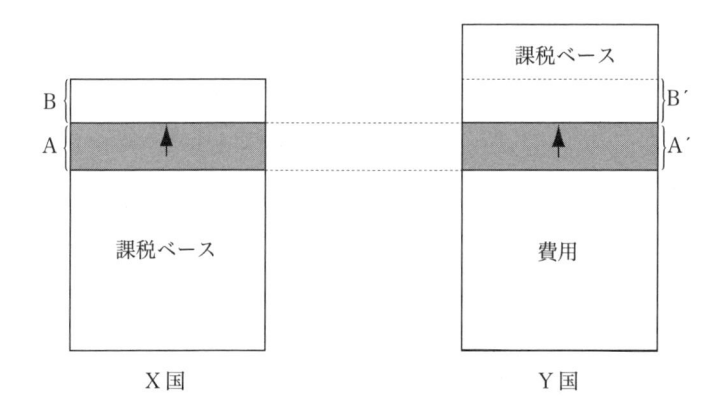

図1-10　過多過少のない課税ベース配分（第2条件）

第4節 小　括

　多国籍企業は，利潤最大化のために移転価格を決定する。しかしながら，租税国家は，社会的厚生の最大化を目的に，公共財の財源を確保すべく，多国籍企業により決定される移転価格を租税回避の手段とみなして更正する。この場合，移転価格税制は租税回避を防止するために必要になる。1970年代から1980年代に生じたオートケースは租税国家間の課税ベース獲得争いの一例である。すなわち，その当時，移転価格税制の目的は，自国の課税ベースが相手国に移ること（租税回避）を防止することであったと言えよう。

　しかしながら，国家間の関係が密接になった今日では，自国ばかりでなく相手国の課税ベースも考慮した国家間の課税ベース配分が，移転価格税制に求められよう。これまで，国家間の課税ベース配分は，経済的二重課税が回避されれば適正になると考えられてきたが，それだけでは十分ではない。国家間の「適正」な課税ベース配分を考える場合には，経済的二重課税の回避だけでなく，過多過少のない課税ベース配分もまた考慮しなければならない。課税ベースが相手国に過多に他方の国に過少に配分される状況は「適正」ではない。

　以下では，国家間の「適正」な課税ベース配分を達成するための条件として，経済的二重課税の回避（第1条件），過多過少ない課税ベース配分（第2条件）を設け，独立企業原則に基づく移転価格税制に関して検討する。

---

(1) Dai, X., "Study on Transferring Price Problem of Multinational Corporations", *International Business Research* (Vol.3 No.3, July 2010) は，多国籍企業が移転価格を決定する要因として，①租税回避，②外国為替変動や国内問題に関わるリスクの回避，③子会社の競争力の強化を指摘している。（以後，巻末の参考文献から引用する場合，Dai, X. [16] と省略して表示する）

(2) Hirshleifer, J. [33] pp.172-184. なお，Hirshleifer の研究対象は企業の「部門間取引」である。

(3) Eden, L. [21] p.227 によれば，移転価格は次のように区分できる。「効率的移転価格」(the Efficient Transfer Price)：取引の機会費用，MR=MC で決まる移転

価格,「金融会計移転価格」(the Money or Accounting Transfer Price):企業の部門間で利潤を分配する際の金融的・会計的な移転価格,「利潤最大化移転価格」(the Profit-Maximizing Transfer Price):税金や関税の差し引き後,多国籍企業グループ全体の利潤を最大化する移転価格,「規則上の移転価格」(the Regulation Transfer Pricing):規則に基づき決定される移転価格。

(4) Eden, L. [21] p.223.
(5) Eden, L. [21] p.229.
(6) Eden, L. [21] p.229.
(7) Eden, L. [21] p.231.
(8) Eden, L. [21] p.220.「シャドウ価格」は生産された製品全てが販売されることを保証する価格である。効率的移転価格はラグランジュ制約下のシャドウ価格である。
(9) Bond, W. E. [7] では,中間財の外部市場が存在する場合も検討されている。なお,この場合,外部市場は完全競争の状態にあると仮定される。また,外部市場との取引における費用を分析に加えられている。
(10) 技術独立 (technological independence) は,各部門の運営費が他の部門の活動水準とは関係がないことを意味する。Hirshleifer Ruleでは,需要独立 (Demand independence) も仮定されている。なお,需要独立は各部門による追加的な外部販売は他の部門の製品に対する外部需要を減らさないことである。
(11) Bond, E. W. [7] p.194.
(12) Bond, E. W. [7] p.195.
(13) Bond, E. W. [7] p.195.
(14) 1977年及び1990年調査に関してはTang, R. Y. W. [61] pp.81-98, 1997-1998年調査に関してはTang, R. Y.W. [62] pp.31-46を参照。
(15) Pagan, J. C. and W. J. Schott [52] pp.17-18.
(16) アメリカ合衆国の法人税率は1977年では52.68%(普通税20.02%,付加税23.66%,州法人税9.00%),1990年では40.14%(連邦法人税30.84%,州法人税9.30%)であった。日本の法人税率は1977年では49.47%(国税法人税33.04%,法人住民税5.72%,事業税10.72%),1990年では49.98%(国税法人税33.48%,法人住民税5.73%,事業税10.71%)であった。
(17) Tang, R. Y. W. [62] pp.41-42.
(18) 移転価格税制による租税回避の防止に関しては,小林威[86] 小林威[87] などが詳しい。
(19) 杉村良夫[92] では,日米移転価格税制の相違が検討されている。
(20) 移転価格税制の導入(1986年)時は租税特別措置法第66の5で規定されていた。
(21) 飯野公央[70] p.103.
(22) 森田保男[124] p.93. 1993年から1998年までの5年間に移転価格税制の強化に

より450億ドルの税収増が見込まれた。しかしながら，現実には，当時の財政赤字削減法のもと，移転価格税制の強化による税収増は，5年間で3億6,600万ドルが予定された。
(23) 飯野公央 [70] p.107.
(24) Bucks, D. R. and M. Mazerov [10] p.386.
(25) オートケースに関しては，藤江昌嗣 [106] pp.45-48 及び加藤惠吉 [81] pp.185-190 を参照。
(26) ホンダは，IRS の主張の不当性を訴えて提訴した。その結果，1984年に IRS はホンダの価格設定の正当性及び合理性を認めた。
(27) 金子宏 [82] p.363 によれば，日本が移転価格税制を導入した理由は次の2点に集約できる。①課税ベースが海外へ移転されるのを防止するため，②外国政府による過大な権限の行使（移転価格税制の執行）を牽制ないし防止するためであった。
(28) 中村雅秀 [98] pp.287-290.
(29) 中村雅秀 [98] pp.287-290.
(30) 中村雅秀 [98] p.313.
(31) 中村雅秀 [98] p.313.
(32) 中村雅秀 [98] p.313.
(33) 中村雅秀 [98] p.316.
(34) 森田保男 [124] p.84 は「子会社の所在する外国の有利な税率を無視してでも，多国籍企業は海外子会社の利益を親会社（本国）に吸収あるいは集中することがある。この傾向は，特にわが国の多国籍企業に比較的多くみられる」と分析する。
(35) 日産のケースにおける日米間利益配分に関しては，薄木正治 [71] p.128 を参照。
(36) 中村雅秀 [98] p.303.
(37) 村上睦 [113] p.75 では，「移転価格問題の核心は，税率格差を利用した租税回避であるとの捉え方がなされていたのであるが，わが国と税率格差は大差のない米国でこの問題が生じたところから，焦点は国際的な利潤ないしは所得の配分にあるとみるべきであろう」と主張している。
(38) 内国歳入法第482条
(39) Musgrave, R. A. and P. B. Musgrave [47] を援用すれば，国家間の課税ベース配分では「公平」が求められるが，本研究の「適正」は「効率」の観点から考える。国家間の「適正」な課税ベース配分が達成されれば，一方の租税国家では租税回避が防止され，他方の租税国家でもその防止が期待できる。その結果として，双方の国で租税回避により税収が消失することなく，公共財が供給されるはずである。
(40) 川田剛 [83] p.38.
(41) 矢内一好 [127] pp.213-220.
(42) 矢内一好 [127] p.220.

(43) 江波戸順史［73］では，経済的二重課税を回避し，国家間の課税ベース配分を適正にする方法を模索した。本研究が設定する第 1 条件だけが研究対象であった。

第2章　独立企業原則に基づく基本三法

　独立企業原則に基づく移転価格税制では，独立価格比準法，再販売価格基準法，原価基準法の三法（基本三法）により算定された独立企業間価格のもと，移転価格が更正される。その基礎には完全競争市場の理論があり，独立企業原則に基づく結果は経済学的に望ましいと考えられる。しかしながら，このようなシステムでは，市場の失敗とみなされる無形資産を評価することは難しい。また，基本三法のいずれの方法を適用するかにより，一つの取引に二つ以上の独立企業間価格が存在する可能性があり，その場合には経済的二重課税が生じるであろう。

　本章では，以上のことを踏まえ，独立企業原則の存在意義とそれに基づく基本三法及び独立企業間価格に関して考察する。問題点として，基本三法による無形資産の評価の困難性，独立企業間価格の「幅」，連続価格帯について検討する。

第1節　独立企業原則と独立企業間価格

1. 独立企業原則の存在意義
（1）独立企業原則と税務上のパリティ
　独立企業原則は移転価格税制が準拠すべき原則である。独立企業原則では，「…双方の企業の間に，独立企業間に設けられる条件と異なる条件が設けられ又は課されている時は，その条件がないとしたならば一方の企業の利益となったとみられる利益であって，その条件のために一方の企業の利益とならなかったものに対して…課税することができる」と規定されている[1]。つまり，独

立企業原則は,独立企業間における条件を参考にして「関連者間取引と非関連者間取引の税務上のパリティ(parity)」を追求する[2]。この背景には,中里(1993)が指摘するように,「関連企業との間で取引を行っている企業も,独立企業との間で取引を行っている企業も,ほぼ同じ価格で取引し,同じ水準の利益をあげるべきであるとの価値判断が存在する」と考えらえる[3]。

このように,独立企業原則が双方の税務上のパリティを求める意義は,関連企業が独立企業として活動する条件を整備し,非関連者間取引と同様に市場メカニズムのもとで移転価格(=独立企業間価格)を決定する仕組みを構築することである。Hirshleifer (1956) では,完全競争市場において移転価格は市場価格と一致すると主張されているが,独立企業原則では移転価格決定の仕組みに市場メカニズムを組み込むことで,完全競争市場と同様のその結果が求められると考えられる。

独立企業原則では独立企業間価格が算定され,この価格が関連者間取引と非関連者間取引の税務上のパリティを実現させる。関連者間取引で設定される移転価格が,非関連者間取引における独立企業間価格と同額になるように調整され,前者は後者と税務上同様に処理される。また,後述するように,独立企業間価格の算定方法である基本三法では,非関連企業が行う比較対象取引の発見がその適用要件となるが,この仕組みもまた,関連者間取引と非関連者間取引の税務上のパリティを求めるためにあると言えよう。

(2) 国際的な統一原則となる独立企業原則

現在,移転価格税制は,アメリカ合衆国,日本,ドイツなど先進国だけでなく,タイやマレーシアなど発展途上国を含む世界47カ国で導入されている。各国は国内税法のもと移転価格税制を構築するために,その仕組みには国家間で細かな相違が見られる[4]。その代表例は,アメリカ合衆国がCPMを規定するが,他の国にはその規定がないことである[5]。

しかしながら,独立企業原則を基礎として移転価格税制が執行される点は国家間で相違はない。つまり,独立企業原則は国際的な統一原則としての役割を

果たすと言えよう[6]。日本では，租税特別措置法第66条の4第1項に「当該国外関連取引は，独立企業間価格で行われたものとみなす」と規定され，独立企業間価格の算定を通して独立企業原則が遵守されている。アメリカ合衆国の場合，Kauder（1993）が指摘するように，内国歳入法第482条は独立企業原則を明確には規定していないが[7]，財務省規則には「独立企業基準（Arm's Length Standard）」が明記されている。望月（2007）は，内国歳入法第482条が独立企業原則を規定しない点を踏まえて，アメリカ合衆国では「独立企業原則を放棄し，定式分配を採用することは法律上何の問題もない」と主張している[8]。しかしながら，独立企業原則が国際的な統一原則である限り，アメリカ合衆国でもその廃止は簡単ではないはずである。

独立企業原則が国際的な統一原則として存在する意義を考えれば，それは国家間で異なる移転価格税制の国際的な整合性の推進であろう。本来，移転価格税制は租税回避の防止を目的とし，それは国内法のもとで達成される。そのため，移転価格税制という名称は同一であっても，その仕組みが国家間で相違するわけであるが，各国が独立企業原則を国際的な統一原則として遵守するならば，それを基礎とする移転価格税制の基本的な方向性，関連者間取引と非関連者間取引の税務上のパリティを求める点は国家間で等しくなると期待できよう。つまり，独立企業原則という枠組みの中に各国のシステムが組み込まれることで，移転価格税制の国際的な整合性が推進されると期待できよう。

2.「情報」としての独立企業間価格

移転価格税制では，独立企業原則に基づき算定された独立企業間価格が税務上の適正な価格であり，市場において本来あるべき価格として認識される。現在，アメリカ合衆国でも独立企業間価格に基づき移転価格が更正されるが，内国歳入法第482条には「独立企業間価格」という言葉は明確には記されていない。では，なぜ移転価格税制では独立企業間価格に基づき移転価格問題が処理されるのだろうか。

中里（1993）は，経済学の理論からこの疑問にアプローチしている[9]。経済

学では，市場が競争的になるために，価格は市場における情報としての機能を果たすと考えられる。Berry (1992) が指摘するように，非関連企業であれば製品を購入する場合，同類の製品を販売する企業の価格を比較して，より安い価格を提示した企業から製品を購入し，より高い価格を提示した企業から製品を購入することはない[10]。反対に，Berry (1992) は，非関連企業が製品を販売する場合には，当該非関連企業はより高い価格を提示した企業に製品を販売し，より安い価格を提示した企業に製品を販売することはないと主張する[11]。このように，非関連者間取引において，価格が市場の情報として重要な機能を果たす場合に，市場は競争的になるはずである。

　しかしながら，関連者間取引では，非関連者間取引にはない特殊な条件や関係が存在するために，価格は市場における情報としての機能を果たさない可能性がある。そのため，この場合には市場は競争的になるとは限らない。そこで，市場を競争的にするために，移転価格税制では非関連者間取引であれば設定したであろう価格，すなわち，独立企業間価格が市場における「情報」として位置づけられる。この措置を講じることで，関連者間取引に存在する特殊な条件や関係は排除され，独立企業原則が求める関連者間取引と非関連者間取引の税務上のパリティが達成されると期待される。

第2節　基本三法による独立企業間価格の算定

1. 明確にされた基本三法

　1968年，アメリカ合衆国では内国歳入法第482条に係る財務省規則(以下「68年規則」) が公布された。68年規則では，当時表面化した外資系多国籍企業の租税回避行為に対するアメリカ合衆国の課税権を国際社会に表明するために，移転価格税制に関する一般的な解釈指針及び詳細な手続きが定められた。

　68年規則に関して特筆すべきは，独立企業間価格の算定方法が明確にされたことである。これまで抽象的であった独立企業原則を具体化するために，68年規則は，独立企業間価格の算定方法として，独立価格比準法，再販売価

格基準法，原価基準法の三つの方法を規定した。この三つの方法は「基本三法」と総称される。

　68年規則の目的は，独立企業原則が求める関連者間取引と非関連者間取引の税務上のパリティであった。つまり，68年規則による基本三法の明確化は，これまで曖昧であった独立企業原則の遵守方法の確定を意味しよう。現在でも，移転価格税制を導入する国が，基本三法を最も重要な独立企業間価格の算定方法として位置づけている。これは，独立企業原則が厳密に遵守されている証と言えよう。アメリカ合衆国においても，1968年から変わらず，独立企業原則のもと基本三法が独立企業間価格を算定する中心的な方法である。

2. 独立企業原則に基づく基本三法

　基本三法のいずれの方法による場合も，独立企業原則に基づき独立企業間価格が算定される。つまり，基本三法では，市場メカニズムのもと，関連者間取引における移転価格を非関連者間取引における独立企業間価格へ引き直すことが求められる。基本三法は以下の仕組みによりこの要求に応え得る。

　① 独立価格比準法（Comparable Uncontrolled Price Method）

　独立価格比準法では，同様の状況下において，非関連者間で取引された同種の資産や役務の価格に準拠して，独立企業間価格が算定される[12]。

　② 再販売価格基準法（Resale Price Method）

　再販売価格基準法では，再販売価格から非関連者間取引における独立販売マージン（independent distributor's margin）を控除して，独立企業間価格が算定される[13]。

　③ 原価基準法（Cost Plus Method）

　原価基準法では，製造等の原価の額に非関連者間取引における独立製造マークアップ（independent manufacture's markup）を加算して，独立企業間価格が算定される[14]。

　このように，独立企業原則に基づくことで，基本三法では市場メカニズムが機能すると想定されている。まず，先述のように，完全競争市場において移転

価格は市場価格と等しくなる点を踏まえれば，独立価格比準法により移転価格が独立企業間価格に引き直される理由は，市場メカニズムと同様に，効率的な結果を導き出すためであろう。

また，Abdllah（2004）に示されるように，完全競争市場のもとでは，販売マージンは市場全体で等しくなるのだから，再販売価格基準法で独立販売マージンが基準とされれば，その結果に市場メカニズムが影響するのは明らかであろう[15]。原価基準法に関しても，完全競争市場においては製造マークアップが市場全体で等しくなるのだから，独立製造マークアップが基準として利用されれば，市場メカニズムと同様の結果が導き出されよう[16]。

以上のように，基本三法により独立企業間価格を算定する場合の前提は，完全競争市場である。これは，基本三法が独立企業原則に基づくからこそ求められる前提と言えよう。つまり，この前提を置くことで，基本三法によれば，独立企業原則が求める市場メカニズムに基づいた独立企業間価格が算定されることになろう。

3. 比較対象取引における独立企業間価格

さらに，独立企業原則に基づく仕組みを構築するために，独立企業間価格を算定する際には，関連者間取引と比較可能性のある非関連者間取引，いわゆる「比較対象取引」の発見が必要とされる。Owen（2005）が指摘するように，市場メカニズムが機能する比較対象取引に基づくことで，独立企業原則が求める独立企業間価格の算定が可能となるはずである[17]。

(1) 独立価格比準法

まず，独立価格比準法における比較対象取引を確認しよう。例えば，図2-1に示すように，米国の親会社が日本の子会社と取引①を行うのと同時に，日本の非関連企業とも取引②を行ったとする。この場合，米国の親会社と日本の非関連企業との間で行われた取引②が比較対象取引に該当する。また，米国親会社と類似の取引を行う米国の非関連企業が日本の非関連企業と行う取引③も比

較対象取引である。

したがって，独立価格比準法による場合には，比較対象取引②あるいは③における価格が独立企業間価格となる。もし取引②における価格が130ドルであれば独立企業間価格は130ドルとなり，あるいは取引③における価格が120ドルであれば独立企業間価格は120ドルとなる。

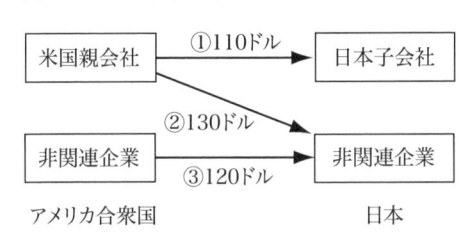

図2-1　独立価格比準法における比較対象取引

```
米国親会社 ──①110ドル──→ 日本子会社
                              ↗
非関連企業 ──②130ドル──→ 非関連企業
          ──③120ドル──→

アメリカ合衆国              日本
```

(2) 再販売価格基準法

次に，再販売価格基準法では，独立販売マージンを算定するために比較対象取引が必要になる。例えば，図2-2に示すように，製造業を営む米国親会社が販売業を営む日本の子会社に製品を50ドルで販売し，日本の子会社はその製品を100ドルで他の非関連企業に再販売したとする。この場合，日本の子会社と類似の取引を行う非関連企業が他の非関連企業と行う取引①が比較対象取引に該当する。

したがって，仮に比較対象取引における独立販売マージンが20%であったとすると，この場合の独立企業間価格は100ドル − 100ドル × 20% = 80ド

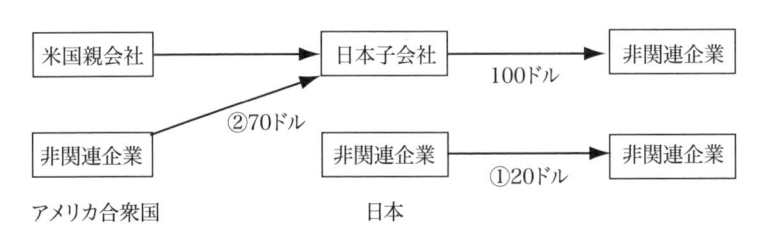

図2-2　再販売価格基準法における比較対象取引

```
米国親会社 ─────────→ 日本子会社 ──100ドル──→ 非関連企業
                      ↗
非関連企業 ──②70ドル──        非関連企業 ──①20ドル──→ 非関連企業

アメリカ合衆国                  日本
```

ルとなる。また，米国親会社と類似の取引を行うアメリカ合衆国の非関連企業から同種の製品を購入し，それを非関連企業に販売した場合には，この一連の取引②も比較対象取引である。もし日本の子会社が非関連企業から70ドルで購入した製品を100ドルで販売したとすると，独立販売マージンは30％となるので，独立企業間価格は100ドル－30ドル＝70ドルになる。

(3) 原価基準法

原価基準法による場合は，独立製造マークアップを算定するために比較対象取引が必要になる。例えば，図2-3に示すように，製造業を営む米国親会社が販売業を行う日本の子会社に製造原価100ドルの製品を110ドルで販売するのと同時に，日本の非関連企業にも同じ製品を130ドルで販売したとする。この場合，米国親会社と日本の非関連企業との間で行われた取引①が比較対象取引となる。そして，米国親会社と類似の取引を行うアメリカ合衆国の非関連企業が日本の非関連企業と行う取引②もまた比較対象取引である。

したがって，比較対象取引①における独立製造マークアップは（130－100）÷100＝0.3（30％）であるので，独立企業間価格は製造原価100ドル＋100×30％＝130ドルとなる。他方，もし比較対象取引②における独立製造マークアップが20％であったとすると，独立企業間価格は120ドルとなる。

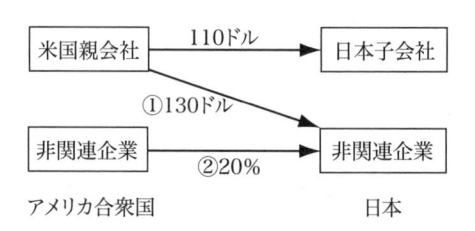

図2-3　原価基準法における比較対象取引

```
米国親会社 ──110ドル──→ 日本子会社
     ＼①130ドル    ↗
非関連企業 ──②20％──→ 非関連企業
   アメリカ合衆国              日本
```

第3節　比較対象取引の発見と問題

1. 比較対象取引と比較可能性の評価
(1) 比較可能性の評価とその要素

さて，比較対象取引が発見されるか否かは，比較可能性の評価に基づくが，その評価には価格や利益に影響を与える可能性のあるもの全ての比較が必要とされる[18]。なお，アメリカ合衆国の財務省規則によれば，比較可能性があるか否かを評価するために，表2-1に示されるような①機能分析，②契約条件，③リスク，④経済的条件，⑤資産及び役務が比較される[19]。

よって，比較対象取引の発見のためには，これらを比較した結果，関連者間取引と比較対象とされる取引（非関連者間取引）との間に比較可能性がなければならない[20]。つまり，中里（1993）が指摘するように，関連者間取引における価格Pの要素が（a, b, c…）であり，非関連者間取引における価格P'の要素が（a', b', c'…）である場合には，関連者間取引と非関連者間取引における価格の要素の比較が行われ，双方の間に「a≒a', b≒b', c≒c'…」という関係が存在すれば，比較可能性があると評価され，比較対象取引が発見されよう[21]。

このように，発見された比較対象取引は，その元は非関連者間取引なのだから，その取引では市場メカニズムが機能するはずである。したがって，比較対象取引の発見もまた独立企業原則の要求であり，比較対象取引に基づく限りその結果は効率的になろう。

表2-1　比較可能性の評価

	比較される内容
機能分析	○製品のデザイン及びエンジニアリング ○製造，生産及び処理に関するエンジニアリング ○製品の製造，抽出，組み立て ○仕入れ及び原材料の管理 ○在庫管理，製品保証，及び広告活動を含むマーケティング及び卸売機能

	○運送及び倉庫業務 ○経営，法律，会計及び財務，貸付け及び代金回収，研究及び人事管理に関する役務
契約条件	○対価の請求もしくは支払い形態 ○販売又は購入量 ○製品保証の範囲及び期間 ○アップデート，改訂又は修正する権利 ○関連ライセンス，契約または他の取決めの有効期間及びこの終了又は再交渉権 ○付属的又は補助的な役務の提供に関する契約を含む，購入者と販売者間における付随的取引または現在存在している事業上の関係 ○信用供与及び支払期間の延長
リスク	○市場リスク ○研究開発に関連するリスク ○外国為替レート及び金利の変動を含む財務リスク ○貸付け及び代金回収リスク ○製造物責任に関するリスク ○資産，工場，及び設備の所有に関連するリスク
経済的条件	○地理的市場の類似性 ○市場の相対的規模，及び市場における全体的な経済的発展の程度 ○市場のレベル ○移転又は提供される製品，資産又は役務の関連市場におけるシェア ○製造及び販売に関するその地域に特定のコスト ○資産又は役務に関する市場における競争の程度 ○市場が縮小傾向，拡大傾向を含めた特定の業界の経済的状況 ○購入者及び販売者が現実的に入手可能な代替物
資産及び役務	<有形資産> ○資産の物理的特徴，品質，信頼性及び有用性，供給量 <役務の提供> ○役務の性質と程度 <無形資産> ○使用許諾又は販売といった取引の形態 ○特許，商標又はノウハウなど無形資産の種類・保護期間と保護の程度 ○無形資産の使用によって期待される利益

(出所) Reg§1.482－1 (d) (1) より作成。

(2) 重要性の高い機能分析とリスク

大抵の場合，上記の比較可能性の評価要因のうちいずれが重要かは，関連者間取引の性質と採用された独立企業間価格の算定方法によって異なるが，関連者間取引における価格はそれぞれの関連企業が果たした機能を反映するため，独立企業原則のもと，当該関連企業と非関連企業が果たす機能が照し合わされ，比較可能性が評価される。そのため，どのような場合にも機能分析の重要性は高いと言えよう。

歴史的にみると，88年白書が公表される以前は，機能分析はIRSの調査技法であったが，88年白書では比較対象取引特定化の技法として扱われた[22]。92年規則案では，第3章で詳述するBALRMや比較対象利益幅を決定する際に，機能分析は比較対象企業の事業活動の特定に利用された。93年暫定規則及び新規則案では，現在と同じように比較可能性の決定要因の一つとして，機能分析が規定された。以前まで単なるIRSの調査技法であった機能分析に関しては，その果たすべき役割の変化に伴い重要性も高まった。

現在の規則では，比較可能性を評価する個別の要因として，機能分析とリスクは区分されているが，OECD (2010) は，機能分析を行う際にリスクも考慮することが重要であると指摘している[23]。理論的にみると，競争市場ではリスク負担の増加は期待利益の増加によって報われるので，リスクの負担又は配分は関連者間取引の条件に影響を与える。実際には，内海・堀口（1999）が指摘するように，製品が開発され製品化され販売され収益が実現するまでには，どの関連企業がどの程度のリスクを負担したかが重要である[24]。したがって，比較可能性を評価する上でリスクもまた重要な要因であり，独立企業原則を厳密に遵守するならば，機能分析とリスクは同時に検証されるべきであると考えられる。

2. 無形資産の特殊性と基本三法の限界

移転価格に関わる最も難解な問題は，無形資産の評価である。その理由が無形資産の特殊性にあることは世界的に周知されている。そして，その特殊性から比較対象取引の発見が困難であるので，無形資産を評価するために基本三法

を適用することは不可能であると一般的には考えられている。

　無形資産の定義をみると，アメリカ合衆国の財務省規則では「個人的な役務の提供から独立し，かつ重要な価値を有する資産である」と規定され，具体的には以下のものが含まれる[25]。

① 特許，発明，秘密方式，秘密工程，意匠，様式，またはノウハウ
② 文学上，音楽上，または美術上の著作権
③ 商標，商号，またはブランドネーム
④ 独占販売権，ライセンス，または契約
⑤ 方法，プログラム，システム，手続き，宣伝，調査，研究，予測，見積り，消費者リスト，または技術データ，及びその他の類似の項目

　また，OECD（2010）では，無形資産は，商業上の無形資産とマーケティング上の無形資産に区分されている[26]。商業上の無形資産はリスクを伴いコストのかかる研究開発の結果うまれる無形資産である。他方，マーケティング上の無形資産は当該国の法律に保護され，また使用する場合には関連する製品やサービスに対する所有者の許可を必要とする無形資産である。

　では，これらの無形資産がもつ特殊性とは何か。この問題に関して，Caves（2007）は，①公共財（public goods），②機会主義（opportunism），③不確実性（uncertainty）の観点から考察している[27]。

　Caves（2007）によれば，第1に無形資産は公共財である。Caves（2007）は，無形資産は追加的コストなく，あらゆる場所でその利用が可能であり，無形資産の限界費用はゼロになると主張する[28]。すなわち，これは無形資産の非競合性を意味しよう。経済学的にみれば，この性質がある限り市場メカニズムのもとでは，無形資産は全く供給されないか過少供給となるはずである。

　第2に，無形資産の取引には機会主義が内在する。Caves（2007）の例によれば，AがBに価値のある無形資産(例えば，知識：knowledge)を利用させる場合，AはBにその無形資産の価値を詳しくは説明しない。それは，Bが公正な対価を支払うことなく，その無形資産を利用する可能性があるからである。しかしながら，不十分な説明のために，Bは無形資産に対する自らの評価相当の価

値までも支払わない。なぜなら，Ｂは機会主義のＡが要求額を高めていると疑うからである。つまり，ＡとＢとの間には情報の非対称性が存在し，市場メカニズムがうまく機能しないため，無形資産は公正な市場価格では取引されないであろう。

　第3に，無形資産には不確実性がある。Caves（2007）は，無形資産は拡散（diffuse）すると指摘している。もし，ある企業が他の企業だけに無形資産の利用を認めたとしても，第三企業によるその無形資産の利用を制限することはできない。つまり，先述した無形資産の非競合性を原因として，無形資産が拡散することになる。これは予期せぬ結果であり，このような不確実性を有する無形資産には市場メカニズムが機能しないであろう。

　無形資産は，公共財，情報の非対称性，不確実性といった特殊性をもつことがCaves(2007)の研究からわかる。経済学では，この特殊性は市場の失敗(market failure)として問題視される。よって，この特殊性をもつ無形資産もまた市場の失敗であり，市場メカニズムが機能しないはずである。基本三法は市場メカニズムを前提とするが，その前提がない無形資産の評価に基本三法を適用するのは無理があろう。なお，無形資産に関しては市場での取引が困難であるため，関連者間取引と非関連者間取引の価格の決定要因間に「$a \fallingdotseq a´, b \fallingdotseq b´, c \fallingdotseq c´\cdots$」という関係は存在しないだろうから，比較対象取引の発見もまた期待できないであろう。

3. 比較対象取引が不要な第四の方法

　88年白書から94年最終規則に至るまで，無形資産の評価方法が幾度も提案され改正された理由は，基本三法ではその評価が難しいからである。原則的には，無形資産を評価する場合にも，基本三法では独立企業間価格が唯一の情報であり，その算定のために比較対象取引が発見されなければならない。しかしながら，上述したように，無形資産の特殊性から比較対象取引の発見は困難であり，基本三法は機能不全を起こす。

　これは，独立企業原則が無形資産の評価に適合しないことを意味しよう。独

立企業原則が関連者間取引と非関連者間取引の税務上のパリティを求めようとも，実際には双方は異なる取引である。また，関連者間取引では非関連者間取引にはない要因が価格の決定に影響を与えるため，双方の取引における価格は異なるであろう。確かに，この価格の相違があるからこそ，移転価格税制では唯一の情報として独立企業間価格が必要とされるが，しかしながら，独立企業間価格のもとで，関連者間取引と非関連者間取引という性質の異なる取引を同一の取引のように扱うことに無理があるのも確かであろう[29]。そのような状況の中で，特殊性の高い無形資産に関して，独立企業間価格を算定するために，比較対象取引に固執するのは問題であると考えられる。

　88年白書では，無形資産評価の問題を考慮して，利益概念を取り入れた第四の方法が提唱されている。その仕組みをみると，「利益」を検証する第四の方法は「価格」を検証する基本三法ほど厳密な調査が必要ないので，比較対象取引の発見に対する問題性は低いはずである。現在アメリカ合衆国では，第四の方法として，CPMとPS法の適用が認められている。CPMでは，比較対象「取引」ではなく，比較対象「企業」における「利益」が検証対象とされるので，比較可能性に関するその厳密性は相対的に低いことから，基本三法の場合よりも無形資産を評価する方法としての有用性は高いと言えよう。PS法も比較対象取引を直接的に発見する必要はないので，無形資産の評価に適用できよう。

　したがって，CPMもPS法も比較対象取引の発見を必要としない限りにおいて，無形資産の評価に関して，基本三法に比べるとそれらの方法の適用可能性は高い。以上のことを鑑みると，基本三法が適用できない場合には，第四の方法の積極的な利用が期待されよう。

第4節　「幅」のある独立企業間価格

1．独立企業原則と独立企業間価格「幅」

　以上の現行システムにおいて，独立企業原則を厳密に遵守するならば，基本三法により算定される独立企業間価格は単一価格でなければならないが，金子

(1996) では，独立企業間価格には「幅」があると主張されている[30]。確かに，もし独立企業間価格が単一価格として扱われた場合には，数種の方法が常に正確な独立企業間価格の算定方法とは限らないという事実と矛盾し，かつ多くの場合一つ以上の独立企業間価格が存在するという経済的実態が無視されてしまう。よって，独立企業間価格を価格帯として扱う「幅」の概念は，独立企業間価格を単一価格として扱うことの欠点を補填するかもしれない。

また，先述した通り，基本三法により独立企業間価格を算定するためには，比較可能性の高い比較対象取引の発見が必要になるが，多国籍企業の活動が複雑多様化した現状では，そのような比較対象取引は容易には発見できないと推察される。この状況の中で，比較可能性の高い比較対象取引の代わりに比較可能性の低い比較対象取引を用いることは，当該独立企業間価格の信頼性の低下につながり望ましくはないであろう。それに対して，独立企業間価格の「幅」によれば，統計的手法を用いてこの問題は解決できると期待される[31]。

このように，独立企業間価格に「幅」があると認識するのは，実務的にはメリットがあると予想されるが，独立企業原則を国際的な統一原則として遵守するならば，独立企業間価格は単一価格でなければならない。もしこの原則が破棄されれば，国際的秩序が崩壊する可能性もあろう。金子 (1996) は「いかなる資産や役務についても唯一の独立企業間価格というものは存在しない」「一物一価の原則は，理論としては成り立つが，現実の経済取引においては，それは神話に過ぎない」と主張するが[32]，独立企業原則のもとでは，独立企業間価格が唯一の情報（一物一価）であるからこそ市場メカニズムが機能すると期待される。独立企業間価格の「幅」を認め，この機能が働かなければ「移転価格＝市場価格」を求める現行のシステムは崩壊する危険性があろう。この点を踏まえると，独立企業間価格の「幅」を認めることには慎重であるべきであろう。

とは言え，独立企業間価格の「幅」を完全に否定するのも問題があるかもしれない。これまでは，独立企業間価格には「幅」があるのにも拘わらず，関係各国が単一価格として自国に有利な独立企業間価格を算定したために，国家間の課税ベース配分が歪められてきたことは否定できない。そこで，もし仮に，

関係各国が独立企業間価格に「幅」があることを認識すれば，独立企業間価格に関する相互協議が円滑に進み，その「幅」の範囲内で妥協点が見出され，その結果として経済的二重課税が回避されるかもしれない。

独立企業間価格の「幅」に関しては国際的なコンセンサスはない。しかしながら，独立企業原則を遵守するならば独立企業間価格は単一価格であり，実務的に考えるならば独立企業間価格には「幅」があると言えよう。今日，世界的にTNMMなどの利益法が導入されつつあるが，それに伴い独立企業間価格の「幅」の概念が国際的に受け入れられる傾向にあるとの報告がある。

2. 独立企業間価格幅とインタークォータイルレンジ

(1) 独立企業間価格幅の基本的仕組み

実際には，アメリカ合衆国には「幅」の概念を取り入れた制度がある。それが独立企業間価格幅（Arm's Length Range）である。独立企業間価格幅は，その前身である比較対象利益幅がOECDなどから多くの批判を受け，93年暫定規則及び新規則案において廃止されたため，それに代わって導入された[33]。

独立企業間価格幅は，比較可能な二以上の非関連者間取引に一つの独立企業間価格算定方法を適用した場合に得られる二つ以上の価格の「幅」である。関連者間取引における移転価格がこの「幅」の内側にある場合には，移転価格税制は執行されない。

では，どのように独立企業間価格幅は決定されるのだろうか。米国財務省規則の設例を用いて考えてみたい[34]。例えば，親会社Aと子会社B（卸売）の関連者間取引における移転価格を評価する場合を想定する。税務当局は子会社Bと類似の機能（卸売）を果たす企業の非関連者間取引を選定するが，この場合10企業が候補にあがりそのうち4企業が選定されたと仮定する。

この仮定のもと「幅」の決定作業としては，まず選定された4企業の非関連者間取引に関してデータが集計され（表2-2），そのデータが正確であると確認された後，関連者間取引と非関連者間取引の差異が適正に調整されれば，独立企業間価格幅は4企業の非関連者間取引における全ての価格から構成さ

表 2-2　調整が可能な非関連者間取引

非関連者間取引	価格（ドル）
A	44
B	45
C	45
D	45.5

（出所）Reg§1.482-1(d)(1)example2 より作成。

れる。この場合には，独立企業間価格幅は44ドルから45.5ドルまでの「幅」となる。

　矢内（1999）では，移転価格が独立企業間価格幅の内側にある場合には，移転価格税制の適用が回避されることから，独立企業間価格幅はセーフハーバーとなると主張されている[35]。セーフハーバーとしての「幅」が国内的にも国際的にも認められる場合には，経済的二重課税は回避されるであろう。しかしながら，その「幅」が国際的に認められない場合には，この限りではない。

(2) 信頼性を高めるインタークォータイルレンジ

　独立企業間価格幅は94年最終規則でも規定されているが，その独立企業間価格幅と93年暫定規則及び新規則案で規定された独立企業間価格幅に大きな違いはない。94年最終規則でも，独立企業間価格幅は一つの独立企業間価格算定方法が二以上の非関連者間取引に適用された場合に得られる価格の「幅」である[36]。

　ただ一点異なるのは，94年最終規則では，独立企業間価格幅の信頼性の向上を目的として「インタークォータイルレンジ（Interquartile Range）」という概念が導入されたことである[37]。原則的には，独立企業間価格幅の決定のためには，関連者間取引と非関連者間取引に関する情報が十分に確保され，双方の取引間の差異が調整されなければならない[38]。しかしながら，この条件が満たされない場合には，選定された全ての非関連者間取引に関するデータから独立企業間価格幅が決定されるが，これはその「幅」の信頼性を低下させる要因となりか

ねない。そこで，この場合には独立企業間価格幅の信頼性を高めるために統計的手法が用いられる。これがインタークォータイルレンジである[39]。

インタークォータイルレンジの基礎には「分析の信頼性は，統計的手法を用いて，実績値が75%の確立でレンジの下限よりも上に収まり，かつ，75%の確立でレンジ上限よりも下に収まるような制限をもつ実績値のレンジを設定する場合には高まる」という考えがある[40]。そのため，この考えに基づき，インタークォータイルレンジは非関連者間取引から得られた価格の25%から75%の「幅」に設定される（図2-4）。

図2-4　インタークォータイルレンジ

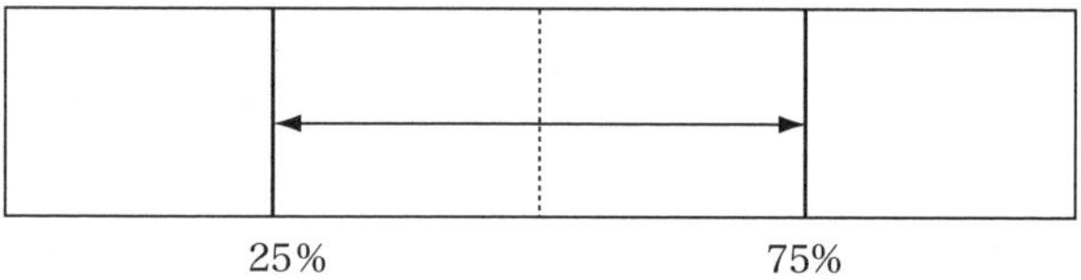

では，米国財務省規則の設例を用いてその仕組みを検討しよう[41]。例えば，親会社Aと子会社B（卸売）の関連者間取引における移転価格を評価するために，子会社Bと類似の機能（卸売）を果たす4企業が選定されたが，その4企業の非関連者間取引と子会社Bとの間に製品および機能にいくつかの差異があるとする。しかし，4企業の非関連者間取引に関する情報が不十分であるため，この差異の調整は不可能であるとする。このような場合，信頼性の高い独立企業間価格幅を決定するために，インタークォータイルレンジが利用される。

この差異のある非関連者間取引に関するデータが表2-3に示されている。

表2-3　調整が可能な非関連者間取引

非関連者間取引	価格（ドル）
E	42
F	44
G	45
H	47.5

(出所)　Reg§1.482-1(d)(1)example3より作成。

インタークォータイルレンジは非関連者間取引から得られた価格の25%から75%の「幅」に相当するので，この設例によれば，43ドルから46.25ドルまでの「幅」がインタークォータイルレンジになる。

移転価格がインタークォータイルレンジの範囲内にある場合，移転価格税制の適用は回避されるので，この範囲がセーフハーバーとなるはずである。しかしながら，移転価格がこの範囲外にある場合には更正が必要になる。したがって，経済的二重課税を回避するためには，セーフハーバーとしてこの範囲が国内的に国際的に認められる必要があろう。

第5節　基本三法の適用順位とその問題

1. 基本三法の法制上の適用順位

ところで，基本三法のいずれの方法も，独立企業原則のもと関連者間取引における移転価格を市場価格に近づけるために，その情報となる独立企業間価格を算定することは先述した通りである。しかしながら，基本三法のそれぞれの方法には特徴があるので，独立企業間価格を算定する上では，どの方法が適用されるかが重要な問題となる。

以前は，基本三法の法制上の適用順位は，独立価格比準法，再販売価格基準法，原価基準法の順であった。独立企業間価格の算定方法が68年規則で明確に規定されてから92年規則案以前までは，この適用順位が維持されていた。しかし，92年規則案では再販売価格基準法と原価基準法との間に優先順位がなくなり，その後93年暫定規則では基本三法はすべて同じ順位で扱われることになった。そして，94年最終規則においては基本三法の適用に関する優劣は廃止されたため，現在は原則として基本三法はいずれの方法も順位なく同じように適用される。

Eden (1998) が指摘するように，このように基本三法が法制上順位なく適用されるのは，それぞれの方法の適用による結果に差がないと考えられるからである[42]。例えば，親会社が製造業を営み，子会社は販売業を営んでいる場

合を想定する。この場合，親会社は製造原価55ドルの製品を65ドルで子会社と非関連企業Aに販売したとする。一方，子会社は親会社から65ドルで購入した製品を100ドルで非関連企業Bに販売したとする。ただし，この場合，市場は完全競争の状態にあり，また税制の相違や税率格差，関税などの取引上の障壁は存在しないと仮定する。

この仮定のもとで，独立価格比準法が適用された場合，親会社と非関連企業Aとの取引（比較対象取引）における価格が65ドルであるため，独立企業間価格は65ドルである。次に，再販売価格基準法が適用された場合には，比較対象取引における独立販売マージンが35ドルなので，非関連企業Bへの再販売価格100ドルから独立販売マージン35ドルを控除して，独立企業間価格は65ドルとなる。そして，原価基準法が適用された場合には，比較対象取引における独立製造マークアップが10ドルなので，親会社の製造原価55ドルに独立製造マークアップ10ドルを加算して，独立企業間価格は65ドルとなる。

Eden (1998) は，市場が完全競争の状態にあり，また税制の相違や税率格差，関税などの取引上の障壁が存在しないと仮定する場合，基本三法のいずれの方法に基づく場合も同じ独立企業間価格が算定されると主張している[43]。これは完全競争下において「移転価格＝独立企業間価格＝市場価格」となり，適用される算定方法の相違によりその結果が異なることはないことを意味する。したがって，もし完全競争市場のもとで移転価格が市場価格と等しく決定されれば，基本三法のいずれの方法により算定された独立企業間価格も等しくなるので，基本三法の適用順位に関係なく，当該国家には同額の課税ベースが配分されよう。

2. 最適方法ルールに基づく基本三法の適用
(1) 最適方法ルールが求める信頼性

現在では，基本三法の適用順位が廃止されたため，独立企業間価格の算定方法（第四の方法を含む）を選定する場合には，「最適方法ルール（Best Method Rule）」に基づく必要がある。94年最終規則によれば，最適方法ルールは，最

も信頼性の高い方法による独立企業間価格の算定を求める[44]。

まず，独立企業間価格の算定方法の信頼性は，先述した比較可能性の決定要因を考慮し，さらに比較可能性の基準に基づいた差異を調整した上で，評価された関連者間取引と非関連者間取引との比較可能性の程度による[45]。したがって，比較可能性が高く，かつ差異の数が少ない非関連者間取引に基づいた独立企業間価格の算定方法の信頼性は高いと言えよう。

また，その信頼性は，比較可能性の程度を評価する際に使用されるデータの完全性及び正確性，推定の信頼性，さらにはデータ及び推定中に存在しうる欠陥が独立企業間価格に与える影響の度合によって左右される[46]。すなわち，データの完全性及び正確性，推定の信頼性が高ければ，比較可能性の程度を評価する際の相対的な信頼性も高まるため，信頼性の高い独立企業間価格の算定方法を見つけることが可能となるはずである。

したがって，最適方法ルールによる場合には，原則的には，信頼性の判定を介して，基本三法のいずれの方法も同等に扱われるはずである。

(2) 基本三法の適用順位廃止の問題

しかしながら，税務当局は独立価格比準法を好む傾向がある。Eden (1998) によれば，その理由は次の通りである[47]。第一に，独立価格比準法では，当該取引などに関する情報が他の方法よりも多く必要とされるからである。確かに情報が多ければ上述の要求を満たすであろうから，独立価格比準法の信頼性が高まることは明らかであろう。第二に，独立価格比準法では，当該取引の需要側（販売企業）と供給側（製造企業）が考慮されるからである[48]。これらの理由に加えて，Berry (1989) では，独立価格比準法が取引「価格」を直接的に検証対象とする点からその優位性が指摘されている[49]。

それに対して，Abdallah (2004) は，再販売価格基準法は当該取引の需要側を検証対象とし，その一方で，原価基準法が供給側を検証対象とする点をこの二つの方法の欠点であると指摘する[50]。すなわち，これらの方法による場合には，需要側又は供給側のいずれか一方のデータ等に基づき独立企業間価格が算

定されるので，双方の情報を必要とする独立価格比準法よりその信頼性が低いと考えられよう。また，再販売価格基準法及び原価基準法は「価格」ではなく「利益率」を検証するため，独立企業間価格は間接的に算定されるので，直接的な独立価格比準法に比べれば，この二つの方法の信頼性は低いと言えよう。

このような問題は，1968年に基本三法が明確にされた段階で認識されていたはずである。独立企業原則を厳密に遵守するならば，関連者間取引と非関連者間取引における価格を直接的に比較する独立価格比準法だけを独立企業間価格の算定方法とすべきであろう。しかしながら，望月（2007）で指摘されるように，再販売価格基準法及び原価基準法は，独立価格比準法の補完的な方法として導入された[51]。この点を踏まえれば，独立企業原則の厳守の観点からは，補完的な再販売価格基準法及び原価基準法よりも，独立価格比準法の信頼性は高いと言えよう。

それでは，独立価格比準法の次に，再販売価格基準法と原価基準法のどちらが相対的に信頼性の高い方法であろうか。Berry（1989）は，再販売価格基準法の方が信頼性が高いと主張する[52]。その理由は，第一に，競争的な販売企業が再販売する商品の利益率は標準化されるからである。つまり，非関連企業へ再販売される商品の価格形成には，市場メカニズムが機能すると言うことであろう。第二に，再販売利益は一般的に公開されたデータや情報から確認できるからである。それに対して，Berry（1989）は，製造された製品の利益率は企業グループ内部のデータや情報に基づく可能性があるとして，原価基準法を否定する[53]。

以上の検討から，基本三法の適用順位の廃止には疑問が生じよう。独立企業原則を厳密に遵守するならば，これまでと同様に，独立価格比準法，再販売価格基準法，原価基準法の順位で適用可能性が検証された方が，最適方法ルールに従うよりも信頼性の高い方法の発見につながり，結果的には，独立企業原則が求める適正な独立企業間価格が算定されると期待できよう。

3. 基本三法に関する第 1 条件の検証

　さらに，最適方法ルールに基づく場合，二以上の方法が適用可能なケースがあることも問題であろう。このケースでは，基本三法のいずれの方法を適用するかにより独立企業間価格が異なってしまう。これは，独立企業原則という国際的な統一原則に基づく方法が複数存在する中で，基本三法の適用順位廃止の副作用であり，第 1 条件のクリアを妨げる要因になると言えよう。

　上述の例では，再販売価格基準法と原価基準法のどちらを適用しようとも，同じ独立企業間価格を算定することができたが，実際には，再販売価格基準法を適用するか，原価基準法を適用するかにより，独立企業間価格が異なる場合がある。Lanbein (1992) や Eden (1998) では，これを「連続価格帯 (Continuum Price)」として問題視している[54]。

　例えば，先の例と同様に，仮に製造業を営む親会社が製品を非関連企業と販売業を営む子会社に 65 ドルで販売し，子会社はその製品を非関連企業に 100 ドルで販売したと仮定する。加えて，この取引における親会社の製造原価報告書と子会社の損益計算書が表 2-4 で示すようなものであったとする。ただし，ここでは完全競争市場を仮定していない。

　この仮定を独立企業にあてはめれば，製造業を営む企業は製品を 55 ドル以上で販売し，販売業を営む企業は製品を 90 ドル以下で購入し，その製品を 90 ドル以上で販売するはずである。また，製造業を営む企業は 65 ドルで製品を販売し，販売業を営む企業は 100 ドルでその製品を販売したと仮定したので，独立企業間の取引における独立販売マージン及び独立製造マークアップは 10 ドルになる。

　したがって，この仮定のもと，子会社を対象に再販売価格基準法が適用された場合には，独立企業間価格は再販売価格 100 ドルから独立販売マージン 10 ドルを控除して 90 ドルになる。その他方，親会社を対象に原価基準法が適用された場合には，独立企業間価格は製造原価 55 ドルに独立製造マークアップ 10 ドルを加算して 65 ドルになる。

　以上のように，独立販売マージンと独立製造マークアップが同じ場合でも，

表 2-4　親会社の製造原価報告書及び子会社の損益計算書

〈親会社の製造原価報告書〉		〈子会社の損益計算書〉	
原材料費	20	売上	100
労務費	35	売上原価	65
製造原価	55	売上総利益	35
マークアップ	10	マーケティング費用	25
製品	65	マージン	10

　再販売価格基準法を適用するか，原価基準法を適用するかにより，算定される独立企業間価格には差異が生じる可能性がある。この独立企業間価格の差異が連続価格帯であり，このことを示したのが図 2-5 である。この図では，再販売価格基準法による独立企業間価格の最高額 90 ドルと原価基準法による独立企業間価格の最低額 65 ドルとの間に連続価格帯が存在する。

　Eden (1998) は連続価格帯を企業間の所得配分の問題として捉えているが[55]，それだけでなく，連続価格帯は国家間の課税ベース配分の問題でもある。再販売価格基準法の適用による親会社への所得の過大な配分は，親会社の居住国に課税ベースを過大に配分する可能性がある。他方，原価基準法の適用による子会社への所得の過大な配分は，子会社の居住国に課税ベースを過大に配分する可能性がある。

　このように，連続価格帯は国家間の課税ベース配分に影響するため，関係各国は，独立企業間価格の算定方法を選択する上で，その存在を意識するはずである[56]。関係各国が，連続価格帯の存在を無視して，自国に有利な独立企業間価格の算定方法を選択した場合には，相手国の方法との整合性が図られなければ異なる結果が生じるので，経済的二重課税が生じる可能性があり，第 1 条件はクリアされないと予想される。

図 2-5　連続価格帯の問題

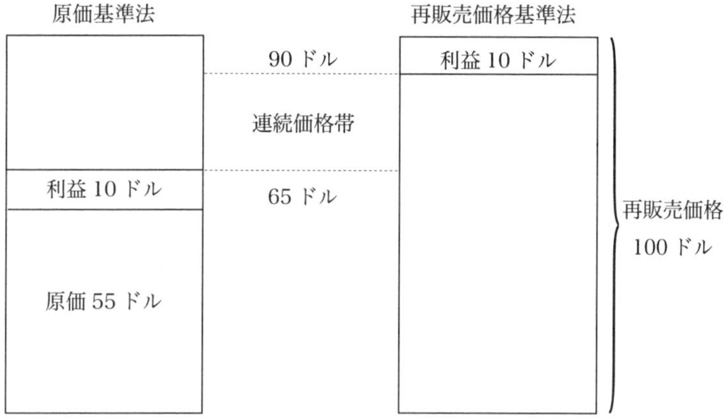

```
    原価基準法              再販売価格基準法

                 90ドル      利益 10ドル
                 連続価格帯
    利益 10ドル    65ドル                    再販売価格
                                             100ドル
    原価 55ドル
```

(出所) Eden, L.[21]p.242 より作成。

第6節　小　括

　現行の移転価格税制では，独立企業原則に基づき算定された独立企業間価格により移転価格は更正される。この場合に独立企業原則が求めるのは，関連者間取引と非関連者間取引の税務上のパリティであり，その背景には完全競争市場がある。独立企業原則のもと，関連者間取引を非関連者間取引のように扱うことで，市場メカニズムがうまく機能すれば，完全競争市場による場合と同じ結果が期待できる。

　独立企業間価格が算定されるのも，完全競争市場を前提とするためである。独立企業間価格が「情報」として機能することで，市場は効率的になると考えられる。また，その算定方法である基本三法もまた完全競争市場にその基礎を置く。そのため，関連者間取引と類似した比較対象取引が基本三法の要件となる。なお，この比較対象取引は，完全競争市場における取引を仮定している。

　このように，独立企業原則に基づく移転価格税制の基礎には完全競争市場が

あるが，これが問題を引き起こす。その一つが無形資産の評価の問題である。Cavesによれば，無形資産は公共財，機会主義，不確実性という性質を有する。これは経済学が教える市場の失敗である。独立企業原則に基づけば，完全競争市場の理論に従うことになるが，市場の失敗がある場合には市場メカニズムは機能しないのだから，無形資産も評価できない。

その他にも，完全競争市場を仮定するのであれば，価格は一つでなければならないが，実際には独立企業間価格の「幅」という問題がある。さらに，基本三法も完全競争市場に基礎とするために，理論的には，その結果はいずれの方法による場合も同じになると想定されているが，実際には，独立価格比準法，再販売価格基準法，原価基準法のいずれを適用するかにより，連続価格帯の問題が生じる。

独立企業原則に基づく現行の移転価格税制は，完全競争市場を基礎とするために，市場の失敗が生じる場合には，機能不全を起こす可能性がある。また，現実社会では不完全競争市場が中心となるために，その理論と現実の乖離が深刻化しつつあることはその仕組みに大きな影響を与えている。

国家間の「適正」な課税ベース配分を考えた場合にも，基本三法のうちいずれの方法を適用するかにより異なる独立企業間価格が算定されれば，経済的二重課税さえ回避されないことは問題である。独立企業原則に基づき，第1条件をクリアするためには，APAのような補完的なシステムが必要になるであろう。

---

(1) OECD［50］（移転価格ガイドライン）paragraph 1.6. 独立企業原則の正式な解釈は，OECDモデル租税条約第9条第1項にある。なお，2010年に，移転価格ガイドラインが改正されたので，本研究では，特別な断りがない限り，改正後の移転価格ガイドライン（2010年版）を利用する。
(2) 1935年の財務省規則の中で「関連者間取引と非関連者間取引の税務上のパリティ」が初めて明確にされた。
(3) 中里実［93］p.82.
(4) 主要国の独立企業間価格の算定方法は以下の通りである。大河原［74］pp.76-81.
　①日本 基本三法，PS法（残余利益分割法，寄与度利益分割法，比較利益分割法），

TNMM
　②イギリス 基本三法，PS 法，TNMM
　③ドイツ 基本三法，原則的には利益法は認められない
　④フランス 基本三法，PS 法，TNMM
　⑤イタリア 基本三法，利益比較法，投下資本利益法
　⑥中国 基本三法，利益比準法（CPM），PS 法，純利益法
(5) アメリカ合衆国における独立企業間価格の算定方法は，基本三法，CPM，PS 法（残余利益分割法，比較利益分割法）である。
(6) Langbein, S. I. [38] は，独立企業原則が国際的な統一原則であることを批判する。
(7) Kauder, L. M. [36] p.489 は，この点を踏まえ，内国歳入法第 482 条では独立企業原則が求める非関連性に関しても不明確であると指摘する。これは比較対象取引に基づく現行のシステムを批判するものである。
(8) 望月文夫 [116] p.21. また Kauder, L. M. [36] p.489 は，内国歳入法第 482 条は定式配賦方式（formulary apportionment）の利用を認めると主張する。
(9) 中里実 [94] pp.51-52.
(10) Berry, C. H. et al. [6] p.733.
(11) Berry, C. H. et al. [6] p.733.
(12) Treasury and IRS, Intercompany transfer Pricing Regulations Section 482（以下 'Reg':1994 年最終規則）§ 1.482-3 (b)
(13) Reg, § 1.482-3(c)
(14) Reg. § 1.482-3(d)
(15) Abdallah, W. M. [1] p.76.
(16) Abdallah, W. M. [1] p.77.
(17) Owens, J. [51] p.99.
(18) Reg. § 1.482-1(d)(1)
(19) Reg. § 1.482-1(d)(1)
(20) Reg. § 1.482-1(d)(3)
(21) 中里実 [94] pp.53-54 を参照。
(22) 矢内一好 [126] p.233.
(23) OECD [50] paragraph 1.42, 1.45.
(24) 内海英博，堀口大介 [72] p.14.
(25) Reg. § 1.482-4(b)
(26) OECD [50] paragraph 6.3-6.12.
(27) Caves, R. E. [11] pp.4-5.
(28) Caves, R. E. [11] p.4.
(29) 中里実 [94] p.70 は，独立企業原則の背景には「関連者間取引（不完全競争市場

を非関連者間取引（完全競争市場）に引き直そうという発想」があると指摘する。
(30) 金子宏［82］p. 387.
(31) 森信夫, 池谷誠, 中野八英［123］pp.64-70.
(32) 金子宏［82］p.387. 安全帯（Safe Haven, Safety Zone）を移転価格税制に組み込むべきでるとの考えのもと「幅」を認めている。
(33) OECD［48］pp.34-35.
(34) Reg. § 1.482-1(d)(1)example2
(35) 矢内一好［126］p.36. セーフハーバー（Safe Harbor）は移転価格調査及び移転価格課税を回避するための措置である。
(36) Reg. § 1.482-1(e)
(37) Reg. § 1.482-1(e)(2)(iii)(C)
(38) Reg. § 1.482-1(e)(2)(iii)(A)
(39) Reg. § 1.482-1(e)(2)(iii)(C)
(40) 日本租税研究協会［100］p.88.
(41) Reg. § 1.482-1(d)(1)example3 より作成。
(42) Eden, L.［21］pp.240-241.
(43) Eden, L.［21］p.241.
(44) Reg. § 1.482-1(c)(1)
(45) Reg. § 1.482-1(c)(2)(i)
(46) Reg. § 1.482-1(c)(2)(ii)
(47) Eden, L.［21］p.39.
(48) Eden, L.［21］p.39.
(49) Berry, C. H.［5］p.742.
(50) Abdallah, W. M.［1］p.79.
(51) 望月文夫［116］p.178.
(52) Berry, C. H.［5］p.743.
(53) Berry, C. H.［5］p.743.
(54) 連続価格帯に関しては, Langbein, S. I.［39］pp.1395-1396 及び Eden, L.［21］p.241-243 を参照。
(55) Eden, L.［21］p.243.
(56) Eden, L.［21］p.243.

第3章　第四の方法による無形資産の評価

　無形資産の評価は，本来ならば，有形資産と同様に基本三法に基づくべきである。しかしながら，無形資産はその特殊性から比較対象取引の発見が困難であるため，その発見を適用要件とする基本三法によりそれを評価することは不可能であろう。基本三法が適用できない場合には，第四の方法の適用が認められる。

　現在，アメリカ合衆国では，第四の方法として，CPM と PS 法の適用が可能である。CPM は比較対象企業の営業利益率を用い，PS 法は比較対象取引の発見を直接的には必要としない。したがって，CPM と PS 法は比較対象取引の発見が困難な無形資産の評価にも適用できると期待される。その他に，平成16年度の税制改正で日本が導入した TNMM が無形資産の評価方法として注目される。

　本章では，以上のことを踏まえ，まず 88 年白書の基本的枠組みとその中で提唱された第四の方法のあり方を考察する。そして，CPM，TNMM，PS 法の仕組みを概観した上で，それぞれの方法と経済的二重課税の関係を検討する。

第1節　内国歳入庁及び米国財務省の 88 年白書と第四の方法

1．88 年白書と BALRM：基本的な独立企業間利益法
（1）88 年白書が求める完全競争市場の結果

　1988 年に米国財務省と内国歳入庁（IRS）が公表した移転価格に関する白書（Section 482 White Paper of Intercompany Pricing，以下「88 年白書」）では，「ミクロ経済学によれば…その産業が競争的で，生産要素が同次的かつセクター間

で可動的であれば、長期的には超過利潤はゼロとなると考えられる。経済的利潤がゼロということは課税所得がゼロということではなく、企業の総収入はその企業のすべての生産要素が獲得する市場での利潤の合計に等しい…」という考えが、無形資産の評価の基礎にある[1]。

この考えはミクロ経済学の企業の参入行動理論に他ならない。周知のとおり、完全競争市場の特徴の一つは潜在的に多くの企業が市場に参入する可能性があることである。そのため、完全競争市場では、既存企業の総収入が市場での利潤を上回り超過利潤が生じている場合には、新規企業の参入によりその超過利潤はゼロになる。

企業の参入行動を図示すれば図3-1のようになる。新規企業が参入する前は、既存企業が価格P_1、生産量Q_1で生産活動を行い、この場合に超過利潤が生じていると仮定する。このような場合には、その超過利潤を目的に当該市場へ新規企業が参入するため供給曲線はSからS′にシフトする。この場合、需要曲線は一定なので供給曲線の変化に伴い価格はP_1からP_2へ低下する。この参入による価格の低下により既存企業の利潤は減少する。その結果、完全競争市場では各企業の利潤はゼロ、すなわち正常利潤だけが存在する。これが88年白書の求める結果である。

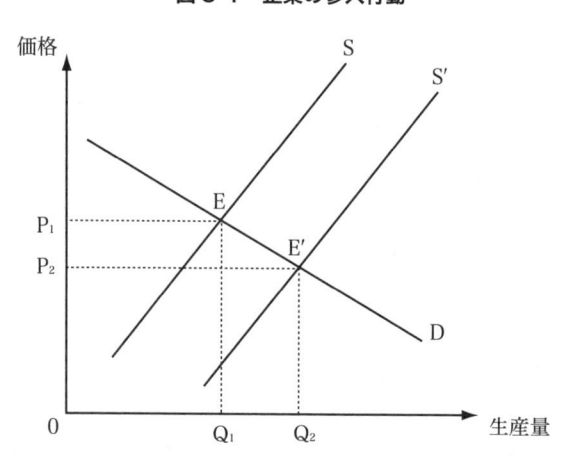

図3-1 企業の参入行動

88年白書の要求は，以上のミクロ経済学の考えを基礎とする無形資産の評価である。無形資産の評価であろうとも独立企業原則に基づかなければならないが，この考えは88年白書のその要求に応えると言えよう。独立企業原則は完全競争市場と同様の結果を求めるが，以上の分析からわかるように，88年白書もまた完全競争市場における結果を求めるのである。

(2) ミクロ経済学を基礎とする BALRM

88年白書はミクロ経済学の考えを基礎とするが，その中で提唱された基本的な独立企業間利益法（Basic Arm's Length Return Method : BALRM）もまたミクロ経済学に基づくと考えられる[2]。

その仕組みをみると，BALRMによる場合，利益は各関連企業が果たす機能に応じて配分される。第1段階として機能分析が行われる。この段階で関連者間取引において各関連企業が果たす個々の機能が確認される。第2段階として，非関連企業の利益と整合性のある市場利益を関連企業の測定可能な機能に割当てる。第3段階として，関連企業の測定可能なすべての機能に応じて利益が割当てられた後の残余利益が親会社に配分される。

では，なぜBALRMでは各関連企業が果たす機能に応じて利益が配分されるのであろうか。Rapp（1990）によれば，BALRMの基礎には，「完全競争市場のもとでは生産要素が同質かつ可動的である場合，長期的にはレントは消滅しどの企業も各生産要素から生じる収入の合計額のみを得ることになる」という考えがある[3]。これは上述した88年白書の基礎をなすミクロ経済学の考えを踏襲すると受け取れる。

BALRMの基礎にあるミクロ経済学の考えは，次のように例示されよう。企業Xが行う機能 —例えば製造— において用いられる生産要素 A_1, B_1, C_1 を列挙し，その生産要素から生じる収入 a_1, b_1, c_1 をそれぞれ求め，合計することでその企業の得る収入 R_1 が算定される。この場合，完全競争市場が想定されるので，長期的には超過利潤はゼロであり，製造を行う企業Xの収入 R_1 は同様の生産要素を利用して製造を行う企業Yの収入 R_2 と等しくなるはずで

ある。このことを式で表せば「$R_1 = a_1 + b_1 + c_1 = a_2 + b_2 + c_2 = R_2$」になる。この式は，同種の機能を果たす企業であれば，同質同量の生産要素を利用し，同額の収入を得ることを意味する。

BALRMでは，このようなミクロ経済学の考えを基礎に各関連企業が果たす機能に応じて利益が配分されるのである。以上の考察から，BALRMもまた，ミクロ経済学の考えを基礎とし，完全競争市場と同様の結果を求められる点を踏まえれば，独立企業原則に基づく方法として認識できよう。

(3) BALRMによる利益配分

Eden (1998) は，ミクロ経済学の考えを基礎とした場合に，図3-2を用いてBALRMではどのように利益が配分されるのかを簡略的に考察している[4]。ここでは，親会社（製造業）は子会社に製造した製品を輸出し，子会社（販売業）は親会社から輸入した製品を販売する場合を想定する。また，親会社から子会社への輸出は生産量 Q_0，価格Pで販売されると仮定する。よって，収入（利益＋費用）はA＋B＋C＋D＋Eである。また，この仮定のもとではAは親会社が負担した費用であり，Bは Q_0 だけ製品を子会社に輸出することで親会社側に生じた生産者余剰[5]であるので，残りのC＋D＋Eは無形資産から生じた利益になる。

この場合の問題はC＋D＋Eの配分である。つまり，どの利益が親会社に配分され，どの利益が子会社に配分されるかが問題である。Eden (1998) は，ここで以上の仮定に加えて，Cは製造に係る無形資産が生み出した利益，Dはマーケティングに係る無形資産から生じた利益と仮定し，Eは残余利益と仮定する。

この仮定のもとBALRMに従うならば，Eden (1998) が主張するように，親会社がすべての製造を行い子会社は製造に全く関与しなかったとすれば，製造に係る無形資産から生じた利益Cは製造業を営む親会社に配分されるはずである[6]。また，子会社がブランドネームやフランチャイズ権などを所有しマーケティング全般を行うのであれば，BALRMではマーケティングに係る無形資

産から生じた利益Dは販売業を営む子会社に配分されよう[7]。

そして，最後に残ったEは残余利益であるが，BALRMでは「親会社はグローバル企業の統括マネージャーであり超過利潤は親会社に帰属する」と仮定されるので，この残余利益Eは親会社に配分される[8]。ただし，Eden (1998) は，もし親会社と子会社が当該残余利益に貢献したのであれば，その場合はPS法を併用するBALRMの適用が望ましいと主張している[9]。

Eden (1998) のこの考察は非常に単純なものであるが，BALRMの基本的な仕組みが正確に示されている。BALRMが求めるのは，以上のような企業の機能と利益配分との関連性の構築である。この要求に応えることで，先述したミクロ経済学が教える結果が導き出され，最終的にはBALRMは独立企業原則の要求にも応えることになろう。

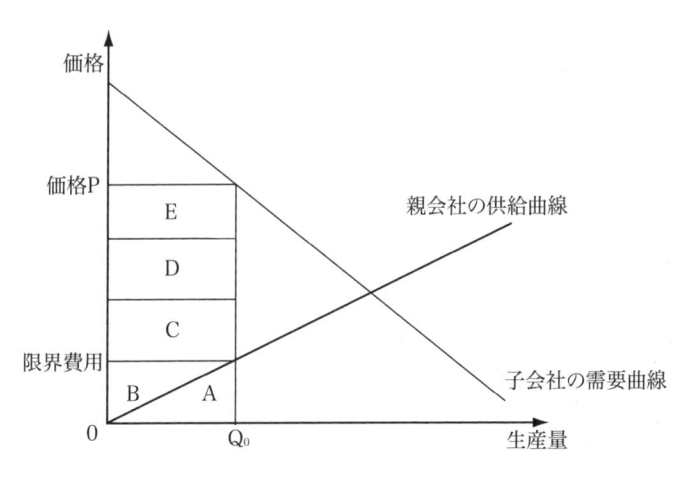

図3-2　BALRMによる利益配分

(出所) Eden, L. [21] p.418.

2. 88年白書が抱える矛盾

しかしながら，88年白書が求める無形資産の評価システムには，ミクロ経済学の考えとの矛盾が見られる。つまり，完全競争市場では超過利潤は認めら

れないが，88年白書は，完全競争市場をベースとしながら，超過利潤を認めそれを処理する措置を講じている。その矛盾は以下の原因から生じよう。

　第1の原因は，所得相応性基準(Commensurate with Income Standard)である。88年白書の根底には，1986年の税制改正において内国歳入法第482条に組み込まれた条項，いわゆる「スーパーロイヤルティー条項」がある。この条項では，「無形資産のいかなる譲渡（又はライセンス）の場合においても，そのような譲渡やライセンスに関係する所得は，その無形資産に帰する所得に相応したものでなければならない」(所得相応性基準) と規定されているが[10]，この所得相応性基準が88年白書の矛盾を引き起こし得る。

　第2の原因は，定期的調整である。所得相応性基準に基づく場合，関連企業が果たした経済的活動，使用資産，負担した経済コスト及びリスクと同様に，無形資産に帰属する所得に大幅に変化があった場合には，それを反映するために当該無形資産の取引価格は定期的調整が必要とされるが[11]，これもまた矛盾を引き起こすであろう。

　ところで，88年白書では，定期的調整が必要とされる背景には，独立企業原則があると示されている[12]。すなわち，88年白書は，独立企業であれば無形資産に帰属する所得が高まった場合には，無形資産の取引価格はそれを反映するために引き上げられることを求める[13]。定期的調整では，このような独立企業の行動が参照され，関連者間取引における無形資産に帰属する所得とその取引価格との整合性が図られる[14]。

　図3-3には，Eden (1998) が設定した例に基づく定期的調整の仕組みが図示されている[15]。例えば，アメリカ合衆国の親会社が開発した技術が，タイの子会社に譲渡された場合を想定する。この場合，親会社と子会社との交渉の結果，当初の取引価格が点Aで決定されたとする。さらに，数年後に科学者によりその技術のさらに有効な利用の仕方が発見されたと仮定する。そして，この影響を受けてその技術に対する需要曲線がD´にまでシフトしたとする。この結果として新しい取引価格は点Bになる。したがって，この仮定のもとABabの追加的レントが生みだされる。Eden (1998) は，所得相応基準のも

とではこの追加的レントは当該技術の取引価格に反映されるので，子会社の所得ではなく，親会社に帰属する所得が増額更正されると指摘している[16]。

確かに，この仕組みでは，親会社と子会社のいずれに追加的レントが帰属すべきかが問題となろうが，独立企業原則の観点からすれば，その問題よりも追加的レントが生じること自体が問題であろう。先述のように，88年白書はミクロ経済学の考えを基礎とし，また完全競争市場と同様の結果を求めるのだから，厳密には，追加的レントという超過利潤が生じるはずはない。それにも拘らず，所得相応性基準のもと超過利潤を認めることは，ミクロ経済学の考えに矛盾するであろう。また，その超過利潤を定期的調整により処理するのは，完全競争市場を求めるはずの88年白書と矛盾すると言わざるを得ない。

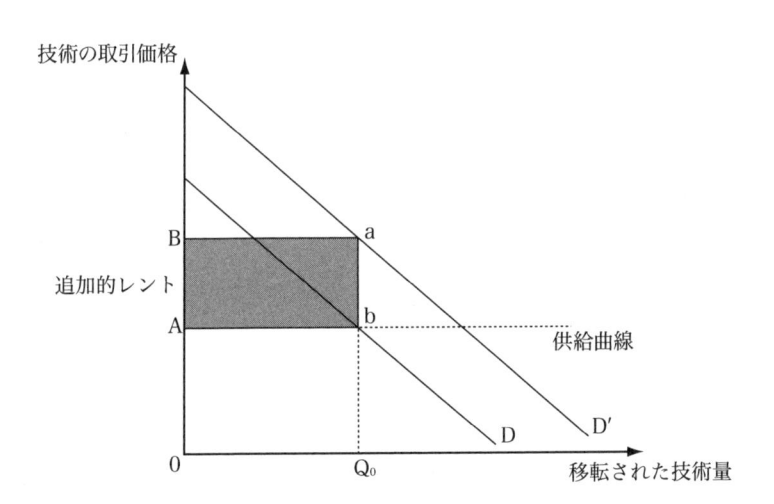

図3-3　技術の取引価格の定期的調整

(出所) 図3-2に同じ，p.269.

3. 88年白書の影響を受けた第四の方法

88年白書以降，アメリカ合衆国では無形資産の評価方法が積極的に提案された。92年規則案，93年暫定規則及び新規則案の中で，現行の第四の方法の

起源となる方法が提案され，94年最終規則で結実した。

(1) 88年白書を踏襲した92年規則案

1992年に公表された財務省規則案（Intercompany Transfer Pricing and Cost Sharing Regulations under Section 482 (Proposed Regulations)，以下「92年規則案」）は88年白書に対する内外からの意見を反映して作成され，88年白書の基礎的な考えを発展させたものであった。92年規則案では無形資産の評価方法として，対応取引比準法，調整可能取引比準法，CPMが提案された。その内容は以下の通りである[17]。

① 対応取引比準法（Matching Transfer Method）
   同じあるいは実質的に類似した経済状況や契約条件下における同種無形資産の非関連企業間の移転，すなわち比較対象取引に従い独立企業間価格を算定する方法である。

② 調整可能取引比準法（Comparable Adjustable Transaction Method）
   比較対象利益幅による検証に従い，調整可能な状況下における同一あるいは類似した無形資産の非関連者間取引の価格に基づく方法である。

③ CPM（Comparable Profit Method）
   関連企業と非関連企業の営業利益を比較する方法である。この方法では関連企業の営業利益が比較対象利益幅に収まらなければならない。

それぞれの方法の特徴をみると，対応取引比準法は基本三法と同様に価格をベースとする方法であり，比較対象取引に基づき独立企業間価格が算定され，調整可能取引比準法は価格をベースとするが独立企業間価格の算定のために比較対象利益幅を併用していた。そして，CPMは利益をベースとした方法であり，比較対象利益幅をその結果の検証手段として用いる方法であった。

(2) PS法を提言した93年新規則案

1993年に公表された暫定規則（Report on the Application and Administration of Section 482，以下「93年暫定規則」）及び新規則案（Intercompany Transfer

Pricing Regulations Section 482 (Proposed Regulations), 以下「93年新規則案」) は, 92年規則案の影響を受け, 加えてOECDや各国政府などからの92年規則案に対する批判を反映したものであった。しかしながら, その根本的な考えは以前と変わらず88年白書の考えを基礎としていた。

93年暫定規則及び新規則案では, 無形資産の評価方法が別々に提言された。93年暫定規則では, 独立取引比準法, CPM, その他の方法が無形資産の評価方法として提言され, 92年規則案との大きな変更点は見られなかった。他方, 93年新規則案では92年規則案にはなかったPS法が無形資産の評価方法として提言され, この提案が現行のPS法に多大な影響を与えた。93年新規則案で提言されたPS法は, 残余利益配分法, 使用資本配分法, 比較利益分割法であった。それぞれの内容は以下の通りである[18]。

① 残余利益配分法 (Residual Allocation Rule)
　第1に, 関連企業の通常の機能に応じて市場利益を各関連企業に配分する。第2に, 市場利益の配分後の残余利益を無形資産に対する貢献度を基準として各関連企業に配分する方法である。

② 使用資本配分法 (Capital Employed Allocation Rule)
　関連企業の合計所得を各関連企業の使用した資本の額に応じて配分する方法である。

③ 比較利益分割法 (Comparable Profit Split Rule)
　類似する非関連企業の営業利益の分割状況に基づき, 関連企業の合計所得を配分する方法である。

現在アメリカ合衆国において適用可能なPS法の原形が, 93年新規則案で提言されたことには注目すべきであろう。その適用可能なPS法は残余利益分割法と比較利益分割法であるが, 特に残余利益分割法は, 租税裁判において無形資産を評価する方法として有用される。

(3) 94年最終規則での88年白書の結実

88年白書の考えは, 92年規則案と93年暫定規則及び新規則案を経て,

1994年に公表された内国歳入法第482条に関わる最終規則（Intercompany Transfer Pricing Regulations Section 482，以下「94年最終規則」）で結実したと言えよう。94年最終規則では，無形資産の評価に関わる新たな規則は見当たらない。94年最終規則で規定された第四の方法は，独立取引比準法，CPM，PS法，その他の方法であり，それぞれの内容は93年暫定規則及び新規則案の中で紹介された方法と同じであることを踏まえれば，94年最終規則の第四の方法は，間接的ではあるが，88年白書の影響を受けていると認められよう。

先述したように，92年規則案では，88年白書の基礎的な考えが踏襲され，対応取引比準法，調整可能取引比準法，CPMがその考えに応じた無形資産の評価方法であるとされたが，しかしながら，それは提言でしかなかった。CPMに関しても提言であり，現行の方法とは異なるものであった。また，93年新規則案のPS法もまた提言であり，その実行は94年最終規則まで待たなければならなかった。

このように考えると，92年規則案と93年暫定規則及び新規則案の貢献は大きいが，第四の方法に関する議論は，88年白書から始まり，92年規則案，93年暫定規則及び新規則案を経て，94年最終規則で結実したと言えよう。すなわち，94年最終規則は，多大な時間と労力が費やされ，また多方面からの多くの意見を参考に繰り返された議論の結果なのである。

4. 独立企業原則に基づく第四の方法

現行の移転価格税制では，基本三法が適用できない場合，それに代わり第四の方法の適用が認められる。アメリカ合衆国では利益比準法（Comparable Profit Method：CPM）と利益分割法（Profit Split Method：PS法），日本では取引単位営業利益法（Transactional Net Margin Method：TNMM）とPS法が第四の方法として認識されている。ところで，これらの第四の方法は独立企業原則に基づくのであろうか。

まずCPMがあるが，その基礎には上述したBALRMの基本的な考えが存在する。つまり，Wittendorff（2010）が指摘するように，CPMもまた，完全競

争市場では長期的には企業の利潤は生産要素から生じた収入に等しくなり、この場合には企業は正常利潤を得るだけで超過利潤を得られないとする考えに基づくと言えよう[19]。このように、CPMも基本三法と同様に完全競争市場と同様の結果が求められる。独立企業原則が、市場メカニズムによる移転価格の決定を求めることを踏まえれば、CPMがこの要求を満たすことは、米国財務省規則が述べるように、独立企業原則に基づくことになろう。

　TNMMは、比較対象「取引」に基づく点でCPMとは異なる方法であると考えられるにしても、その理論的根拠はCPMと同じである。すなわち、TNMMにおいても完全競争市場と同じ結果が求められるとWittendorff(2010)は指摘する[20]。したがって、この点からTNMMもまた独立企業原則に基づく方法であると言えよう。確かに、OECD（1995）がTNMMを基本三法に代わる方法として認識するのだから、独立企業原則に基づくことは否定できないであろう。

　さらに、PS法もまた独立企業原則に基づく方法であると言えよう。PS法の基礎にも、Wittendorff（2010）によれば、CPMやTNMMと同様に完全競争市場で長期的に求められる結果がある[21]。つまり、PS法のもとでは、正常利潤だけが生じ超過利潤が生じることはない。また、Eden（1998）はPS法をBALRMの別名であると主張する[22]。先述したように、BALRMはミクロ経済学の考えを基礎とし、完全競争市場での長期的な結果を求める方法であることを踏まえれば、PS法もまた、BALRMと同様に、市場メカニズムに基礎を置く独立企業原則による方法であると考えられよう。

第2節　アメリカ合衆国のCPM：利益比準法

1.　利益水準指標に基づくCPM

(1)　利益水準指標の選定

　CPMは、類似する環境において類似する事業活動を行う企業は同様の利益を獲得するという仮定のもと、類似した事業活動を行う非関連企業（比較対象

企業) から得られる収益性に係る客観的測定基準 (利益水準指標) に基づいて, 当該関連企業に帰属すべき所得を算定する方法である[23]。

よって, CPMの適用上重要なことはどの利益水準指標を選定するかである。アメリカ合衆国の財務省規則によれば, 現在, 利用可能な利益水準指標は使用資本利益率と財務比率である[24]。使用資本利益率は投下した資本に対する営業利益の割合である。他方, 財務比率は利益と費用又は売上との関係を測定するもので, 売上高営業利益率とベリー比率がこれに含まれる。なお, 売上高営業利益率は売上高と営業利益の関係を示す指標であり, ベリー比率は営業費用と売上総利益の関係を示す指標である。

歴史的にみると, 当初は, 利益水準指標は営業資産を基礎 (分母) としていたが, その後は営業資産よりも売上高の方が利益水準を反映するとして, 営業資産に代わって売上高を基礎とする利益水準指標が利用されるようになった。1990年代には, 村上 (1996) で検証されるように, 営業費用を基礎とするベリー比率が良いと考えられていた[25]。Horst (1993) もまたベリー比率に関して以前からその有用性に注目していた[26]。

この他にも, 会計上は, 売上総利益率, 売上原価率, 営業比率, 売上経常利益率などがあるが, どの利益水準指標を選定するかはその企業が果たす機能や取引内容に大きく依存するであろう。また, 多国籍企業を取り巻く環境の変化や時代のニーズの変化がその選定に影響を与えるであろう。したがって, 選定される利益水準指標は, 多国籍企業の内情やその取引内容, その時々の状況などを考慮したものでなければならないと考えられる。

(2) 租税裁判にみるベリー比率の信頼性

ベリー比率は, 比較対象取引における営業費用1単位当たりの売上総利益に基づき, 関連者間取引におけるあるべき売上総利益を示す指標であり, 佐藤 (1997) によれば, この基礎には「売上総利益は営業費用に比例する」という考えがある[27]。そのため, ベリー比率は多国籍企業の財務状況を正確に表す信頼性の高い指標として考えられている。

この考えのもと，ベリー比率が適用された有名な租税裁判にデュポン社事案がある[28]。デュポン社事案では，デュポン社がスイスの100%子会社（以下「スイス子会社」）を通じて独立企業に自社製品を再販売した際に生じた所得が，デュポン社とスイス子会社との間で適正に配分されたか否かが問題とされ，ベリー比率はこの問題を検証するために用いられた。内国歳入法第482条に基づいた所得配分前のスイス子会社のベリー比率は1959年度が281.5%であり，1960年度は397.1%であった。それに対して，スイス子会社と類似する取引を行う企業を調査したところ，平均のベリー比率は108.3%から129.3%であることが判明した。この調査結果を受けて，租税裁判ではスイス子会社のベリー比率は1959年度が108.6%，1960年度が179.3%に決定された（内国歳入法第482条に基づいた所得配分）。

　ただし，デュポン社事案では，ベリー比率は，内国歳入法第482条に基づいた所得配分に直接的に利用されたのではない。むしろデュポン社とスイス子会社との間の所得配分，すなわち課税ベースの配分が適正かどうかの検証に適用されたのである[29]。この事案で，複数ある比率の中から，検証のためにベリー比率が選定されたのは，他の比率よりも上述した考えに基づくベリー比率の方が，多国籍企業の正確な財務状況を示すと期待されたからであると推察される。

2. アメリカ合衆国で適用頻度が高いCPM

　現在，CPMはアメリカ合衆国の移転価格税制の中心的な位置にあると言っても過言ではないであろう。表3-1には，在米企業とIRSの間で2008年から2010年までの事前確認協議（APA）で選定された独立企業間価格の算定方法が示されている。まず2010年のデータをみると，基本三法ではCUTが6件あるにすぎない。その一方，CPMの適用件数は合計すると約68件（総費用に対する利益率に基づくCPMを含む）であり，合計件数103に占めるその割合は66.02%である。

　また2008年のデータによれば，独立価格比準法が3件以下，再販売価格基準法が3件以下である。それに対してCPMは約53件もある。2009年のデー

表3-1 独立企業間価格の算定方法

	2008年	2009年	2010年
CPM(営業利益率)	38	30	55
CPM(ベリー比率)	9	14	5
CPM(資産又は資本に対する利益率)	3以下	7	—
CPM(総費用に対する利益率)	6	7	3以下
CPM(その他の費用に対する利益率)	—	3以下	—
CPM(総利益に対する利益率)	3以下	3以下	—
CPM(その他の利益水準指標)	3以下	3以下	5
CUT(無形資産に限る)	—	—	6
独立価格比準法(有形資産に限る)	3以下	5	—
原価基準法(有形資産に限る)	—	3以下	—
再販売価格基準法(有形資産に限る)	3以下	—	—
残余利益分割法	3以下	9	5
その他の利益分割法	3以下	3以下	3以下
不特定な方法	5	12	21

(出所) IRS, *Announcement and Report Concerning Advance Pricing Agreements*, 2009-2011 より作成。

タでは，独立価格比準法が5件，原価基準法が3件以下であるが，CPMは約56件である。さらに，2008年から2010年までのCPMの適用件数をみれば，その増加傾向が確認できる。その一方で，基本三法の適用は減少傾向にある。

以上のデータ結果は，基本三法に比べCPMには何らかのメリットがあることを示唆するであろう。まず，基本三法と比較すると，CPMは比較対象取引が発見できない場合にも適用できる。また，IRSの報告書や川辺（1999）が指摘するように，CPMには検証対象となる取引に関する公開データが利用できるというメリットがある[30]。さらに，King（2010）によれば，CPMは，クッキーの抜き型（cookie-cutter）のような分析に基づくので，税務当局にも多国籍企業にもコスト面での優位性がある[31]。

すなわち，以上のメリットをまとめれば，比較対象取引の発見が困難な状況にある今日では，CPMを適用することで，IRSは比較対象取引の発見にかかる時間や税務コストを削減することができ，その他方で，多国籍企業は比較対象取引に関する情報収集にかかる時間や費用，そしてコンプライアンスコスト

の削減が可能になると期待できるであろう。また，羽床（1999）が指摘するように，公開データが利用されればシークレットコンパラブルが回避されるので[32]，CPMの実績値の信頼性が高まると期待できよう。したがって，このようなメリットを有するCPMが，基本三法の欠陥を補うべく適用されると推察される。

ただし，このデータによる限り，CPMの利益水準指標に関しては一般的な考えと実際の状況が異なることに注意する必要があろう。一般的には，ベリー比率が最も望ましい利益水準指標であると考えられているが，2010年のその適用件数は5件であり，実際に適用が最も多いのは営業利益率でその適用件数は55件である。この傾向は2008年及び2009年のデータでも確認でき，それらのデータ結果によれば，ベリー比率がその他の利益水準指標より優先的に適用されている事実はない。

3. CPMに関する第1条件の検証

（1）移転価格以外の費用の軽視

以上のように，アメリカ合衆国では適用頻度の高いCPMであるが，全般的にはCPMの適用は批判されている。小林・半谷（2000）はCPMが移転価格以外の費用を軽視する点を批判している[33]。また，村上（1996）は「利益率は本来，企業の経営効率，経営者の手腕など移転価格とは関係ない要素によって影響をうけるものであり，事業規模と取扱品目等すべての面で同一でない限り，比較対象とされるべきでない」と批判している[34]。

小林・半谷（2000）では，仮にX国の親会社AからY国の子会社Bは価格p^aで製品を購入し，さらに子会社Bは他の非関連企業にその製品を価格p^bで販売したと仮定する[35]。この仮定のもとCPMが子会社Bに適用されたとすると，この場合の子会社Bの利益は以下のように表わせる。

Y国の子会社Bの利益：$\Pi^b = p^b q - c^b(q)$ …①

また，子会社Bの費用関数は以下のように表わせる。

$c^b(q) = p^a q + W + TO + AD$ …②

この場合，子会社 Y の費用関数は，親会社に支払った製品の仕入額 p^aq（移転価格×数量），賃金 W，間接費 TO，広告費 AD などから構成される。それにも拘わらず，CPM は移転価格以外の費用の影響を無視する。

CPM では，この費用関数を用いて算定された子会社 B の利益率 Π^b/K^b と非関連企業の利益率 Π^u/K^u が比較検討される。ここで，K^b は関連企業の資産，K^u は非関連企業の資産，Π^u は非関連企業の利益である。この場合，もし子会社 B の利益率が非関連企業の利益率よりも低かったならば，利益率は移転価格以外の費用の影響を受けた可能性があるにも拘わらず，CPM ではその利益率の低下は移転価格の操作の結果であるとみなされる。すなわち，CPM による場合には，広告費 AD などの増加により Π^b/K^b の分子が小さくなったことで，その利益率が低下したとしても，移転価格の操作がその要因になる。

よって，利益率低下の要因すべてが移転価格の操作であるとみなされることは，アメリカ合衆国が提示した利益率を満たさない場合には，すべての移転価格が更正の対象とされる可能性を示唆する。この場合，アメリカ合衆国は自国に有利な利益率を設定するであろうが，相手国がその利益率に従うか否かは確定できないため，CPM の適用は経済的二重課税を引き起こす可能性を高めよう[36]。したがって，以上の問題がある限り，CPM は第 1 条件をクリアしないであろう。

(2) 国際的に認められていない CPM

また CPM は国際的に認められた方法ではなく，94 年最終規則のもと CPM の適用が認められてから 10 年以上がたつが，アメリカ合衆国以外の国が CPM を導入したという報告は依然としてない。そのような状況の中で，アメリカ合衆国が国際的な批判を無視して CPM を適用すれば，経済的二重課税は避けられないであろう。King (2010) は，「たとえサンプル企業が同一であったとしても…」CPM と相手国の方法との相違から，経済的二重課税が生じる可能性があると主張している[37]。

したがって，経済的二重課税を回避するためには，無形資産を評価する方法

に関する関係国間の合意が必要である。つまり，すべての国が認める結果を得るには関係各国が認める方法でなければならない。それにも拘わらず，アメリカ合衆国が国際的に認められていないCPMを適用すれば，相手国はその適用に合意しないであろう。もしCPMの適用に関する合意を求めるならば，相互協議やAPAによるアメリカ合衆国と相手国との間の協議が有効に働くと期待できよう。

ただし，CPMを適用する場合には，非関連企業の選定，企業単位で比較対象取引を選定する場合の関連者間取引と比較対象取引との間の差異の調整，営業利益に影響する差異の識別と調整などが問題になるであろう[38]。したがって，相互協議やAPAによる場合でさえこれらの問題が解決できなければ，経済的二重課税が発生する危険性はある。

CPMが国際的に認められていない現段階では，アメリカ合衆国には簡便で都合が良い方法であるとしても，その適用は経済的二重課税の危険性と表裏一体の関係にあることは間違いなく，これはCPMが第1条件をクリアできないことを意味しよう。

(3) ロケーションセービングの帰属

仮にCPMが国際的に認められたとしても，相手国がタイやマレーシアなどの低コスト国である場合には経済的二重課税が生じる可能性はある。

例えば，マレーシアの人件費などがアメリカ合衆国のものよりも相対的に安いことを理由に，アメリカ合衆国の親会社がマレーシアに子会社を設立した場合には，アメリカ合衆国に同じものを設立するよりもコストが低く抑えられるため，当該多国籍企業グループには「ロケーションセービング」が生じる（図3-4）[39]。この場合，このロケーションセービングの帰属[40]，親会社に帰属するか子会社に帰属するかをめぐる双方の国の意見の相違が二つの営業利益率を生みだすため，アメリカ合衆国に偏った意見のもとでCPMが適用されれば，経済的二重課税が生じる可能性がある。つまり，ロケーションセービングの帰属問題が解決されなければ，CPMが第1条件をクリアする

ことはないであろう。

　事例をみると，ロケーションセービングが関わったものに，コンパック社事案，ボシュロム社事案，リンドストランド社事案，イーライリリー社事案などがある[41]。これらの事案では，ロディンの批判を裏付けるように，IRSは，低コスト国におけるロケーションセービングを移転価格の操作による追加的な利益であると主張した。しかしながら，国際的な見解によれば，ロケーションセービングはDunningが指摘する地理的な優位性（Location）による利益であり，また相手国が提供する安い労働力が生み出した利益であると考えられる。したがって，国際的な協調がない中で，IRSのこのような偏った意見が経済的二重課税を引き起こし，CPMによる第1条件のクリアを失敗させるであろう。

　なお，アメリカ合衆国ではロケーションセービングに関して「非関連企業と関連企業が地理的に異なる市場において活動している場合には，その地理的市場に帰せられるコストに係る重大な差異を補正するための調整が必要となるであろう」と規定されている[42]。また，「…コストの差異が独立の立場で活動している比較可能な非関連企業の利益を増加させる場合に限り，当該関連企業へ

図3-4　ロケーションセービングの帰属

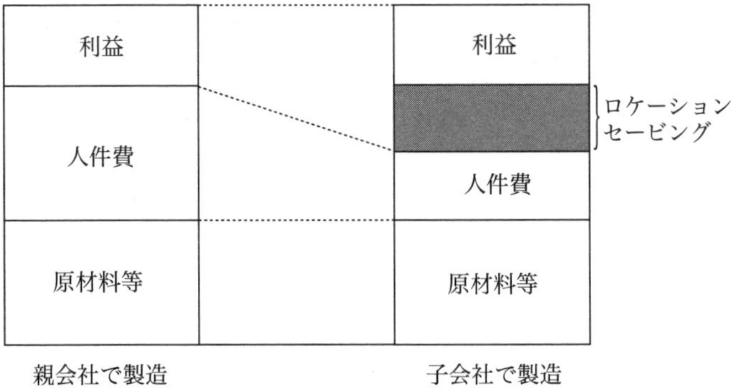

（出所）宮嶋大輔，黒川兼［111］p.45より作成。

のより高い利益を正当化する」として，その調整が独立企業原則に基づくことが求められている[43]。ちなみに，日本には，ロケーションセービングに関する規定は存在しない。

第3節　日本が導入したTNMM：取引単位営業利益法

1．TNMMの二つの形態

上述のように，CPMは国際的に認められていないが，他方，その方法に類似したTNMMは国際的に認められている。この違いは，OECDがその方法を認めるか否かによると言えよう。OECDは前者を認めないが後者を認めている。この影響がOECD加盟国にも波及し，現在は，国際的にCPMは認められないがTNMMは認められると推察される。

TNMMは，OECD（1995）移転価格ガイドライン（Transfer Pricing Guidelines for Multinational Enterprises and Tax Administration「多国籍企業と税務当局のための移転価格算定に関する指針」）の中で初めて紹介された方法であり，日本でも平成16年度の税制改正で導入された。その内容は，企業が一つの関連者間取引又は複数の関連者間取引から実現する適切な基準（例えば原価，売上，資産）に対する営業利益（営業利益率）を検証するものである[44]。日本では，OECDの方法を参照しつつTNMMの具体的な形態として，いわゆる「修正再販売価格基準法」と「修正原価基準法」が制定されている。その内容は次のようなものである。

(1) 修正再販売価格基準法

親会社と子会社が行った取引における独立企業間価格は，子会社と非関連企業との間の取引における再販売価格Aに比較対象取引における営業利益率B（あるいはC）を乗じたものに販売費及び一般管理費を加算した金額をAから控除することで計算される（図3-5）[45]。なお，この場合，営業利益率は，比較対象取引における収入金額(売上高)対する営業利益の比率(売上高営業利益率)である。すなわち，A－{A×B＋（販売費＋一般管理費）}で関連者間取引に

おける独立企業間価格が計算される。

図 3-5　修正再販売価格基準法

(2) 修正原価基準法

親会社と子会社が行った取引における独立企業間価格は，親会社の製造原価 D に当該関連者間取引で生じた販売費及び一般管理費を加算した金額に比較対象取引における営業利益率 E（あるいは F）を乗じた金額に，D と販売費及び一般管理費を加算することで計算される（図 3-6）[46]。なお，この場合，営業利益率は，比較対象取引における収入金額（売上高）から営業利益を控除した金額に対する営業利益の比率（総費用営業利益率）である。すなわち，D ＋（D ＋販売費＋一般管理費）× E ＋（販売費及び一般管理費）で関連者間取引における独立企業間価格が計算される。

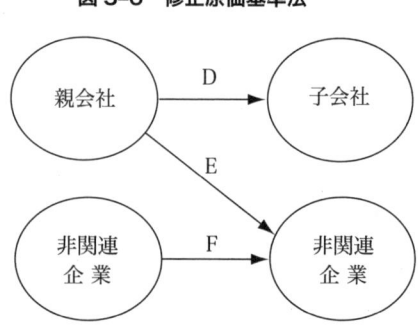

図 3-6　修正原価基準法

2. TNMMによる営業利益率の検証

(1) 検証すべき営業利益率の選定

　日本では，上述のように，修正再販売価格基準法による場合には売上高営業利益率，修正原価基準法による場合には総費用営業利益率が用いられるが，移転価格ガイドラインには具体的な営業利益率は明示されず，検証すべき営業利益率の抽象的な例として，原価に対する営業利益の比率，売上に対する営業利益の比率，資産に対する営業利益の比率などが挙げられている。では，TNMMによる場合，どの営業利益率を検証対象とすべきであろうか。

　経営活動の観点からすると，具体的に適用される可能性のある指標は売上高営業利益率であろう。売上高営業利益率は「営業利益／売上高×100」であり，売上高と営業利益を比べる指標である。この売上高営業利益率は，分子の営業利益が営業外収益と費用の影響を受けないため，財務活動による影響は完全に排除されている。したがって，この指標は同業他社との比較に有効であり，さらには資本の調達方法の効果に影響されないため同一企業内の各部門間の比較にも有効であろう。

　この他には，経営資本営業利益率も有用であろう。この指標は「営業利益／経営資本×100」であり，企業本来の経営活動に直接投下運用された資本である経営資本と企業本来の経営活動から生じる営業利益を比べるため，財務活動の影響を除いた経営活動の実績を正確に示す。したがって，この指標も同業他社との比較，あるいは同一企業内の各部門間の比較にも有効であろう。

　ところで，営業利益率の選定には，関連者間取引と比較対象取引を比較検討する上でその検証対象となる取引の内容や状況などを正確に把握することが必要である。その点では，売上高営業利益率と経営資本営業利益率は経営活動とは関係のない要素が排除されているため，両取引を比較するには適切な指標であり，TNMMの営業利益率として十分に機能するはずである。また，日本でもTNMMを適用する場合には，「同項第2号，第3号に掲げる方法に準ずる方法」を規定し[47]，売上高営業利益率と総費用営業利益率以外の営業利益率の適用が認められているのだから，TNMMの営業利益率はこれらの二つの営

業利益率に限定せずに検証対象となる取引の内容や状況などを考慮した上で適正なものが選択されるべきであろう。

(2) 営業利益率を検証する長所と短所

OECD（1995）によると，TNMM の長所は営業利益率を検証する点である[48]。各企業が果たす機能の違いは営業費用に表れるため，類似の機能を果たす企業間では営業費用を反映する営業利益に大きな差はないと考えられる。つまり，基本三法と比較して，営業利益率を検証対象とする TNMM は企業間の果たす機能の違いを調整する必要が少ない。したがって，この点から TNMM は比較対象取引に関する比較可能性の評価の困難性を緩和することができる。この長所は，比較可能性の高い比較可能取引の発見が困難な無形資産を評価する場合に重要であろう。

また，無形資産の中には，特許を含む製造技術など製造に係る無形資産もあれば，生産管理，品質管理，販売管理，営業ノウハウなど営業に係る無形資産もある[49]。売上利益率を検証対象とする場合には，製造に係る無形資産だけが考慮されるが，他方，営業利益率を検証対象とする場合には，製造に係る無形資産だけでなく営業に係る無形資産も考慮される。TNMM による場合には営業利益率により無形資産が評価されるため，TNMM では製造と営業に係る無形資産すべてが評価の対象となり，この点では従来の方法よりも TNMM は限定的ではない。

その一方で，営業利益率を検証対象とするのは TNMM の短所でもある[50]。営業利益は粗利益に営業費用の影響を反映させた結果であるため，価格又は粗利益には影響しない要素によって影響を受ける可能性がある。また，営業利益には，新規参入の脅威，競争上の地位，事業戦略，経営の効率性，代替品の脅威，コスト構造の差異などが直接影響し，その影響を取り除くことが困難な場合が多い。

3. 増加傾向にある TNMM の適用

このように長所と短所のある TNMM であるが，日本においてその適用は増加傾向にある。表3-2には，日本における基本三法及び PS 法と TNMM の適用状況が示されている。この表からわかるように，基本三法の適用は減少傾向にあり，PS 法は適用頻度が少ない一方で，TNMM の適用は平成17年度から平成21年度まで増加の一途をたどっている。平成17年度の適用件数は9件であったが，平成18年度には25件，平成19年度には50件，平成20年度には61件にまで増加している。平成21年度においても TNMM の適用件数は61件となり，平成17年度からわずか4年で6倍強にまで増加している。

このデータ結果は，無形資産の複雑多様化に対して，基本三法などの従来の方法では対応が困難であることを示唆しよう。この状況を勘案すると，今後 TNMM の適用はさらに増加すると予想される。

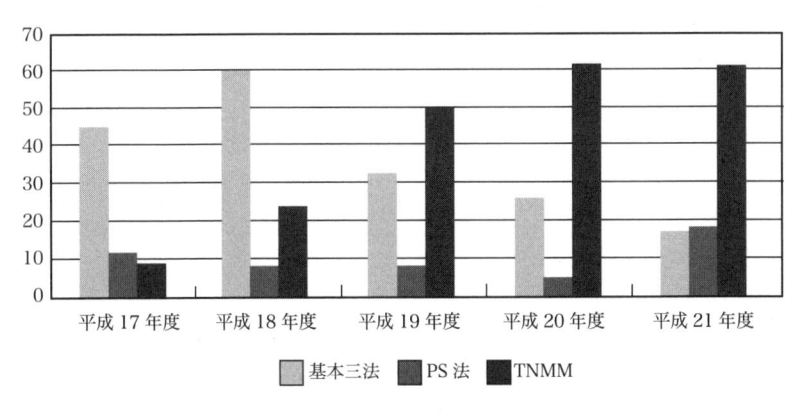

表3-2 基本三法及び PS 法と TNMM の適用状況

年度	基本三法	PS法	TNMM
平成17年度	45	11	9
平成18年度	60	8	24
平成19年度	33	8	50
平成20年度	26	5	62
平成21年度	17	19	61

(出所) 国税庁『相互協議を伴う事前確認の状況』(平成18年度から平成22年度) より作成。

4. 伝統型の利益法である TNMM

再販売価格基準法及び原価基準法は，一般的には基本三法に含まれる方法であるが，その算定の際に比較対象取引における利益率を利用する点を強調すれ

ば利益法に含められよう。これと同様の考え方をすれば，TNMMは比較対象取引の発見を必要とし，OECDが黙認する方法であるので，基本三法と同じ枠内に含まれるように思われるが，TNMMもまた営業利益率を検証するのだから利益法に含まれるのが適当であろう。

ただし，利益法は「伝統型」と「CPM型」に区分することができると考えられる。前者では関連者間取引と比較対象「取引」における利益（利益率）が比較されるのに対して，後者では関連企業と比較対象「企業」の利益（利益率）が比較される。独立企業原則を厳守するならば，比較対象「取引」が参照されるべきであるので，伝統型の利益法を支持することになろう。すなわち，国際的には，再販売価格基準法及び原価基準法のような伝統型の利益法は認められても，CPMのようなCPM型の利益法は認められない。この考えを勘案すると，利益法としてのTNMMの位置づけは重要な関心事となろう。

(1) TNMMとCPMの比較

まずTNMMはCPM型の利益法であるのか。単純に考えれば，TNMMとCPMはともに営業利益率を検証するのだから同じ枠内に含まれようが，しかしながら，その内容を精査するとTNMMとCPMに関しては「相違説」と「同一説」から議論することができる[51]。現在は相違説が多数派を占め，OECDや日本もそれを支持している。CPMには非常に多くの批判があるため国際的にはその適用は認められておらず，またOECDもその適用に対して反対の姿勢をとっている。その他方で，TNMMの適用に関しては，OECDは慎重な姿勢を示しながらもその適用可能性を示唆し，また日本を含む数カ国ではTNMMの適用が認められている。

確かに，TNMMとCPMは類似した利益法であり，同一説を支持することができるかもしれない。当時のIRS国際部長は，TNMMとCPMは名称の違いがあるに過ぎず完全に同一のものであると認めている。Culbertson (1995) もまた，TNMMとCPMは営業利益をベースとする同一の方法であるとして同一説を支持している[52]。

それに対して，相違説を主張する Eden (1998) は，CPM は TNMM よりも適用される頻度が高い点から双方の違いを検討している[53]。Hamaekers (2003) もまた，TNMM は例外的に適用が認められるが，CPM は頻繁に適用される点で，TNMM と CPM は異なることを指摘している[54]。しかしながら，TNMM と CPM の相違を決定する基準として適用頻度をあげるのは，OECD が求める基準とは言え，説得力が弱いと考えられる。

さらに，Eden (1998) は，定期的調整が事後的に実施されるか否かを TNMM と CPM の相違を示す基準としている[55]。これは CPM に対する批判にはなるが，TNMM との相違を判定するための基準としては不適当であろう。もし仮に，この基準を認めると，TNMM においても定期的調整が実施されるならば，TNMM と CPM は同一の方法であるという主張が正当化されてしまう。それは，完全な間違いである。

それならば，何を基準に TNMM と CPM の同一相違の判定をすべきかが問われようが，この場合もまた，独立企業原則がその基準として適当であろう。CPM が国際的に認められない一方で，TNMM の国際的な適用が認められる決定的な根拠は TNMM が独立企業原則に基づくからであると言えよう。確かに，King (2010) のように，CPM は独立企業原則に基づく方法であり，TNMM と CPM は非常に類似しているとして同一説を支持する分析もある[56]。また Casley and Kritikides (2003) は，CPM が独立企業原則に基づかないという主張は間違いであると明言している[57]。

しかしながら，Taly (1996) が指摘するように，CPM は企業単位での比較可能な取引における営業利益によるのに対して，TNMM は個々の比較対象取引における営業利益を用いる[58]。すなわち，CPM は比較対象「企業」の営業利益，TNMM は比較対象「取引」の営業利益に焦点をあてる。そのため，独立企業原則が比較可能な状況下での「取引」における条件を参考にする点を強調すれば，TNMM には問題がないが，「企業」を対象とする CPM はその範囲から外れてしまう。

以上の考察による限り相違説が優位となろう。したがって，伝統型と CPM

型の区分に従えば，TNMM は CPM 型の利益法ではなく伝統型の利益法であるという結論が導き出されよう。CPM を批判する OECD が，TNMM の国際的な適用を黙認するのは，この点からも理解できる。ただし，アメリカ合衆国の主張によれば，CPM は独立企業原則に基づく方法である点にも注意しなければならない。

(2) 再販売価格基準法及び原価基準法との比較

以上の考察から，TNMM は再販売価格基準法及び原価基準法と同様に伝統型の利益法であることがわかった。しかしながら，異なる点もある。

第1に，再販売価格基準法及び原価基準法では，比較対象取引における利益率を用いて算定された独立企業間価格と移転価格の比較が行われるが，中村(2004) が指摘するように，TNMM は利益率を検証対象とする[59]。再販売価格基準法及び原価基準法は「価格」ベースの方法であり，TNMM は「利益」ベースの方法であると識別される場合があるが，この点からも理解できよう。

第2に，TNMM では販売費及び一般管理費が考慮されるが，再販売価格基準法及び原価基準法ではそれが含まれない。独立企業間価格の算定において，再販売価格基準法の場合には再販売価格から利益率が控除され，原価基準法の場合には原価に利益率が加算される。それに対して，TNMM では利益率の検証に加えて，移転価格を更正するために販売費及び一般管理費も考慮される。

第3に，利益水準指標が異なることである。再販売価格基準法及び原価基準法では売上総利益率が利用されるのに対して，TNMM では営業利益率が利用される。すなわち，前者によれば売上に対する「総利益」がどの程度あるのかが問題となり，後者による場合には売上又は費用に対する「営業利益」が検証される。

このように，TNMM と再販売価格基準法及び原価基準法を比較した場合，異なる点もあるが利益率に焦点をあて移転価格が更正される点からすると，いずれの方法も広義的には伝統型の利益法の枠内に含めることができる。また，TNMM と再販売価格基準法及び原価基準法は OECD が認める独立企業原則に

基づく方法である点を踏まえれば，これらの方法はCPM型の利益法ではなく伝統型の利益法であると結論づけても問題はないであろう。

5. TNMMに関する第1条件の検証
(1) TNMMの適用と経済的二重課税

TNMMに関しては，日本でもその適用頻度が高まり，またEU諸国においてもTNMMの適用が頻繁であるとの報告があることを勘案すれば[60]，その有用性に期待が高まりつつあると言えよう。しかしながら，TNMMはまだ世界的に導入されている方法ではなく，多くの国ではその導入が準備段階である。その状況の中でTNMMが優先的に適用された場合には，経済的二重課税が生じる可能性があろう。つまり，国際的に導入されていない現段階で，一方の国だけがTNMMを適用した場合には，相手国の方法との整合性が図られないことから，異なる二つの独立企業間価格が算定され，その結果として経済的二重課税が生じよう。この場合，TNMMのもとでは，第1条件はクリアされないことになる。

例えば，X国ではTNMMを用いて移転価格課税が執行されたが，Y国ではTNMMが導入されてなく，TNMM以外の方法により独立企業間価格が算定された場合には，同じ取引に対して二つの異なる結果が存在することになる。この場合にはX国とY国との間で経済的二重課税が生じる。この問題は，各国がTNMMの導入を決めていなかった数年前までは，その適用上の課題であったことは否定できない[61]。確かに，まだ準備段階にある多くの国にとっては，この課題は未だに払拭されていないと言えよう。

ただし，日本やEU諸国などTNMMを導入する国家間での取引に限っては，相互協議又はAPAを通じてTNMMによる結果に関して協議することが可能であろう。この場合には，一つの独立企業間価格の算定に関する問題と同じなので，対応的調整さえ適正に実施されれば，経済的二重課税は回避できるはずである。しかしながら，相互協議又はAPAよる場合でも，TNMMを導入していない国との協議が失敗に終わった場合には，経済的二重課税が生じる可能

性が高い。これは先述の問題から容易に推測できよう。

　以上のように，国際的に認められた方法であるとは言え，まだ準備段階にある中で，一方の国だけがTNMMを適用すれば，経済的二重課税が生じる可能性が潜在するので，TNMMが第1条件をクリアする方法であると断言するのは時期尚早であろう。

(2) 営業利益率の片務的な検証

　その他には，TNMMでは営業利益率が片務的に検証されるのも，第1条件のクリアを失敗させる原因となるであろう。つまり，双方の関係国がTNMMを適用した場合でも，一方の企業の営業利益率に注目した片務的な分析では，TNMMによる二つの結果が自国と相手国にそれぞれ生じてしまう。この場合も，関係国間における営業利益率に関する意見の相違が，経済的二重課税を引き起こすであろう。

　特に，相手国が低コスト国である場合には注意が必要である。CPMの場合と同様にTNMMを適用する場合にも，ロケーションセービングの帰属をめぐる双方の国の異なる意見が二つの営業利益率を生みだす。そのため，一方の国だけで営業利益率が片務的に検証され，相手国がそれを受け入れなければ，経済的二重課税が生じるので，この場合には第1条件クリアの失敗という結果がもたらされるであろう。

　また，営業利益率には，売上高営業利益率，経営資本営業利益率，ベリー比率，その他があるので，営業利益率を片務的に検証するのであれば，双方の国が同一の営業利益率を選定しなければ，経済的二重課税が生じる可能性があり，TNMMのもとでは第1条件はクリアされないであろう。例えば，日本で売上高営業利益率によるTNMMが適用された場合，相手国でベリー比率などその他の営業利益率が選定されると，一つの取引に二つの異なる結果が生じるので双方の国の意見は異なり，そのことが経済的二重課税を引き起こすので，この場合には第1条件のクリアは失敗する。

第4節　基本三法に代わる PS 法：利益分割法

1．PS 法の諸形態

　現在，基本三法が適用できない場合，それに代わる国際的に認められた第四の方法として PS 法がある。OECD（1995, 2010）でも米国財務省規則でも PS 法は規定されているが，その特徴から「比較対象取引に基づく PS 法」，「残余利益分割法」，「その他の PS 法」の三形態に大別できよう。

(1) 比較対象取引に基づく方法

　アメリカ合衆国で適用可能な PS 法の一つに比較利益分割法がある。比較利益分割法に基づく場合，非関連企業の合算営業損益に対するそれぞれの非関連企業の比率を利用して，関連者間取引に係る合算営業損益が配分される[62]。この仕組みが図 3-7 で示されている。この場合，関連者間取引の営業利益の分割と類似の環境下で類似の活動に従事する非関連者間取引（比較対象取引）の営業利益の分割が比較される。図に示されるように，前者の営業利益の分割比は 7 対 3 であるが，後者のそれが 6 対 4 であるならば，比較利益分割法の

図 3-7　比較利益分割法

非関連者間取引　　　　　　　　　　　　　　　　利益分割比 6：4

関連者間取引
PS法適用前　　　　　　　　　　　　　　　　　　利益分割比 7：3

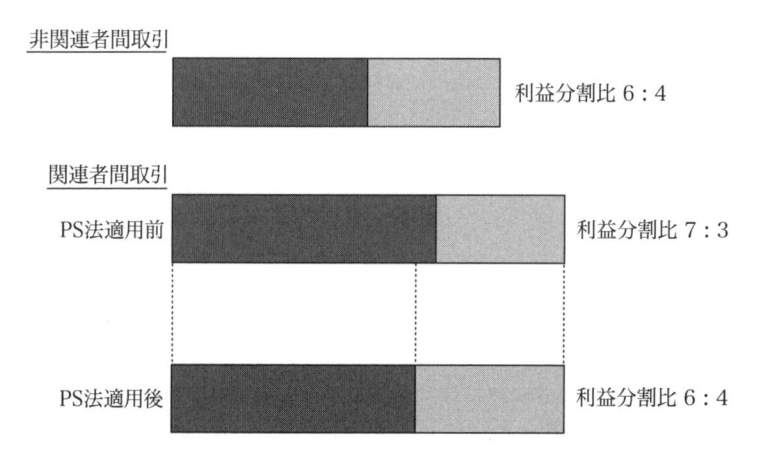

PS法適用後　　　　　　　　　　　　　　　　　　利益分割比 6：4

もと，6対4の分割比で営業利益が関連企業間で分割される。

また OECD (1995) でも，比較利益分割法に酷似した比較可能な取引に基づく利益分割法が提唱されている[63]。例えば，比較可能な取引に基づく利益分割法によれば，関連者間取引における合算利益が100で，その取引に類似した比較対象取引における利益分割が6対4で実施されたとすれば，関連企業間で利益は60対40に分割される。

この比較対象取引に基づく PS 法の特徴は，比較対象取引を必要とする点であることは明らかであるが，その特徴がこの形態の PS 法を無形資産の評価に不適合なものにする。基本三法が無形資産の評価に適用できない理由は，無形資産の特殊性から比較対象取引の発見が困難なためである。この問題を踏まえると，比較対象取引に基づく PS 法もまた，基本三法と同様に，無形資産の評価には適用できないであろう。さらに付言すれば，無形資産は市場の失敗であり市場で取引される可能性は低いのだから，比較対象取引に基づく PS 法により無形資産が評価されることは不可能に近いと言えよう。

(2) 残余利益分割法

残余利益分割法に関しては，米国財務省規則でも OECD (2010) でも同様のシステムが規定されている。残余利益分割法による場合には，第一段階で市場利益が分割され，第二段階で残余利益が分割される[64]。

図3-8にはアメリカ合衆国における残余利益分割法のシステムが示されている。まず，第一段階では，関連者間取引における営業利益のうち通常の貢献に係る市場利益が分割される。なお，この場合の通常の貢献とは，市場利益を特定することができる類似の事業活動に従事する非関連企業が行う同一又は類似の種類の貢献である[65]。具体的には，当該非関連企業が果たした機能，負担したリスク，使用した資源により通常の貢献が特定される。

第二段階では，第一段階で分割されなかった残余利益が分割される。当該残余利益は無形資産の相対的価値に応じて関連企業間で分割される。この場合，各関連企業の貢献に係る無形資産の相対的な価値（相対的貢献度）は，原

則的には，当該無形資産の公正な市場価値を反映する外部市場の基準によるが，それが不可能な場合には無形資産の開発などにかかった費用に基づき算定される[66]。すなわち，残余利益分割法によれば，相対的貢献度に基づき各関連企業に分割された残余利益によって，無形資産は評価されることになる。

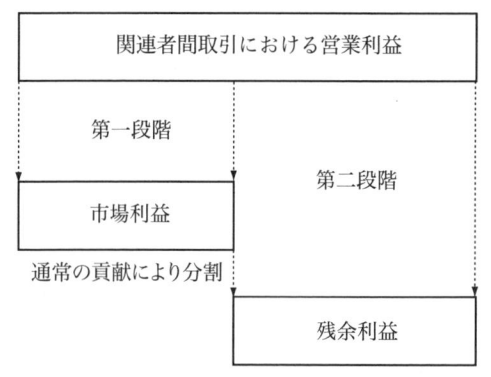

図 3-8　残余利益分割法

```
┌──────────────────────────────┐
│   関連者間取引における営業利益   │
└──────────────────────────────┘
  │ 第一段階      │        │
  ↓              ↓        │ 第二段階
┌──────────────┐          │
│   市場利益     │          │
└──────────────┘          ↓
 通常の貢献により分割   ┌──────────────┐
                      │   残余利益     │
                      └──────────────┘
                       無形資産の相対的価値により分割
```

(3) その他の PS 法

① 貢献度分析法

以上の方法の他には，OECD（2010）は貢献度分析法を PS 法の一形態として認めている[67]。貢献度分析法によれば，各関連企業が果たした機能の相対的な価値に基づき，調査対象の関連者間取引から生じた合算利益が当該関連企業間で分割される。例えば，企業 A と企業 B が関連者間取引を行った時に，企業 A が企業 B よりも価値のある機能を果たした場合には，企業 A が企業 B よりもより大きな利益分割を受けることになる。しかしながら，貢献度分析法には注意すべき点がある。貢献度の相対的な価値の決定が困難な場合には，貢献度分析法は個々のケースの事実及び状況に影響される点に注意しなければならない。また，貢献度の相対的な価値を決定する場合，関連者間取引の情報と外部市場データとの関連性が低い点にも注意を払う必要がある。

② 使用資本分割法

さらに OECD (2010) が提案する使用資本分割法もまた PS 法に含まれ，この方法のもと関連者間取引において生じた合算利益は，各関連企業がその取引に投じた資本に対する収益率に応じて分割される[68]。OECD (2010) によれば，使用資本分割法の背景には，各関連企業が当該取引に投じた資本とリスクとの間には相関関係があり，競争市場であればそのリスクに応じて利益が分割されるという考えがある[69]。例えば，合算利益が 100 で，企業 A と企業 B の投下資本の比率が 7 対 3 であれば，企業 A には 70，企業 B には 30 の利益が分割される。この方法は競争市場の基本的な考えを取り入れた点では評価できるが，資本市場における条件など重要な要素が欠落している点が問題であり，この方法を適用する場合には注意が必要であろう[70]。

2. PS 法による無形資産の評価―残余利益分割法を中心に

(1) PS 法の長所と無形資産の評価

PS 法（以下「残余利益分割法」を示す）の第一の長所は，無形資産に係る比較対象取引を発見する必要がない点である[71]。無形資産に関してはその特殊性から比較対象取引の発見が困難であるため，基本三法による無形資産の評価は難しい。一方，PS 法によれば，無形資産に係る比較対象取引を発見する必要がないので，基本三法による場合よりも無形資産は適切にかつ迅速に評価されると期待できるであろう。

PS 法の第二の長所は，双方の関連企業を調査対象とする点である[72]。PS 法によれば，無形資産から生じた利益は「独立企業間の合意において期待され反映されるであろう利益分割に近似させるような経済的に合理的な基準」[73] に基づき，関連企業間で適切に分割されるため，無形資産に係る独立企業間価格が算定できない場合にも，独立企業原則に基づく望ましい結果が期待できよう。

第三に，合算利益には関連者間取引の特殊な条件の影響が反映されるので，PS 法により合算利益が関連企業間で適正に分割されれば，同時に各関連企業の特殊な情報が内在する無形資産から生じた利益も分割されるので，無形資産

は厳正に評価されると期待できる[74]。

　第四に，第二及び第三の長所を加味して，PS 法が当該取引に関わる双方の関連企業が評価の対象とされ，合算利益を分割する方法である点を勘案すると，一方の関連企業だけに非現実的な利益が残る可能性が低いことである[75]。また，この長所から，統合がもたらす規模の経済又はその他の利益を適正に分割することが可能であると指摘される[76]。

　これらの長所を踏まえれば，Horst (1993) が言及するように，PS 法は収益性の高い無形資産の評価にも有用であると考えられる[77]。将来的には，無形資産は今以上に複雑性及び特殊性を増し，その収益性も高まると予想される中で，収益性の高い無形資産に関しては類似した取引における利益率を発見するのも困難になるので，その評価には CPM や TNMM も十分には機能しない状況になるであろう。その一方，上述したような長所を有する PS 法は，収益性の高い無形資産が当該関連者間取引に含まれたとしても，そのことを問題にはしないであろう。

　以上の長所による限り，PS 法は無形資産を評価するには適当である。現在，PS 法は基本三法の代替的な方法として考えられているが，比較対象取引の発見が困難な無形資産の評価に関しては，代替的ではなく適用順位 1 位の方法として適用すべきではないだろうか。また，Horst (1993) が指摘するように，他の方法により算定された無形資産に係る独立企業間価格の検証にも PS 法を適用すべきではないだろうか[78]。

(2) 租税裁判にみる PS 法の有用性

　アメリカ合衆国では，租税裁判において PS 法が無形資産の評価に利用されるケースが多々あるが，その有名な判例にイーライリリー社事案がある[79]。なお，この事案で利用された PS 法は残余利益分割法であった。

　イーライリリー社事案では，アメリカ合衆国居住のイーライリリー社（以下「E 社」）とプエルトリコに設立された 100％ 製造子会社リリープエルトリコ社（以下「PR 子会社」）との間の無形資産取引における価格が，公正であるか否か

が問題であった。IRS は，PR 社が製造した製品の価格が高く設定されているため，E 社から PR 社に所得が移転されていると主張した。一方，E 社は，当該製品の高い収益性及び PR 子会社の所有する特許を理由に IRS の主張に反論した。この取引に関して，E 社は再販売価格基準法，IRS は原価基準法の適用を主張したが，租税裁判では双方の主張は認められず，また再販売価格基準法も原価基準法も不適当であるとの判断から，PS 法が妥当であるとの決定が下された。その結果，無形資産から生じた利益は，E 社と PR 社に 45 対 55 の比率で分割された。

　この判決の注目点は，当該取引に関する多国籍企業と IRS が提示する独立企業間価格の算定方法が異なる中で，いずれの算定方法（基本三法）も不適当であるとして，それに代わる PS 法の適用が認められた点である。この判決は，基本三法が適用できない場合には，PS 法がその代替的な方法として適用される可能性を明らかにしたと言えよう[80]。また，88 年白書でも認められるように，その根拠が明確にされないまま適用が許されたことを加味すれば，PS 法は基本三法が適用できない場合の最後の手段（the method of last resort）であるとこの判決が位置づけたことになろう[81]。

　また，イーライリリー社事案に関する租税裁判の判決は，ロケーションセービングの帰属問題を処理するために，PS 法が有用であることも示唆する。上述のことに付言すると，E 社と PR 子会社の利益が合算され，その合算利益はルーティン機能に係る利益，無形資産に係る利益，ロケーションセービングに分割された[82]。そして，租税裁判では，ロケーションセービングは，アメリカ合衆国よりもプエルトリコで製造することによる追加的利益であるとして，この場合のロケーションセービングはすべて PR 子会社に帰属させられた[83]。このように，この事案では E 社と PR 社の合算利益はその性質から利益が三つに区分され，またロケーションセービングは，その発生原因を考慮して PR 子会社に帰属させられたが，PS 法はその分割方法として十分に機能したと評価することができよう。

3. PS法に関する第1条件の検証
(1) 相対的貢献度と経済的二重課税
　以上のように，全般的にはPS法は基本三法に比べて有用性が高い簡便な方法であると考えられているが，国家間の「適正」な課税ベース配分の第1条件をクリアするためには，PS法は解決すべき問題を有する。

　第一に，PS法では無形資産に係る比較対象取引が必要とされない代わりに，相対的貢献度に基づき合算利益が関連企業間で分割されるが，問題はこの相対的貢献度は一方の国により評価されることである。例えば，日米間の関連者間取引における合算利益の分割方法としてPS法を日本が適用する場合には，相対的貢献度は日本の調査のもとに評価され，この段階ではアメリカ合衆国は関与しない。そのため，この場合，日本が評価した相対的貢献度をアメリカ合衆国が認めなければ，経済的二重課税が生じる可能性がある。したがって，相対的貢献度の評価が関係国間で合意されない場合には，第1条件はクリアされないであろう。

　第二の問題は，相対的貢献度の評価が一般に考えられているほど簡単ではないことである。PS法は，非関連企業に関する情報への依存度が低いために，簡便な方法であると考えられる傾向がある。しかしながら，森（1996）が指摘するように，PS法では，関連者間取引において双方の関連企業のルーティン機能に係る比較可能企業分析が必要になるだけでなく，双方の関連企業が持つ非ルーティン的無形資産の評価が必要になる[84]。この点に関係して，OECD（2010）は，PS法において求められる情報は広範囲に及ぶため，相対的貢献度の評価のためにその情報を収集することは，税務当局にも当該関連企業にも簡単なことではないことを認めている[85]。付言すれば，この問題が解決されなければ，上述の相対的貢献度評価に関する問題は，未解決のままになる可能性さえある。

　第三に，何を相対的貢献度の指標とすべきかという問題もあるが，ここでは資本コストをその指標として用いると，この場合には会計上の問題が懸念される。まず，会計制度の二国間以上にまたがる関連者間取引から生じた合算利益

を分割する際に，関係国間の減価償却方法が相違する場合には，それぞれの国が計算する資本コストの数値は異なる。また，資本コストを計算するには関係国間の為替レートも考慮しなければならない[86]。つまり，資本の取得時点の為替レートを用いるのか，利益を分割する時点の為替レートを用いるのかにより，この場合も資本コストの数値は異なる。さらに，各国間に資本コストの格差があるのも問題である。すなわち，関係国間の評価システムの相違が，相対的貢献度の評価の違いとして表れる。

以上のことから，PS法による場合に経済的二重課税が生じるか否かは，相対的貢献度の評価次第であると言えよう。したがって，PS法のもとで第1条件をクリアするためには，ある一方の国だけが認めるのではなく，関係する双方の国が認める相対的貢献度の評価が必要であることは間違いない。

(2) PS法とCPMのハイブリッド方式

上述したように，PS法に内在する問題から第1条件がクリアされる可能性は低いが，日米間に限れば，その条件がクリアされるかもしれない。基本三法が適用できない場合には，アメリカ合衆国ではCPM，日本ではPS法が適用されるケースがある。このような関係にある中で，CPMとPS法のハイブリッド方式を提案する研究がある[87]。ハイブリッド方式は，CPMとPS法のもと算定される二つの営業利益を調整するものであり，図3-9にはその簡略的な仕組みが示されている[88]。ここで，横軸には日米連結営業利益が示され，縦軸には米国子会社に分割される営業利益とCPMのもと米国子会社に分配される営業利益（以下「CPMの営業利益」）の上限と下限（この差が「幅」）が示される。またP/Sは，PS法に基づき，日米連結営業利益うち米国子会社に分割される営業利益の割合を示している。

結果的にハイブリッド方式が求めるのは，PS法のもと米国子会社に分割される営業利益が，CPMの営業利益「幅」に収まることである。例えば，日米連結営業利益がBの場合には，PS法に基づき，米国子会社に分割される営業利益は点Yで示されるが，この点はCPMの営業利益「幅」内に収まる。日米

連結営業利益がAの場合には，米国子会社に分割される営業利益は点Xで示されるが，この点はCPMの営業利益の上限にあたる。その反対に，日米連結営業利益がCの場合には，米国子会社の営業利益の点ZはCPMの営業利益の下限にあたる。

以上のように，PS法に基づき米国子会社に分割された営業利益が，CPMの営業利益「幅」内に収まる場合は問題ではなく，問題はその「幅」を外れる場合である。特に日米連結営業利益がDの場合には，当該米国子会社の営業利益が45度線上にあるので，日米連結営業利益＝米国子会社の営業利益になり，日本親会社の営業利益はゼロとなる[89]。このような場合には，CPMの「幅」に収まるようにPS法により米国子会社に分割される営業利益をX，Y，Zのいずれかに調整されなければならない。

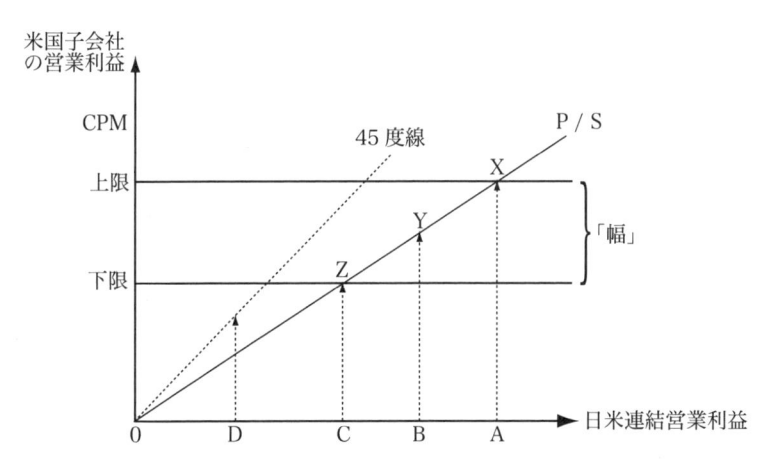

図3-9　PS法とCPMのハイブリッド方式

(出所) 河原茂晴, 浅川洋一, 八田陽子 [84] p.36を加筆修正。

というのは，ハイブリッド方式により調整されなければ，日本親会社と米国子会社との間での営業利益の分割に関して，アメリカ合衆国と日本が合意することは難しく，経済的二重課税が生じる可能性があるからである。しかしながら，ハイブリッド方式により調整されれば，米国子会社の営業利益はCPMの

営業利益の範囲内に収まる。したがって，アメリカ合衆国と日本がそれぞれCPMとPS法という異なる方法を適用する場合に，ハイブリッド方式を利用することで，双方の国が納得する結果が導き出されれば，経済的二重課税は回避され，そして第1条件がクリアされると期待できよう。

第5節　小　括

　無形資産の特殊性のために比較対象取引の発見が困難な中で，基本三法に代わる適用可能な方法として第四の方法がある。現在，CPM, TNMM, PS法が，第四の方法として，これまで不可能に近かった無形資産の評価を可能にすると期待されている。CPMは比較対象「企業」の利益水準指標を検証対象とし，TNMMは比較対象「取引」における価格ではなく利益に焦点をあて，PS法は相対的貢献度に基づき合算利益を関連企業間で分割するので，これらの方法は特殊性を有する無形資産の評価に有用であると言えよう。

　しかしながら，いずれの方法を選択しようとも，経済的二重課税が生じる可能性はある。CPMは国際的に認められた方法ではないため，その適用により経済的二重課税が生じる可能性は高いと考えられる。また，TNMMはOECDが認める方法ではあるが，まだまだ国際的に十分に普及した方法とは言い難いので，その適用には注意が必要であろう。さらに，PS法はその簡便性から無形資産を評価する上で有用視されるが，その相対的貢献度の評価は必ずしも簡単なものでないことから，経済的二重課税が生じる可能性は否定できない。

　したがって，以上の考察から，CPM, TNMM, PS法のいずれの方法による場合も，経済的二重課税が回避されないので，第1条件はクリアされないことがわかる。今後の課題としては，第1条件をクリアするために，第四の方法の内容を再検討し，また国際的な視座に立ち，関係国間でその適用の仕方を協議する必要があろう。

(1) Treasury Department, *Sec 482 White Paper of Intercompany Pricing* (October 18, 1988), p.89 (以下 'White Paper'：移転価格に関する白書)
(2) BALRM に関しては, Frisch, D. J.［24］, Granfield, M. E.［28］, Purvis, S. E. C. et al.［54］, Rapp, R. T.［55］を参照。
(3) Rapp, R. T.［55］pp.703-707.
(4) Eden, L.［21］pp.417-418.
(5) Eden, L.［21］p.417.
(6) Eden, L.［21］p.417.
(7) Eden, L.［21］p.417.
(8) Eden, L.［21］p.417.
(9) Eden, L.［21］p.414.
(10) 内国歳入法第 482 条
(11) White Paper, p.63.
(12) White Paper, p.63.
(13) White Paper, p.67.
(14) White Paper, p.67. 定期的調整で重要となるのは，どのような要因が変化した場合に，無形資産に帰属する所得が変化したと認識するかである。例えば，市場規模，市場数，製品の市場シェア，製品の販売量，製品の売上高，技術の使用数，技術の改良，マーケティング費用，生産コストなどが，その要因として考えられる。
(15) Eden, L.［21］p.268.
(16) Eden, L.［21］p.268.
(17) 小幡信史, 清水孝［80］pp.28-30.
(18) 小幡信史, 清水孝［80］pp.40-42.
(19) Wittendorff, J.［69］p.735.
(20) Wittendorff. J.［69］p.735.
(21) Wittendorff, J.［69］p.753.
(22) Eden, L.［21］p.622.
(23) Treasury and IRS, Intercompany transfer Pricing Regulations Section 482 (以下 'Reg':1994 年最終規則) § 1.482-5(a)
(24) Reg. § 1.482-5(b)(4)
(25) 村上睦［112］pp.50-51. なお,「ベリー比率」という呼称は, デュポン社事案の中で, ベリー博士 (Dr. Charles Berry) が, 経営コンサルティング会社, 広告代理店, 販売会社の粗利益と営業費の比率を利益水準指標として利用したことによる。
(26) Horst, T.［34］p.1256.
(27) 佐藤正勝［90］pp.220-221.

(28) White Paper, pp.39-40.
(29) White Paper, p.40.
(30) 河原茂晴，スティーブン D. ハリス［85］p.21.
(31) King, E.［37］p.14.
(32) アメリカ合衆国がCPMを導入した背景には，以下の事情があった。羽床正秀[104] p.34 を参照。
　① 基本三法が適用できるような比較対象取引は容易には発見できない，さらに，発見できたとしても，具体的な調整は容易なことではない。そのため，他の何らかの方法を設ける必要があった。
　② 守秘義務との関係で納税者に公開できないシークレットコンパラブルを避け，納税者にも税務当局にも明らかな公表されたデータを使って，独立企業間価格を算定するという方針を採る必要があった。
(33) 小林威，半谷俊彦［89］p.223-224 では，ロディンの批判に基づき，CPMを考察している。
(34) 村上睦［112］p.50.
(35) 小林威，半谷俊彦［89］p.223.
(36) 比較対象企業の選定に関しても，収益性の低い企業を選定から除外し，高い企業を含めようとする動機が働くことが指摘されている。森信夫［119］p.31 を参照。
(37) King, E.［37］pp.21-22.
(38) 羽床正秀，古賀陽子［105］p.567.
(39) 「ロケーションセービング」とは，企業が海外進出を通じて高コスト地域から低コスト地域に生産・営業拠点を移転することで，同地域の低廉な労働力，地代，原材料などを利用することで可能となるコスト削減（追加的利益）を意味する。ロケーションセービングに関しては，宮嶋大輔，黒川兼［111］，森信夫，池谷誠［120］を参照。
(40) 帰属に関しては，親会社帰属説と子会社帰属説がある。
　＜親会社帰属説＞
　○ 海外進出の意思決定は親会社によってなされた。
　○ 設備・ノウハウはすべて親会社から提供された。
　＜子会社帰属説＞
　○ 原材料費，人件費等コスト面での優位性。
　○ 現地工場での高い生産効率。
(41) 森信夫，池谷誠［120］pp.93-94 を参照。
(42) Reg. § 1.482-1(d)(4)(ii)(c)
(43) Reg. § 1.482-1(d)(4)(ii)(c)
(44) OECD［49］paragraph 3.26.

(45) 租税特別措置法施行令39条の12第8項第二号
(46) 租税特別措置法施行令39条の12第8項第三号
(47) 租税特別措置法施行令39条の12第8項第四号
(48) OECD［49］paragraph 3.27. なお，営業利益率の例として，資産収益率，売上高営業利益率，その他の財務比率があげられている。
(49) 羽床正秀，古賀陽子［105］p.205.
(50) OECD［49］paragraph 3.29, 3.35 and 3.36.
(51) 「相違説」と「同一説」の区分に関しては，矢内一好［126］pp.145-146 を参照。
(52) Culbertson, R.［16］p.371。この結論の背景には，1994年の最終規則が規定するCPMとそれ以前のCPMは異なるとの考えがある。以前のCPMであれば，それはTNMMと異なると主張する。
(53) Eden, L.［21］p.444.
(54) Hamaekers, H.［29］p.92.
(55) Eden, L.［21］p.444.
(56) King, E.［37］pp.12-13.
(57) Casley, A. and A. Kritikides［12］p.162.
(58) Taly, M.［63］p.352.
(59) 中村豊治［99］p.20.
(60) EUにおける移転価格文書化で最も多く使用されているのはTNMMである。
(61) 日本では2004年（平成16年度の税制改正）にTNMMが導入された。また，利益法の導入に対して反対の姿勢をとり続けてきたドイツでも，2003年にTNMMの適用が認められた。
(62) Reg. § 1.482-6(c)(2)
(63) OECD［49］paragraph 3.25. 改正前の移転価格ガイドラインでは「比較可能な取引に基づく利益分割法」が提案されていた。
(64) OECD［50］paragraph 2.121 and Reg. § 1.482-6(c)(3)(i)(A)
(65) Reg. § 1.482-6(c)(3)(i)(A)
(66) Reg. § 1-482-6(c)(3)(i)(B)
(67) OECD［50］paragraph 2.119.
(68) OECD［50］paragraph 2.145.
(69) OECD［50］paragraph 2.145.
(70) OECDは使用資本分割法を非現実的な方法として位置づけている。
(71) OECD［49］paragraph 3.6. 改正前の移転価格ガイドラインでは，比較対象取引を必要としない点もPS法の長所として認められていた。
(72) OECD［50］paragraph 2.109.
(73) OECD［50］paragraph 2.108.

(74) OECD［50］paragraph 2.112.
(75) OECD［50］paragraph 2.113.
(76) OECD［50］paragraph 2.113.
(77) Horst, T.［35］p.346.
(78) Horst, T.［35］p.345.
(79) White Paper, p.36.
(80) White Paper, p.39.
(81) EdenもまたPS法を「a method of last resort」として認識している。Eden, L.［21］p.443を参照。
(82) なお，ルーティン機能に係る利益は製造と販売に分けられ，製造機能に係る利益は100%PR子会社に帰属させ，一方，販売機能に係る利益は100%E社に配分された。また，残りの合算利益は上記の比率でE社とPR社との間で配分された。
(83) 森信夫，池谷誠［120］p.94.
(84) 森信夫［117］pp.28-29.
(85) OECD［50］paragraph 2.114.
(86) 森信夫［118］p.24.
(87) ハイブリッド方式に関しては，羽床正秀［103］p.43，及び河原茂晴，浅川洋一，八田陽子［84］p.36を参照。Amerkhail, V.［3］p.104はハイブリッド方式とAPAの併用を提唱する。
(88) 河原茂晴，浅川洋一，八田陽子［84］pp.36-37．ただし，特定の案件を紹介したものではなく，ハイブリッド方式の基本形が示されている。
(89) 河原茂晴，浅川洋一，八田陽子［84］p.36．そのためCPMの下限は45度線と交わる点で決まる。

第4章 コストシェアリング契約に基づく無形資産の評価

　第四の方法のほかに，今日アメリカ合衆国で注目される無形資産の評価方法にコストシェアリングがある。コストシェアリング契約による場合には，費用の負担と利益の配分に関する契約が取引前に結ばれるため，取引後に生じる第四の方法で指摘されたような問題は回避されると期待されている。

　しかしながら，コストシェアリング契約はアメリカ合衆国が中心となり推進する制度である。そのため，アメリカ合衆国が独走してコストシェアリング契約を適用すれば，相手国の制度との整合性が崩れ経済的二重課税が生じる可能性がある。また，開発費の配賦基準など，コストシェアリング契約自体の問題が経済的二重課税を引き起す潜在性があると言えよう。

　本章では，以上のことを勘案して，アメリカ合衆国におけるコストシェアリング契約の仕組みやその改正，さらに経済的二重課税との関係を検討する。

第1節 コストシェアリング契約とその有用性

1. コストシェアリング契約の構成
(1) 合理的予測便益による開発費の分担

　米国財務省規則によれば，コストシェアリング契約は，当該契約により配分される無形資産の持ち分の使用により享受すると予想される合理的な便益に応じて，一以上の無形資産の開発費を当該参加者間で分担する契約である[1]。Eden (1998) は，この内容から，コストシェアリング契約は便益費用の原則に基づくと評価する[2]。

その仕組みをみると，複数の企業で無形資産を開発する場合に，当該参加者間でその無形資産の開発費の分担割合を決める際にコストシェアリング契約が締結される。そして，この場合，無形資産の開発費の分担割合が適正か否かは，各参加者が享受する合理的予測便益の割合と比較して判定される[3]。そのため，コストシェアリング契約で特に重要となるのは，無形資産の開発費の分担割合と合理的予測便益の割合である。その内容は以下の通りである。

① 無形資産の開発費の分担割合

各参加者の無形資産の開発費の分担割合は，それぞれの参加者の当該課税年度における当該無形資産の開発費を，全ての参加者の当該課税年度における当該無形資産の開発費で除したものである[4]。

$$無形資産の開発費の分担割合 = \frac{各参加者の無形資産の開発費}{全ての参加者の無定資産の開発費}$$

例えば，A企業とB企業との間でコストシェアリング契約が結ばれ，無形資産の開発に200万ドルのコストがかかった場合を想定する。また，A企業は80万ドル，B企業は120万ドルをそれぞれ負担したとする。この場合，A企業の無形資産の開発費の分担割合は40%（80万ドル/200万ドル），B企業のその分担割合は60%（120万ドル/200万ドル）となる。

② 合理的予測便益の享受割合

各参加者が享受する合理的予測便益の割合は，各参加者の合理的予測便益の額を，全ての参加者の合理的予測便益の総額で除したものである[5]。

$$合理的予測便益の享受割合 = \frac{各参加者の合理的予測便益の額}{全ての参加者の合理的予測便益の総額}$$

よって，上述の例によれば，A企業の合理的予測便益の享受割合が40%，B企業のその割合が60%であれば，無形資産の開発費の分担割合は適正であると認められる。すなわち，コストシェアリング契約は，無形資産の開発費の分担割合が合理的予測便益の享受割合に比例することを求める。

(2) 20%ルールによる判定

ただし，合理的予測便益と実際の便益の享受割合間に差異がある場合には，その差異が合理的予測便益の享受割合の20%以内でなければ，その予測割合は適正とは判定されない。逆に言えば，20%以内であれば適正ということになる。これが，いわゆる「20%ルール」である。例えば，表4-1に示されるように，合理的予測便益の割合はA企業が40%，B企業が60%であったが，実際の便益の割合はA企業が45%，B企業が55%であったとする。この場合，合理的予測便益の享受割合と実際の便益の享受割合の差異はA企業の場合 (45% - 40%) = 5%，B企業の場合 (60% - 55%) = 5%である。また，合理的予測便益の享受割合の20%はA企業の場合 (40%×20%) = 8%，B企業の場合 (60%×20%) = 12%である。さらに，その差異はA企業の場合(8%>5%)，B企業の場合 (12%>5%) である。したがって，20%ルールに従えば，A企業とB企業の合理的予測便益の享受割合は適正であると判定される。

表4-1　合理的予測便益と実際の便益の享受割合

	予測割合(a)	実際割合(b)	(a)-(b)	(a)×20%
A企業	40%	45%	5%	8%
B企業	60%	55%	5%	12%

(3) コストシェアリング契約の参加者

以上の仕組みのもと，税務当局による事後的な移転価格の更正を回避するために，コストシェアリング契約には多くの企業が参加を望むと予想される。しかしながら，どのような企業でも参加できるわけではない。

歴史的にみると，68年規則にすでにコストシェアリングに関する規則は存在したが，その参加者については明確には規定されていなかった。88年白書ではそれが明確にされ，コストシェアリング契約の参加者は開発された無形資産について排他的な市場を有しなければならなく，かつ製造業者に限定，という厳しい条件が設定された。さらに92年規則案では，開発される無形資産を自社の事業活動に利用することがその参加条件であった[6]。すなわち，もし

コストシェアリング契約への参加の目的が非関連企業への譲渡のために無形資産を開発することであるならば，その場合の参加は認められなかった。このように，92年規則案では88年白書に比べて参加条件が緩和され，88年白書で要求された排他的な市場や製造業者限定の条件は排除されている。

94年最終規則では，コストシェアリング契約の参加者は，関連参加者(controlled participants)である。その条件は，92年規則案とほぼ同じ内容で，対象となる無形資産を利用することで便益を得ることが合理的に期待できることである[7]。Boos (2003)の指摘によれば，関連参加者になるには，対象となる無形資産を自社の事業活動に実際に利用することが求められ，またその利用から便益を得ることが要求される[8]。したがって，次の場合には当該企業は関連参加者として認められない。例えば，外国の親会社(FP:天然資源の採取業)とアメリカ合衆国の子会社（USS:天然資源の販売業）が天然資源を採掘するための新しい技術を共同で開発するためにコストシェアリング契約を締結したとする[9]。しかしながら，アメリカ合衆国には天然資源が存在せず，また販売業を営むUSSがその技術を利用して天然資源を採掘して便益を得られない場合には，USSは関連参加者とは認められない。

2. コストシェアリング契約と無形資産の帰属

では，今日コストシェアリング契約が無形資産を評価する上で有用であると考えられるはなぜであろうか。この理由を探求するには，無形資産の帰属やその所有権の問題が関係するであろう。というのは，無形資産の評価は各企業あるいは関係各国に無形資産から生じた利益がどの程度配分されるのかを算出することであるので，無形資産がどの企業（関係国）に帰属するのかが問題となるからである。さらに，無形資産の帰属はその所有権と関係することも考慮しなければならない。

無形資産の評価には当該無形資産がどの企業に帰属するかを決定する必要がある。しかしながら，関係各国が課税ベースの獲得に奔走する限り，無形資産から生じる利益を目的に，無形資産の帰属に関する関係国間の主張が食い違う

可能性は非常に高い。すなわち，以下の例のように，アメリカ合衆国も日本も自国に多くの課税ベースが配分されることを求め，無形資産の帰属に関する自国に有利な主張を展開するはずである。また，世界各国も同様の主張を展開するであろう。

例えば，日本の親会社で開発された無形資産をアメリカ合衆国の子会社が使用して製造活動を行ったが，最初の5年間は赤字であったケースを想定する[10]。このようなケースでは，その後は黒字に転じたのか，それとも赤字が続いたのかにより，アメリカ合衆国は異なる二つの主張を展開する可能性がある。例えば，黒字に転じた場合には，最初の5年間の赤字は今年度の黒字に向けた投資であり，それが子会社の生産性を高めたと主張するかもしれない。一方，赤字が続いた場合には，無形資産を開発したのは親会社であり，子会社はそのリスクを負う必要はないとの観点から，子会社の所得の更正が必要であると主張するかもしれない。それに対して，日本でも自国に有利になるように，子会社が黒字の場合には，子会社の生産性を高めた要因は親会社が開発した無形資産にあると主張し，赤字の場合には無形資産を使用したのは子会社であり，それ相応のロイヤルティが徴収されるべきであると主張するかもしれない。

また，無形資産の帰属にはその所有権が関係するはずである。一般的には，無形資産から生じた利益は，その無形資産を所有する企業に帰属するべきであると考えられるであろう。しかしながら，無形資産の所有権には法的所有権と経済的所有権があるため，その帰属を無形資産の所有権に基づき決定するのは難しいかもしれない。ここで，Markham (2005), Przysuski (2004)によれば，法的所有権とは特許権や商標権など法律で保護された無形資産を所有するための権利であり，経済的所有権とは無形資産の開発に関わるリスクを負担する者を所有者とみなす権利である[11]。よって，日本の親会社が無形資産の法的所有権を有するとしても，アメリカ合衆国はその無形資産の開発に関わるリスクを負っているのだから子会社も経済的所有権を有すると主張するかもしれない[12]。

しかしながら，コストシェアリング契約では，複数の参加者の間で無形資産

を開発する場合に，開発の結果生じる無形資産の権利の帰属関係や開発費の分担等が決められるので，上述のような無形資産の帰属やその所有権の問題は事前に解決されるであろう。すなわち，先の例に基づくと，コストシェアリング契約により，無形資産の開発費の負担割合が親会社は7割で子会社は3割と決められていれば，その使用後の子会社の業績が赤字であろうと黒字であろうと関係なく，その負担割合に応じて無形資産から生じた利益が親会社と子会社との間で配分される。

　さらに，コストシェアリング契約を締結しておけば，無形資産から生じた利益が法的所有権を有する親会社に帰属すべきか，経済的所有権を有する子会社に帰属すべきかといった問題も解決されるであろう。ちなみに，Foly and Chandler（2005）は，コストシェアリング契約のもと，各参加者がそれぞれ非独占権（non-exclusive）の保有者として対象となる無形資産の権利を主張すると分析する[13]。また同じ文脈で，Brauner（2010）は，コストシェアリング契約における無形資産の共同所有（co-ownership）を指摘する[14]。

3. 独立企業原則に基づくコストシェアリング契約

　ところで，コストシェアリング契約は独立企業原則に基づくのだろうか。米国財務省規則ではこの点は明らかにされていない。そこでOECD（2010）の見解によるならば，それは関連参加者による無形資産開発に対する貢献が，合理的に期待されるその便益を前提として，独立企業による貢献と整合性があるか否かにより決まる[15]。OECD（2010）は，この判定において，関連参加者による開発費の分担割合と合理的予測便益の享受割合が一致することを求める[16]。したがって，双方の割合が一致する場合に，コストシェアリング契約は独立企業原則に基づくと言えよう。

　ただし，コストシェアリング契約では費用と便益との関係から各企業に帰属する無形資産を評価するため，比較対象取引を発見する必要もなければ独立企業間価格を算定する必要もない点には注意しなければならない。確かに，この特徴から，コストシェアリング契約が比較対象取引及び独立企業間価格を求め

る独立企業原則に基づかないと批判されるかもしれない。しかしながら，その一方で，特殊性の高い無形資産の評価において基本三法や第四の方法が生み出す問題が，コストシェアリング契約では問題にはならない可能性も高まるであろう。

さらには，コストシェアリング契約が独立企業原則に基づくと認めるならば，その締結はセーフヘイブンになると期待できるかもしれない。矢内 (1999) が指摘するように，親会社が開発した無形資産を子会社に貸した場合には，その移転価格（ロイヤルティ料）が問題となる可能性があるが，多国籍企業グループ全体で共同開発した無形資産をそのグループ内で使用する場合には，移転価格が問題視されることはない[17]。矢内 (1999) は，これを受けて，コストシェアリング契約は無形資産の評価に関わるセーフヘイブン (Safe Haven) であると主張する[18]。ただし，これはコストシェアリング契約が独立企業原則に基づくことが前提であり，それがなければこの限りではない。

第2節　Buy-in 無形資産の評価とインベスターモデル

1. Buy-in 無形資産の評価

コストシェアリング契約のもとで問題となるのが Buy-in である。例えば，当初は4社でコストシェアリング契約を結んでいたところに，新たな参加者として1社加わるのが Buy-in であり，この場合には当該5社でコストシェアリング契約を改めて結ぶことになる。ちなみに，その反対に当初の参加者がコストシェアリング契約を解除するのが Buy-out である。

そのため，Buy-in では当該企業に関する費用と便益の取り扱いが問題となる。Buy-in の場合には，契約後にもし便益が1/5であれば費用も1/5になるが，しかし，契約の時点で新たな参加者が加わったことでもたらされる Buy-in 無形資産に関しては，通常の場合と同様に無形資産の譲渡の規定に基づき便益と費用が決定される[19]。つまり，この場合には，Buy-in 無形資産はその譲渡又はライセンスの場合と同様に評価される。

したがって，Buy-in 無形資産の評価は，無形資産に関する通常の評価と変わらないのでその評価は困難であろう。現行の制度では，独立企業原則に基づき Buy-in 無形資産を評価することが求められるが，具体的な評価方法は明確にされていない。そのため，通常の場合と同様の方法で無形資産を評価するならば，CPM や TNMM，PS 法などを適用しなければならない[20]。しかしながら，これではコストシェアリング契約を締結する意味が薄れると懸念される。

2. インベスターモデルの特徴

この問題を踏まえて，2005 年に公表されたコストシェアリング契約に関する規則案（以下「新規則案」）では，Buy-in 無形資産（新規則案では「外部貢献」と呼称）を評価するために「インベスターモデル (Investor model)」という新たな概念が提案されている。

インベスターモデルの第一の特徴は，投資家の立場からコストシェアリングへの投資が判断される点である。すなわち，森・中島・斉藤 (2006) が示すように，インベスターモデルのもとでは，コストシェアリング契約の参加者の役割が費用負担と外部貢献に区分され，投資家と同じ立場から，その参加者はコストシェアリング契約に参加するリスクを考慮した上で，その区分に応じた投資判断を行うことになる[21]。この場合，費用負担に対応する利益は，コストシェアリング契約のもとでの研究開発とその成果の事業化のリスクを反映したものとして算定され，外部貢献は研究開発とその成果による収益創出の全プロセスの中で価値を生みだすものとして評価される[22]。

第二の特徴は，インベスターモデルでは「超過利益」が考慮される点である[23]。ここで，超過利益は，コストシェアリング契約により開発された無形資産に帰属する利益から，通常の企業活動から生じた利益と費用負担に対応した利益を控除した残りの利益である[24]。すなわち，超過利益は残余利益である。このような仕組みは PS 法の残余利益分割法と同様であるが，PS 法では事後的に残余利益が分割されるのに対して，コストシェアリング契約の場合は事前に締結された契約に基づき分割されるという相違がある。なお，この場合，その残余利

益は外部貢献として価値のある無形資産を提供した参加者に帰属する。

 以上のように，インベスターモデルでは，①投資家と同じ立場からリスクを考慮した上でコストシェアリングへの投資がその参加者によって判断され，②外部貢献から生じた利益は超過利益として処理され，③費用負担と外部貢献とその利益の位置づけが明確にされ，④コストシェアリングの参加者は研究開発に対する貢献の性格すなわち，費用負担への貢献か，外部貢献かに応じてその利益の供与を受けることになる。

 2005年の新規則案のもとで提示されたこの仕組みは，これまで不明確であった外部貢献を評価する方法論を明確にしたと考えられる。これは今後コストシェアリングを適用する上で意義があろう。

3. 外部貢献の評価方法の提案

 新規則案では，インベスターモデルを反映した外部貢献の評価方法が以下のように提案されている。

 ①　比較取引基準法（CUT Method）

 外部貢献に関する比較可能な取引がある場合には，その比較可能な取引に基づいて外部貢献を評価する。

 ②　収益基準法（Income Method）

 費用負担及び外部貢献に帰属する収益から費用負担に対応する収益を減額することで外部貢献が評価される。

 ③　買収価格基準法（Acquisition Price Method）

 コストシェアリングの参加者が研究開発のために外部企業を買収した場合などには，外部貢献はその買収価格により評価される。

 ④　株式市場価値法（Market Capitalization Method）

 外部貢献を行う参加者の株式が市場で取引されている場合には，市場での評価額，すなわち株式時価総額により外部貢献は評価される。

 ⑤　残余利益分割法（Residual Profit Split Method）

 残余利益分割法による場合には，次の段階を経て外部貢献は評価される。

第一段階：通常の機能に帰属する利益を算定し、コストシェアリングの成果から生み出される利益からそれを除去する。

第二段階：コストシェアリングの費用負担に対応する利益を算定し、第一段階で残った利益からそれを除去する。

第三段階：第一段階，第二段階を通じて残った利益が，外部貢献をした参加者の間でその貢献度に応じて分割される。

要するに，残余利益分割法によれば，コストシェアリングから生じた利益は，通常の利益，外部貢献以外から生じた利益，残余利益に区分され，そのうち残余利益が超過利益として外部貢献をした参加者に配分される。

第3節　コストシェアリング契約と第1条件の検証

1.　不明確な開発費及び合理的予測便益

1998年に最終規則の中で規定されたシステムを改正すべく，2005年に新規則案が公布されたことを考えると，アメリカ合衆国ではコストシェアリング契約もまた無形資産を評価する重要な方法であることに間違いないであろう。確かに，合算所得を開発費用に基づき配賦するというコストシェアリング契約のこの概念は，比較対象取引の発見が困難な無形資産を評価するには合理的であると認められよう。

しかしながら，コストシェアリング契約による場合にも，国家間の「適正」な課税ベース配分が達成されるか否かは疑問である。コストシェアリング契約では合理的予測便益に応じて開発費の分担割合が決定されるが，問題は何を開発費に含めるべきかが明確でないことである。すなわち，無形資産の開発にどの程度貢献したのかを判断するのが難しい。そして，合理的予測便益とは何かに関する共通認識がない。コストシェアリング契約にはこれらの問題があるために，経済的二重課税の回避，すなわち第1条件がクリアされない可能性があると考えられる。

(1) 開発費に関わる問題

まず,無形資産の開発費は何かである。米国財務省規則によれば,その決定は無形資産の開発活動に関係する[25]。なお,無形資産の開発活動の範囲は,コストシェアリング契約のもと,無形資産の開発に関わる参加者の全活動である[26]。この活動を基礎にして,無形資産の開発費は,コストシェアリング契約の締結後に生じる無形資産の開発に関わる全ての費用(土地又は減価償却資産の取得費用は除く)と定義されている[27]。Brauner (2010) もまた,無形資産の開発費には,その開発に関わる費用が全て含まれそれ以外の費用は含まれないと指摘している[28]。

ただし,米国財務省規則にも明記されているが,コストシェアリング契約においては,当該開発費は合理的に予測された費用分担のもとで無形資産を開発する際に発生する費用であり,無形資産の最終的な開発とその費用の関係性は問題ではない[29]。すなわち,コストシェアリング契約で重要なのは,開発前に合理的に予測された費用である。しかしながら,その合理的な予測方法が明確ではなく,また無形資産の開発にかかる費用の関連企業間の相違が無視されている。この状況下においては,開発費の重複などから国家間の課税ベース配分は歪められ,第1条件がクリアされない可能性が高いと言えよう。

また,開発前の無形資産とその費用の関係を重視するのであれば,開発後に無形資産がもたらす費用の節減(=所得)などはどのように処理されるのであろうか。アメリカ合衆国では,所得相応性基準に基づき開発後に生じた所得に応じて無形資産の評価が修正される。しかしながら,コストシェアリング契約のもとでそれを否定するのであれば,その仕組み自体が問題であり,国際的なその締結は国家間の不適正な課税ベース配分の原因となり,その結果は経済的二重課税であり,第1条件クリアの失敗であろう。

(2) 共通認識のない合理的予測便益

次に,合理的予測便益は,文字通り合理的に予測された便益であるが,その便益とは何かが問題となろう。一般的には,無形資産から生じた利益が便益で

あると認識できるであろうが，複雑多様な企業活動から生じた将来的な予測が困難な企業の利益の中から，当該無形資産に対応した利益を予測値として算定するのは困難であろう。ただし，合理的予測便益に関しては，上記の算式によりその享受割合が算定できれば問題はない。というのは，合理的予測便益の享受割合は開発費の分担割合が適正か否かを判定するための基準に用いられるからである。しかしながら，算定された合理的予測便益の享受割合と実際のそれが異なる場合は問題である。この場合には20%ルールが適用されるであろうが，Boos (2003) では，実務的には税務当局は実際の享受割合を利用する場合もあると指摘されている[30]。

合理的予測便益に関する共通認識がない場合，そのことが開発費の分担割合の判断に影響を与えることは明らかであろう。もし多様な認識のもとで任意の合理的予測便益を基礎として開発費が各参加者間で不適正に配賦されれば，利益配分の歪みから国家間の課税ベース配分もまた不適正になり，その結果として，経済的二重課税が生じることもあるだろう。これは，合理的予測便益に関する共通認識がない中では，第1条件はクリアされないことを明らかにする。

2. 外部貢献の異なる評価方法と「幅」

新規則案では外部貢献を評価するために，比較取引基準法，収益基準法，買収価格基準法，株式市場価値法，残余利益分割法の五つの方法が提案されたが，いずれかの方法に統一されていない状況の中では，これらの方法の存在も経済的二重課税を引き起す原因となり得るであろう。先に結論を述べれば，このように考える理由は，基本三法を適用する上で問題視される「幅」がこの状況下でも存在する可能性があるからである。

もちろん，コストシェアリング契約のもとでは，各参加者の意見が統一されることが望ましいであろうが，外部貢献の形態や性質により適用すべき方法が異なるために，参加者間の意見が統一されるかは疑問である。例えば，企業買収により外部貢献が生じた場合には，その評価に市場性を反映するために買収価格基準法が適用されるであろう。他方では，収益性が高く市場での評価が難

しい外部貢献に関しては，残余利益分割法が適用されるであろう。よって，企業買収により収益性の高い外部貢献の評価に関しては，買収価格基準法と残余利益分割法のどちらを適用するかが参加者間で意見が異なると考えられる。したがって，買収価格基準法による評価と残余利益分割法による評価との間に相違がある場合には，外部貢献の価値の間に「幅」が存在することになる。

しかしながら，この「幅」は時間をかけて参加者間で協議すれば解決される可能性があるので，この段階では決定的な問題ではないが，次の段階として税務当局が関与することで「幅」は重大な問題になるであろう。参加者全員が残余利益分割法の適用に賛同したにも拘わらず，税務当局がその方法を認めず，例えば，株式市場価値法によることを要求したとすれば，参加者と税務当局の意見が異なるため，「幅」が移転価格問題を引き起こすことになるであろう。すなわち，参加者が導き出した結果が税務当局のそれと異なることは，移転価格の操作によるものであるとみなされる可能性は否定できない。

さらに，このことが発展して関係国間の問題となれば，経済的二重課税が生じる可能性もある。例えば，アメリカ合衆国の規則のもとで，米独の参加者間でコストシェアリング契約が締結された場合を想定する。外部貢献の評価方法が片務的に選定され，参加者間でその利益が配分されたとして，ドイツがその利益の配分に不服である場合には，課税ベースは二国間で適正に配分されず，経済的二重課税が生じてしまう。その上，外部貢献の評価方法として残余利益分割法が選定され，またその方法のもとで超過利益を配分するための各参加者の貢献度がアメリカ合衆国によって片務的に決定されたならば，ドイツがそれに納得しない限り，経済的二重課税が生じる可能性はある。当然のこと，この場合には第1条件はクリアされない。

3. コストアプローチに関する第1条件の検証

近年の知的集約産業の進展，パソコンの普及やIT産業の進展を考慮すると無形資産の中でも知的財産が特に重要であると言えよう。その知的財産をアメリカ合衆国がコストシェアリング契約のもとで評価した場合には，経済的二重

課税が生じることなく，第1条件がクリアされるのだろうか。

(1) 知的財産を評価するアプローチ

Smith and Parr (2000) では，知的財産を評価するために，以下のようなアプローチが提唱されている[31]。

① マーケットアプローチ

マーケットアプローチでは，市場における同一あるいは類似の知的財産取引をベースとして当該知的財産が評価される[32]。そのため，マーケットアプローチは基本三法のように類似した比較対象取引の発見を必要とする。

② コストアプローチ

コストアプローチでは，評価対象である無形資産の将来的な便益と同じ便益を得るために必要な金額（費用）を求めることで，保有者が当該無形資産から得られる将来的な便益を測定する[33]。よって，コストアプローチを無形資産の評価に適用した場合，同じ便益を有する無形資産を再調達するための費用が無形資産の価値となる。

③ インカムアプローチ

インカムアプローチでは，当該無形資産の保有により将来発生する経済的便益を現在価値で評価する[34]。つまり，将来発生する経済的便益を現在割引価値が当該無形資産の価値となる。

表4-2　無形資産の評価アプローチの順位

	最適	次善	不十分
特許・技術	インカム	マーケット	コスト
商標・ブランド	インカム	マーケット	コスト
著作権	インカム	マーケット	コスト

（出所）Smith, G. V. and R. L. Parr [58] p.318 より作成。

表4-2は，上記の3つのアプローチを知的財産の種類ごとにその適用可能性に関して順位付けたものである。なお，適用可能性は，「最適」(Primary)，「次

善」(Secondary),「不十分」(Weak) の順で高まる。Smith and Parr (2000) によれば,知的財産を評価する上で「最適」のアプローチが最も信頼性が高く,「次善」のアプローチは十分適用可能であるが問題があり,「不十分」のアプローチは信頼性が低いことになる[35]。よって,この表をみると,知的財産の評価に関しては,インカムアプローチが「最適」であり,マーケットアプローチが「次善」,コストアプローチが「不十分」である。

(2) アメリカ合衆国の移転価格税制の動向

以上の結果に基づきアメリカ合衆国の移転価格税制を再検討すれば,独立企業原則に基づく基本三法はマーケットアプローチ,所得相応性基準に基づく第四の方法はインカムアプローチに属することがわかる。

これまでのアメリカ合衆国の移転価格税制の動向をみると,無形資産の比較対象取引を発見することが難しいため,基本三法により無形資産を評価するのは困難であるという理由から,無形資産の評価方法として第四の方法が考案された。すなわち,このことを知的財産の観点からみると,この動向は「取引」をベースとする基本三法から「所得」をベースとする第四の方法への移行を示唆するので,知的財産の評価はマーケットアプローチからインカムアプローチへ移行したことになる。つまり,知的財産の評価アプローチの適用性は「次善」から「最適」に移ったことになる。したがって,上記の結果による限り,この動向は知的財産を評価するためには適当であると言えよう。

しかしながら,アメリカ合衆国では新規則案が公表されるなどコストシェアリング契約に関する規則が整備されつつあるが,コストシェアリング契約はコストアプローチと同様の視点から知的財産を評価するため,その適用性は「不十分」である。したがって,知的財産の評価は,理想的にはインカムアプローチに向かうべきであろうが,実際にはコストアプローチへ向かってしまう。つまり,知的財産の評価に関する限り,アメリカ合衆国におけるコストシェアリング規則の改正案は理論的には逆走であると言えよう。

コストシェアリング契約は無形資産を評価するために国内的には有用であろ

うが，国家間の「適正」な課税ベース配分を考えると必ずしもそうではない点がある。すなわち，国際的な視点からすると，コストシェアリング契約はアメリカ合衆国には有用であっても，相手国にとっては経済的二重課税の原因となり，これが第1条件のクリアを妨げる可能性があろう。

(3) コストアプローチと第1条件

同じ観点から各国における知的財産の評価方法を検証すると，そのほとんどがマーケットアプローチを基礎とする。こうした状況の中で，アメリカ合衆国がコストシェアリング契約を締結したならば，相手国の規則との整合性は崩れるであろう。すなわち，アメリカ合衆国ではコストアプローチ，相手国ではマーケットアプローチを基礎とすれば，知的財産の評価が異なるのは明らかである。

同じようなことは過去にもあった。もちろん，アメリカ合衆国でも基本三法のようなマーケットアプローチが中心であるが，アメリカ合衆国ではCPMの適用頻度が高いことを考えれば，知的財産を評価する方法に限ってはインカムアプローチが中心であると言えよう。この状態になるまでには，所得相応性基準が導入された時にはその基準が独立企業原則に準拠するものなのかが議論され，またその後には所得相応性基準と独立企業原則とは相反するものであると批判されたりもした。この場合にも，その背景にはマーケットアプローチとインカムアプローチの対立があったと考えられる。

今回の問題はマーケットアプローチとコストアプローチの対立であるが[36]，これはインカムアプローチとの対立と同じであろう。すなわち，知的財産を評価するために相手国がマーケットアプローチを適用しているのに，アメリカ合衆国がインカムアプローチを適用した場合には，双方の国でそれぞれ異なる結果が生じるが，これはアメリカ合衆国がコストアプローチを適用した場合でも同じであろう。つまり，この場合には一つの取引に二つの異なる結果が生まれるために，経済的二重課税が生じることで，第1条件がクリアされない可能性があろう。

現在は、アメリカ合衆国やドイツ以外のほとんどの国では、コストシェアリング契約に関する規則は存在しない[37]。その国際的な状況の中で、アメリカ合衆国の規則のもとでコストシェアリング契約が締結されたならば、相手国がそれを認めない限り、第1条件はクリアされないであろう。また、結局は、コストシェアリング契約を締結する上でも、アメリカ合衆国が主導権をとるであろうから、その契約のもとで知的財産を評価することは、国家間の課税ベース配分において、アメリカ合衆国の優位性を認めることを意味する。このような状況下では、第1条件がクリアされる可能性は低いと言えよう。

第4節 小 括

無形資産を評価する場合その帰属が問題となるが、コストシェアリング契約はこの問題を解決するには有用であろう。コストシェアリング契約では、無形資産の開発費の負担とその利用から生じる利益の配分が事前に決定されるので、無形資産の帰属は問題にはならない。また、コストシェアリング契約では、独立企業間価格を直接算定する必要はないので、基本三法などの問題もまた解決される。

しかしながら、経済的二重課税の観点からは問題がないわけでない。第一に、無形資産の開発に含まれる費用が明確にされていない。この場合、何を開発費にするかにより国家間で課税ベースは不適正に配分であろう。第二に、合理的予測便益とは何かが明らかにされていない。そのため、開発費の分担割合の判定が正しく行われない可能性がある。第三に、新規則案で外部貢献を評価するために提案された方法が五つあるために、いずれの方法を適用するかの選定が外部貢献の価値の「幅」を作る可能性がある。さらに、コストアプローチに含まれるコストシェアリング契約は、他国のマーケットアプローチとの整合性を崩す原因となり得る。

したがって、これらの問題を内包するコストシェアリング契約は、経済的二重課税を引き起こすので、第1条件をクリアできないと言えよう。すなわち、

無形資産を評価するために有用であるとの国内的な理由から，アメリカ合衆国が積極的にコストシェアリング契約を利用した場合には，第1条件がクリアされないため，国家間の「適正」な課税ベース配分は達成されないであろう。

---

(1) Treasury and IRS, Intercompany transfer Pricing Regulations Section 482（以下 'Reg':1994年最終規則）§1.482-7(a)(1)
(2) Eden, L. [21] pp.264-265.
(3) Reg. §1.482-7(f)(1)
(4) Reg. §1.482-7(f)(2)(i)
(5) Reg. §1.482-7(f)(3)(i)
(6) 94年最終規則以前のコストシェアリング参加条件に関しては，藤枝純 [107] p.11 を参照。
(7) Reg. §1.482-7(c)(1)
(8) Boos, M. [8] pp.141-142. また OECD [50] paragraph 8.10 でも関連参加者の要件として便益を得るという合理的な期待が求められている。
(9) Reg. §1.482-7(c)(1) の設例を参照。
(10) この想定はフレッド・ジョンソン [108] pp.39-40 の例を参照。
(11) Markham, M. [42] pp.48-50, and Przysuski, M. et al [53] p.290. ただし，新規則案では無形資産の所有権として法的所有権だけが提案されている。これに関しては，八田陽子など [101] pp.10-11を参照。
(12) Przysuski, M. et al [53] p.290.
(13) Foly S. F. and C. J. Chandler [22] p.490.
(14) Brauner, Y. [9] p.556. なお，OECD [50] paragraph 8.3 では，参加者は無形資産に係るライセンスの受領者ではなく，実質的な所有者であることが明確にされている。
(15) OECD [50] paragraph 8.8.
(16) OECD [50] paragraph 8.13.
(17) 矢内一好 [126] p.119.
(18) 矢内一好 [126] p.119. なお Brauner, Y. [9] pp.565-566 ではセーフハーバ (Safe Harbour) と表現されている。
(19) Reg. §1.482-7 (g)
(20) 森信夫，中島敏，斎藤優子 [122] p.60.
(21) 森信夫，中島敏，斎藤優子 [122] p.62.
(22) 森信夫，中島敏，斎藤優子 [122] p.62.
(23) 「超過利益」は経済学の「超過利潤」と同義である。

(24) 森信夫, 中島敏, 斎藤優子 [122] p.62.
(25) Reg. § 1.482-7T(d)(i)
(26) Reg. § 1.482-7T(d)(i)
(27) Reg. § 1.482-7T(d)(iii)
(28) Brauner, Y. [9] p.559.
(29) Reg. § 1.482-7T(d)(iii)
(30) Boos, M. [8] p.143.
(31) Smith, G. V. and R. L. Parr [58] を参照。このアプローチと無形資産の評価に関する研究には，羽床正秀 [104], 森田保男 [125] がある。
(32) Smith, G. V. and R. L. Parr [58] p.170.
(33) Smith, G. V. and R. L. Parr [58] pp.164 and 197-198.
(34) Smith, G. V. and R. L. Parr [58] pp.164-165.
(35) Smith, G. V. and R. L. Parr [58] p.317.
(36) 2005年にザイリンクス（Xilinxs）社事案に判決がでたが，この事案はマーケットアプローチとコストアプローチが対立した事例であると言えよう。この事案ではIRSとザイリンクス社の主張が異なる中でストックオプションがコストシェアリング契約に含まれるのかが注目された。この事案での論点の一つが独立企業原則に基づくか否かであった。結果的に，非関連企業であれば，ストックオプションはコストシェアリング契約に含めないであろうとの考え（マーケットアプローチ）のもとで，IRSの主張は認められず，ストックオプションはコストシェアリング契約には含まれないとの判決が下された。この判決を受けて，IRSの新規則が独立企業原則と矛盾している可能性があると指摘されている。ただし，この事案はアメリカ国内の多国籍企業とIRSとの間の係争である。
(37) コストシェアリング契約に関する規則はドイツには存在する。ドイツのコストシェアリング契約に関してはBoos, M. [8] pp.147-148を参照。

第5章　経済的二重課税を回避するAPA：事前確認制度

　現在，APAは，国家間で課税ベースを配分するために有用な方法として注目されている。国内的にはAPAは多国籍企業と税務当局が移転価格に関して協議する場であり，また国際的には，関係国間で独立企業間価格やその算定方法に関して事前かつ双務的に協議する場として機能する。この仕組みのもと，経済的二重課税は事前に回避されると期待される。

　本章では，この点を踏まえて，APAよれば，CPM，TNMM，PS法，コストシェアリング契約では回避できなかった経済的二重課税の回避が可能になることを明らかにする。また，特に二国間APAによる場合，関係国間で事前かつ双務的に協議が行われるので，国家間の「適正」な課税ベース配分の第1条件がクリアされることを検討する。

第1節　APAの基本的な枠組み

1．APAと独立企業原則の遵守

　事前確認制度（Advance Pricing Agreement：APA）とは，OECDの定義に従うと，「関連者間取引について，その取引を行う前に，一定の期間における取引に関する価格を決定する目的で，適切な基準を決定する取決め」である[1]。アメリカ合衆国の歳入手続には，APAは「納税者とIRSが関連者間取引に先立ち，内国歳入法第482条及びその規則に規定する，最適な移転価格算定方法を決定する旨の合意」であると記載されている[2]。日本の国税庁が公表した『相互協議を行う事前確認の状況』の中では「税務署長又は国税局長が，法

人が採用する最も合理的と認められる独立企業間価格の算定方法及びその具体的内容等について確認を行うこと」と定義されている[3]。

上記の定義を比べれば，OECD及び日米で若干のニュアンスの相違があることがわかる。まずOECDの定義によると，APAは適正な移転価格の算定を目的に設定される関連者間取引に関する「取決め」である。次にアメリカ合衆国の定義では，APAは移転価格算定方法に関するIRSと納税者との間の「合意」である。そして，日本の定義では，APAは多国籍企業が申請した合理性のある独立企業間価格の算定方法等に関して国税庁が行う「確認」である。

したがって，独立企業原則の観点からすると，APAのもとで，OECDは国際機関の立場から，関係各国が独立企業原則の遵守に関する取決めを事前に策定しよう。アメリカ合衆国では，多国籍企業とIRSが独立企業原則に基づく方法に関して事前に協議し，相互に合意することで，移転価格税制の執行が回避されるはずである。また日本では，国税庁が求める独立企業原則を遵守する方法に多国籍企業の方法が合致すると確認されれば，移転価格課税は実施されないであろう[4]。

このように，APAの実施により，多国籍企業と税務当局との間で，独立企業原則の遵守に関する「取り決め」「合意」「確認」が達成される意義は，市場メカニズムが機能する状況の中で，完全競争市場と同様の結果を得ることに他ならない。APAのもと，基本三法による独立企業間価格の算定などに関して，多国籍企業と税務当局が事前に協議することで，移転価格税制（移転価格調査）による場合よりも，円滑かつ迅速にその結果を導き出せると期待できよう。

ただし，定義による限りでは，日米APAの適用対象が国内に限定される点は，国際的には問題となる可能性があろう。アメリカ合衆国でも日本でも，国内税法のもとでAPAが実施されるのだから，相手国の税法との調整が必要になることには注意が必要である。これは，関係各国がそれぞれの立場で，独立企業原則の遵守を主張することを意味するため，APAによる場合でも，関係国間の独立企業原則に関する相互理解は難しい可能性があろう。さらに付言すれば，関係各国において，独立企業原則が求める市場メカニズムが国内的に機

能しようとも，それが相手国においても機能するとは限らない。

2. APAの諸形態の手続き

　しかしながら，APAの形態には，「国内APA」だけでなく「二国間APA」「多国間APA」があるので[5]，APAの定義では対象外である国際的な問題もまた実際には回避されよう。それぞれの内容をみると，国内APAでは，多国籍企業と税務当局との間で移転価格に関する協議が国内だけで行われる。それに対して，二国間APAでは，自国と相手国の多国籍企業と税務当局を加えて二国間で協議が行われる。そして，多国間APAでは，関係各国の税務当局と関係者すべてを加えて多国間で協議が行われる。

　したがって，国内的には多国籍企業と税務当局が個々の立場から，そして国際的には関係各国が各々の立場から独立企業原則を遵守する環境の中では，アメリカ合衆国であれば，国内APAのもと，多国籍企業とIRSとの間で国内の合意が成立しても，それが相手国で受け入れられない可能性があろう。他方，二国間APAは，アメリカ合衆国及び相手国の多国籍企業とIRS及び相手国の税務当局との間で，また多国間APAは，IRSを含む全ての国の税務当局と関係者との間で，独立企業原則の遵守に関する合意を導き出すと期待される。したがって，定義上は国内の問題だけが対象とされるが，実際には，二国間APA及び多国間APAによれば，国際的な問題もその対象とされるので，関係国間での相互理解が進められよう。

　さて，APAの基本的な手続きが図5-1に示される[6]。第1に，APAの申請者（多国籍企業）が移転価格の算定方法に関する資料を税務当局に提出する。第2に，税務当局は提出された資料を分析し，申請内容を評価する。第3に，税務当局による分析及び評価の後に，APAの申請が認められると，多国籍企業と税務当局との間で，移転価格の算定方法等が独立企業原則に基づくか否かについて協議され，双方の合意が成立すれば，国内APAの場合にはこの段階で手続きが完了する。ただし，これは国内だけでの協議の完了であるため，相手国がその結果を受け入れるかはこの段階では不確定である。

二国間 APA 又は多国間 APA の場合には，以上の国内 APA の手続きに加え，実線で示すように，移転価格に関して関係国間で相互協議が行われ，相手国との間で合意が成立したならば，その時点で二国間 APA 又は多国間 APA の手続きは完了する。したがって，この手続きの完了により，自国と相手国が同一の結果を受け入れるのだから，国内的にも国際的にも問題は解決され，経済的二重課税が回避されると期待できよう。

図5-1　APA の手続き

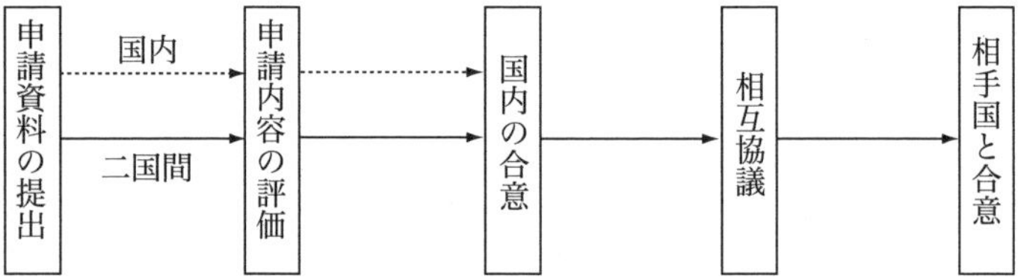

申請資料の提出 → (国内：点線／二国間：実線) → 申請内容の評価 → 国内の合意 → 相互協議 → 相手国と合意

3. APA を導入した主要国

今日 APA の導入は世界的な広がりをみせているが，それに先駆けて APA を1987 年に導入したのは日本である。Eden (1999) では，アメリカ合衆国が最初に APA を導入したと指摘されているが[7]，アメリカ合衆国で APA が導入されたのは 1991 年であり，現在では APA の先進国となったアメリカ合衆国も導入当初は日本の APA を参考にその整備に努めたと言われる[8]。

アメリカ合衆国が APA を導入してから，その導入が世界中に加速的に進んだようである。表5-1 には，主要国における APA の導入状況が示されている。1994 年にカナダとニュージーランドが APA を導入し，その翌年にオーストラリアとメキシコが導入した。そしてその後，APA の導入は 1996 年に韓国，1997 年にブラジルと続き，1999 年にはイギリス，フランス，オランダ，その欧州三国から 1 年遅れてドイツが APA を導入した。最近では，中国が 2004 年に移転価格問題の世界的な拡がりを理由に APA を導入した[9]。

また APA の諸形態をみると，多くの国が国内 APA だけではなく，二国間 APA 又は多国間 APA の適用を認めているが，このことは，関係各国が密接に

関わる世界状況において，APA の国際的な有用性及び必要性が認められた証拠であろう。フランスにおいては二国間 APA だけが導入されている。確かに，国内 APA は国内における有用性は高いけれども，相手国との協議の場としては機能しないことが，この結果につながったと推察される。

表 5-1　主要国における APA の導入状況

導入国	導入年	APA の諸形態
日本	1987年	国内APA，二国間APA，多国間APA
アメリカ合衆国	1991年	国内APA，二国間APA，多国間APA
カナダ	1994年	国内APA，二国間APA，多国間APA
ニュージーランド	1994年	国内APA，二国間APA
オーストラリア	1995年	国内APA，二国間APA
メキシコ	1995年	国内APA，二国間APA
韓国	1996年	国内APA，二国間APA
ブラジル	1997年	国内APA
イギリス	1999年	国内APA，二国間APA
フランス	1999年	二国間APA
オランダ	1999年	国内APA，二国間APA
ドイツ	2000年	特殊案件，取引金額が大きい案件に限定
中国	2004年	国内APA，二国間APA，多国間APA

(出所) 国税庁『事前確認の状況：APA レポート 2004』pp.64-65 及び大河原健[74]p.242，中国に関しては税理士法人トーマツ[91] pp.122-124 により作成。

第2節　APA から受ける便益と負担

1. APA の「自発的」な負担

(1) APA の申請

APA による協議を望む場合には，当該多国籍企業はそれに関する申請をしなければならない。なお，その場合には多国籍企業は APA のために必要なすべての情報を提出しなければならなく，もし多国籍企業がこの提出を怠った場合には APA は却下されることがある[10]。また，その情報の中には APA の対象となる取引に関する以下の項目が含まれ，APA プログラムによってそれら

は詳細に分析される[11]。

① 果たされる機能及び経済活動（the functions and economic activities preformed）
② 使用される資産（the assets employed）
③ 発生する経済的費用（the economic costs incurred）
④ 想定されるリスク（the risks assumed）
⑤ 関連する契約条件（relevant contractual terms）
⑥ 関連する経済条件（relevant economic conditions）
⑦ 関連する非承認取引（relevant non-recognition transactions）

この項目をみる限り，移転価格調査とAPAの申請に係る負担は同等であると認識されるかもしれない。しかしながら，その負担を「非自発的」か「自発的」かにより区分すると，移転価格調査は多国籍企業自体が求めたものではないのでその負担は「非自発的」であるが，一方，APAは移転価格調査の回避のために多国籍企業が自ら申請するのだから，その負担は「自発的」である。したがって，APAの申請に係る負担を負うか否かは多国籍企業の裁量によるが，その決定に関してはAPAから受ける便益と負担との関係から考えるべきである。

(2) APA申請の手数料

APAを申請する場合には，多国籍企業は法定の手数料を支払わなければならない。その手数料の基本額は個別のAPA申請1件につき原則的には50,000ドルである[12]。なお，多国籍企業が二国間APAを適用する場合には，その申請には通常と同じ手数料がかかる。しかしながら，次のような収入が少ない多国籍企業には配慮される。すなわち，多国籍企業の総収入額が2億ドル以下の場合，あるいは①検証対象となる取引総額が年間5,000万ドル未満，または②無形資産を含む取引総額が年間1,000万ドルである場合には，APA申請にかかる手数料はAPA申請1件につき22,500ドルである[13]。

APAを定期的に更新する場合には，その手数料は35,000ドルである[14]。ただし，更新前のAPA申請に関する重要な事実，枢要な前提条件，独立企業

間価格の算定方法とAPAを更新する場合のそれらが同じでなければならない。また，APAを修正する場合にはその手数料は10,000ドルである。ただし，IRSや相手国の税務当局がその修正を求めた場合には手数料はかからない。以上の手数料を多国籍企業の総収入額との関係からまとめると表5-2のようになる[15]。

Markham（2005）は，この手数料をAPAの問題点として指摘するが[16]，APAの手数料は，移転価格調査に対するリスク回避料として考えれば，過大な負担ではないはずである。つまり，上述のように，多国籍企業にとって移転価格調査の負担は「非自発的」であり，APAの負担は「自発的」であることを踏まえれば，APAの手数料は，負担ではなく，むしろ移転価格調査（リスク）の回避という便益をもたらすと言えよう。

表5-2 APAの申請に係る手数料（単位：ドル）

多国籍企業の総収入	申請手数料	更新手数料	修正手数料
2億ドル超	50,000	35,000	10,000
2億ドル以下	22,500		

（出所）Rev.Pro.2008-31, §4.12(1)から(8)より作成。

(3) APA 年次報告書の提出

さらに，多国籍企業はAPAを利用するためにその対象とする課税年度ごとにIRSに年次報告書を提出しなければならない。二国間APA又は多国間APAの場合には，関係各国にも年次報告書を提出する必要がある[17]。

年次報告書の目的は，対象課税年度内におけるAPAの申請内容に変更がないかを確認することである。そのため，年次報告書にはAPAに必要なすべての事項を含め，APAの更新，修正，取消しに関する未決定又は考慮中の要請及びAPAに関係する調整が記述されなければならない[18]。多国籍企業はこのような内容を含む年次報告書を，その対象となる課税年度の連邦所得税申告書に係る法定提出期限後90日以内，またはAPAの発効後90日以内のいずれか遅い日までに提出しなければならない[19]。

矢内（1999）では，年次報告書の提出がAPAの問題点であると指摘されているが[20]，APAが多国籍企業に与える便益を考えれば，この程度の負担は問題ではないであろう。というのは，APAは多国籍企業が求めた「自発的」な負担であり，また年次報告書に記載されたAPAの申請内容に変更がない限り，多国籍企業は「非自発的」な移転価格調査を受けないという便益をAPAから受けるからである。この場合には年次報告書はその申請内容の信頼性を示す証明書となるはずである。

2. APAの予測可能性と協調性

Markham（2005）によれば，APAには「予測可能性」と「協調性」がある[21]。これらの性質は，多国籍企業と税務当局，関係国に便益を与えると期待できよう。

(1) APAによる予測可能性

まず，APAの予測可能性が多国籍企業の便益となる理由は，移転価格の算定に不確実性が存在するからである。移転価格を算定する場合，多国籍企業が独立企業原則を遵守しても，それが税務当局の求める方法でない場合には，移転価格調査が回避される確実性はない。また，税務当局が求める独立企業原則を遵守する方法は明確ではなく，その方法を多国籍企業は確認していない。そこで，多国籍企業と税務当局との間で独立企業原則の遵守に関して，事前に協議する場が設けられれば，多国籍企業の予測可能性は高めると期待されよう。それをAPAは可能にし，多国籍企業に予測可能性という便益を与え得る。

OECD（2010）は，予測可能性は多国籍企業にのみ便益を与えると指摘しているが[22]，予測可能性が高まることは税務当局にも便益になると言えよう。APAが，国内において多国籍企業と税務当局が協議する場を提供するだけでなく，関係国間の国際的な協議の場として機能すれば，当該関係国が求める独立企業原則の遵守に関して予測可能性が高まるので，その結果として，経済的二重課税が回避されると期待できよう。

(2) APA がもたらす協調性

また，APA は，多国籍企業と税務当局，関係国間に協調性という形で便益を与えると期待される。

これまでは，多国籍企業と税務当局が，異なる目的のもと，独立企業原則を遵守することが双方の不調和音を奏でる可能性があった。多国籍企業は租税負担の軽減を目的として，税務当局は最大限の税収確保を目的として，独立企業原則を遵守してきた。そのため，双方が協調することは難しかったが，APA が誕生してからはその関係に変化がみられる。

Markham (2005) では，APA により多国籍企業と税務当局は調和すると主張され，平和的・協調的な双方の関係は，多国籍企業を良い結果へと導くことが指摘されている[23]。OECD (2010) でも，多国籍企業と税務当局の双方に対して，APA は非対立的な関係のもとで協力する機会を与えることができるとその点を認める[24]。また大河原 (2005) では，APA による協調的な関係は，多国籍企業が裁判を受ける件数を引き下げたと主張されている[25]。さらには，APA は，課税ベース獲得争いに関して，対立関係にある国家間での協議を協調的なものへと変える可能性を備え得ると言えよう。

以上のことから，APA のもと，多国籍企業と税務当局，関係国間で協調的な関係が構築されれば，円滑に税務処理が進められ，納税や徴税に係るコストや時間の削減につながると期待できよう。さらに，協調的な関係により，独立企業原則の遵守に関する各々の考え方が明らかにされれば，その結果として，国内的には租税回避が防止され，国際的には経済的二重課税が回避されよう。

(3) その他の便益

予測可能性と協調性の他に，Markham (2005) では，APA の遡及措置も多国籍企業が享受する便益であると主張されている[26]。APA では，現在の移転価格問題だけでなく過去の問題も守備範囲に含まれる。そのため，多国籍企業が過去に決定した移転価格が，今日的な問題となるのを回避することが可能になると期待される。

しかしながら、この遡及措置は多国籍企業の負担となるかもしれない。というのは、移転価格に関する過去の情報が明らかにされることで、APAの遡及措置を利用しなければ必要がなかった移転価格の更正が実施される可能性があろう。このことが、上述の予測可能性や協調性を破壊し、APAの存在に疑問を投げかる原因となるかもしれない。さらに、Markham (2005) は、APAが多国籍企業の過去・現在・将来の移転価格調査につながる危険があることを指摘するのにも拘わらず[27]、APAの遡及措置を多国籍企業の便益として認めるのは無理があろう。

また、Markham (2005) では、APAの適用期限を多国籍企業が決定できることも便益であると主張するが[28]、それに関しても疑問が残る。Markhamの主張は、APAが更新されることでその適用期限が延長されれば、予測可能性や協調性もその期間だけ確保できると解釈できるが、それが多国籍企業の便益であるとは言えないであろう。多国籍企業が享受する便益は、予測可能性や協調性であり、APAの適用期限の決定ではない。

3. APAに要する長期間

APAは、多大な便益を多国籍企業に与え、また税務当局や関係国もその便益を享受する。そのため、現段階でAPAは最も優れた方法であると考えられている。しかしながら、APAが長期間を要するのは、多国籍企業にも、税務当局や関係国にも負担であると言えよう。

表5–3には、アメリカ合衆国におけるAPAに要する期間が示されている。新規のAPAでは、平均40.7ヵ月を要し、更新のAPAでは平均33.1ヵ月かかる。また、新規と更新の組み合わせでみると、APAに要する平均的な期間は37.3ヵ月である。つまり、APAでは約3年が必要とされる。さらに、APAの形態別にみると、新規でも更新でも、国内APAに要する期間は約2年であるが、二国間APA及び多国間APAでは3年超の期間がかかる。特に、新規の二国間APA及び多国間APAに要する期間が43.6ヵ月であるのは注目に値しよう。

多国籍企業が第一にAPAに求めるものは予測可能性であろう。先述したよ

うに，予測可能性は多国籍企業に便益を与える APA の特性であり，それにより時間的にもコスト的にも多国籍企業の負担は軽減されるはずである。しかしながら，以上のように APA が長期間を要するのであれば，予測可能性への期待は薄れ，多国籍企業の負担は軽減ではなく増加するであろう。また，税務当局にとって APA の長期間は，税務処理にかかる時間やコストの増加を意味するであろう。さらに，その長期間は，国家間の課税ベース配分に関する不安を関係国に与えると考えられる。もし，長期間かけても合意が成立しなかった場合には，移転価格税制が執行される可能性があるので，国家間の課税ベース配分が適正になるかは断言できない。

このように，APA に要する長期間は，その便益を引き下げ，負担を引き上げることになると考えられる。後述するように，確かに，経済的二重課税の観点からは，二国間 APA 及び多国間 APA に比べ，国内 APA の有用性は低いけれど，APA の期間からは国内 APA の方が優位性が高いと言えよう。

表 5-3　APA に関する期間

(平均／カ月)

	新規	更新	新規+更新
APA全体	40.7	33.1	37.3
国内APA	26	23.3	24.1
二国間APA又は多国間APA	43.6	40.7	42.5

(出所) IRS, *Announce and Report Concerning Advance Pricing Agreements,* 2010 より作成。

4. 守秘義務に関わる負担

APA に関わる守秘義務もまた多国籍企業の負担となろう[29]。APA では，移転価格調査で求められる比較対象取引の発見が要求されないが，多くの詳細な情報が要求されるのは移転価格調査と同じである[30]。この要求は適切な移転価格を算定するためであると考えられるが，本来企業情報は秘密にされるべきものである[31]。それにも拘わらず，APA のために企業情報を提出することは競合他社に内情を露呈する危険性を秘めている[32]。もちろん，企業情報は

APAのためだけに利用されると考えられるが，外部に流出する危険性は否定できない。

1999年にAPAに関する個別情報の開示の禁止が決定されて以来[33]，税務当局に提出された企業情報の守秘義務に係る法律がアメリカ合衆国にはある[34]。また，歳入手続の中でもAPAに関連した情報などは秘密事項にすることが規定されている[35]。さらに，日米間では租税条約により企業情報の守秘義務が規定されている[36]。しかしながら，企業情報の守秘義務に係る規則がない国，あるいは租税条約が締結されていない国では，提出された企業情報はその国の税務当局の判断により守られることになるであろう。もちろん，税務当局が企業情報を漏洩するとは考えにくいが，その危険性を否定する根拠もない。また，二国間APA又は多国間APAでは，二国以上の国が移転価格問題に関与するため企業情報が漏洩する危険性は国内APAよりも高まるはずである。現在アメリカ合衆国に企業情報の守秘義務に係る規則があるとしても，その規則がない国と二国間APA又は多国間APAが行われた場合には，企業情報が漏洩する危険性はあろう[37]。

そこで，このような潜在的な負担を未然に取り除くために，企業情報の守秘義務に関する国際的規則を制定するべきであろう[38]。企業情報の守秘義務に関する国際的規則があれば，それは経済的二重課税の回避にも役立つと期待できよう。すなわち，国際的規則が企業情報の守秘義務の厳守を確証することでAPAの信頼性が高まり，これを受けて多国籍企業が二国間APA又は多国間APAを今以上に積極的に利用すれば，その結果として，経済的二重課税が回避される期待度はさらに高まるはずである。

第3節　APAにおける第1条件の検証

1. APAによる「事前」の協議

　確かに，Markhamが指摘するように，予測可能性と協調性がAPAの便益であることに間違いはないが，最も注目すべき便益はAPAが「事前」の協議ということである。

　移転価格を更正する時点に注目すると，多国籍企業による移転価格の決定を境界として，その更正は「事前」と「事後」に区分できる。図5-2に示されるように，移転価格税制は「事後」に含まれる。その理由は，移転価格税制では，移転価格の決定後に発見される比較対象取引の結果と同じように移転価格が更正されるからである。一方，APAは移転価格の算定方法等に関する事前の協議であるので移転価格の決定前の「事前」に含まれる。

　さて，移転価格は，多国籍企業には利潤最大化のための経営戦略であるが，税務当局には租税回避の手段でしかない。双方のこの見解の相違は，移転価格税制が移転価格を「事後」に更正する限り，解消されはしないであろう。また，「事後」の処理では，多国籍企業と税務当局が，それぞれの独立企業原則の遵守に関する情報を得ることができない。

　それに対して，APAを用いて「事前」に協議すれば，多国籍企業は，移転価格の決定が経営戦略であると主張でき，独立企業原則を遵守する方法に関して税務当局に説明することができる。その一方で，税務当局も多国籍企業の説明を聞くことで，移転価格の決定が租税回避のためではないと確認することができる。また，税務当局はその求める独立企業原則の遵守に関して明示できる。

　これまでは，多国籍企業と税務当局それぞれの独立企業原則の遵守に関する考えも明確ではなく，またシークレットコンパラブルの存在から[39]，双方の間には摩擦があった。しかしながら，APAによれば，多国籍企業はその考えに基づく公正な移転価格を算定できると期待され，税務当局は多国籍企業のその考えを移転価格に関する協議に反映させることが可能となろう。

さらには、「事後」の移転価格税制のもとでは、相手国が対応的調整を拒否した場合には、経済的二重課税が生じる可能性があり、国家間の課税ベース配分が歪められるかもしれない。それに対して、APAのもと関係国間で「事前」に協議が行われれば、独立企業原則に関する関係各国の考えが確認できるので、経済的二重課税は回避され、第1条件がクリアされる可能性は高まるはずである。

図5-2 移転価格問題の処理の時点

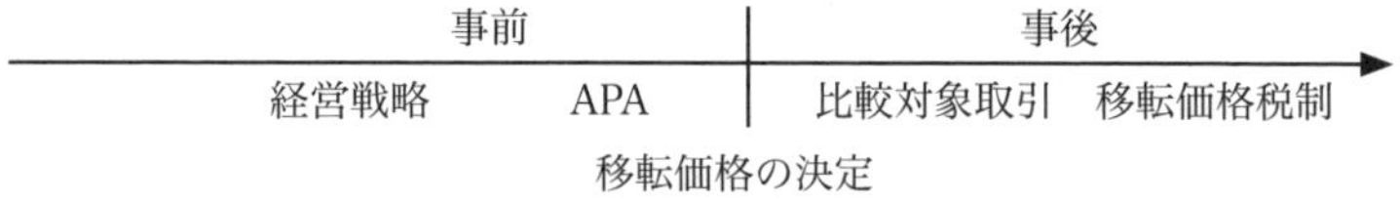

```
       事前              |       事後
  経営戦略    APA        | 比較対象取引  移転価格税制  →
          移転価格の決定
```

2.「片務的」から「双務的」への転換

基本三法、CPM、TNMM、PS法が適用される場合に、このようなAPAは、国家間の「適正」な課税ベース配分の第1条件をクリアする方法として機能すると期待できよう。このポイントは、移転価格税制では一方の国だけで問題が「事後」かつ「片務的」に処理されるのに対して、APAでは「事前」だけでなく「双務的」にも問題が解決される点である。

まず、基本三法には、独立価格比準法、再販売価格基準法、原価基準法が含まれるが、移転価格税制の執行国と相手国との間で、このうち選択した方法が異なる場合には、二つ以上の独立企業間価格が算定され、経済的二重課税が生じる可能性がある。これは、双方の国が独立企業間価格を片務的に算定した結果である。基本三法のいずれの方法による場合にも、比較対象取引の価格（利益率）は一方の国により片務的に決定される。このことが、経済的二重課税の原因となり、第1条件のクリアを失敗させるであろう。

CPMに関しては、一般的にはその利益水準指標の内容や信頼性などが問題視されるが、国家間の関係を考慮すると、Boos (2003) が指摘するように、国際的に認められていないCPMが、アメリカ合衆国により片務的に適用されることが問題である[40]。すなわち、アメリカ合衆国がCPMを適用して課税ベー

スを片務的に配分する場合，相手国がそれに応じて課税ベースを更正しなければ，経済的二重課税が生じることになる。仮に，CPM が国際的に認められようとも，検証対象となる関連企業やその利益水準指標の選定が片務的に実施されれば，二以上の結果が生じるので，この場合もまた経済的二重課税の可能性があり，第1条件はクリアされないであろう。

TNMM は，多くの国がその導入をまだ検討している段階である。その状況下で，ある国が TNMM を片務的に適用すれば，アメリカ合衆国が CPM を適用する場合と同じく，相手国の方法との整合性が確保されないために，経済的二重課税が生じる可能性はあろう。仮に，相手国も TNMM を適用したとしても，営業利益率の片務的な算定が経済的二重課税を引き起こすであろう。さらに，相手国が移転価格処理レベルの低い発展途上国である場合に，移転価格処理レベルの高い先進国が TNMM を片務的に適用すれば，経済的二重課税が生じるかもしれない。つまり，TNMM による場合も，第1条件がクリアされない可能性が高い。

PS 法は，比較対象取引を直接的に必要としない限りにおいて，無形資産を評価する方法として魅力的である。しかしながら，PS 法を適用する場合にも，やはり片務的な処理が問題となる。すなわち，PS 法では相対的貢献度に基づき各関連企業間で利益が分割されるが，この場合も一方の国だけでその相対的貢献度が決定されるため，利益分割が片務的になる危険性がある。この場合，相手国がその相対的貢献度に基づいた利益分割を認める保証がないため，経済的二重課税が発生する可能性は残り，第1条件がクリアされるとは限らないであろう[41]。

以上のことから，経済的二重課税が生じる原因は，基本三法も第四の方法もまた片務的に適用される点であると言えよう。そこで，この原因を取り除くためには，関係国間で双務的に協議する必要があり，その場を提供するのが APA である。APA のもとで，基本三法及び第四の方法に関して，関係国間で協議すれば，片務的な問題が双務的になるので，経済的二重課税は回避される可能性は高まるであろう。したがって，現行システムを考えると，事前かつ双

務的な協議の場を提供するAPAは，経済的二重課税を回避するために有用であり，第1条件をクリアする方法として期待できよう。

3. コストシェアリング契約とAPA

　コストシェアリング契約に関しては，歳入手続に特別な規定が明記されている。コストシェアリング契約に関してAPAを申請する場合には，各参加者の無形資産の開発費，その開発費の負担割合を算出する方法，その方法が各参加者の合理的予測便益の享受割合を反映すると期待できる理由，合理的予測便益を測定するための基準，合理的予測便益の推計，Buy-in又はBuy-outの対価などに関する詳細な説明が求められる[42]。

　確かに，これらを詳細に説明するのは大変な作業であろうが，この作業を行うことでコストシェアリング契約の問題は解決されよう。まず，Buy-in無形資産は，先述した通り，現行制度のもとでは無形資産の譲渡やライセンスと同様に第四の方法により評価される可能性が高い。それならば，問題は第四の方法が抱える問題と同じなので，上記の説明を文書化しておき，それをもってAPAを通じて関係国間で事前かつ双務的に協議すれば，経済的二重課税は回避され，第1条件クリアの可能性は高まるはずである。また，APAが双務的な協議の場を提供することで，インベスターモデルに基づく外部貢献の評価方法が片務的に選定されることから生じる経済的二重課税も回避され，第1条件がクリアされるであろう。

　また，コストシェアリング契約に関する規則では，無形資産の開発費に関して明確な定義がないために，その決定は参加者や関係国の意向が入り込む余地があるが，APAにより関係国間で事前かつ双務的に協議されれば，その余地はなくなるであろう。すなわち，関係各国が課税ベースの獲得に奔走する限り，いずれの関係国も自国に有利になるように無形資産の開発費を決定するであろうが，APAによればその問題は解決されるであろう。その結果として，関係各国が認める無形資産の開発費の適正な配分のもと，国家間で課税ベースが歪みなく配分されるので，第1条件がクリアされるはずである。

さらに、無形資産の評価に関する一般論からみれば、コストシェアリング契約は「不適切」に該当するコストアプローチに含まれるが、それにも拘わらず、近年アメリカ合衆国はその強化に向けて動いている。アメリカ合衆国以外の他国ではマーケットアプローチが中心である中で、この動きは他国との整合性を崩し、経済的二重課税を引き起こしかねない。そこで、APA によりコストアプローチを主張するアメリカ合衆国とマーケットアプローチを主張する他国が、事前かつ双務的に協議することで、双方の整合性が図られれば、第1条件がクリアされると期待できよう。

第4節　二国間 APA による第1条件のクリア

1. 二国間 APA の積極的な利用

(1) アメリカ合衆国における APA の状況

表5-4は、2004年度から2010年度までのアメリカ合衆国における APA の利用状況を示している。まず APA 申請数をみると、その数は増加傾向にある。2004年度の申請は80件であったが、2008年度以降は120件を超え、2010年度では144件もの申請があった。その内訳をみると、国内 APA の申請数は、2004年度には21件であったが、2010年度には46件にまで増加している。二国間 APA の申請数も、2004年度から2006年度までは60件程度であった申請が、2010年度には98件にまで増加している。

APA 締結数に関してもまた、APA が導入された1991年度から2010年度に至るまで、全体的には増加傾向にある[43]。APA の締結数の内訳をみると、2010年度の国内 APA の締結数は20件であり、二国間 APA の締結数は49件であった。また、国内 APA と二国間 APA の締結数を時系列で比べると、2005年度及び2006年度には、二国間 APA よりも国内 APA の方がその締結数は若干多いが、2007年度以降は二国間 APA の締結数が国内 APA の締結数を上回っている。構成比でみても、2004年度には国内 APA の占める比率が41.5％で、二国間 APA の比率が58.5％であったが、2010年度には国内 APA

の比率が28.9%にまで減少する一方で、二国間APAの比率は71.1%まで増加している。

以上のように、APAの申請数及び締結数は増加傾向にあり、このデータはAPAの必要性がこれまで以上に高まったことを示唆すると言えよう。特に、二国間APAの増加傾向が顕著であり、その国際的な有用性が認識された証拠であろう。将来的にもこの傾向が続き、国際レベルでの予測可能性及び協調性の高まりと相まって、経済的二重課税の危険性が引き下げられれば、国家間の「適正」な課税ベース配分の第1条件がクリアされる可能性は高まると期待できよう。

表5-4　アメリカ合衆国におけるAPAの利用状況

	2004	2005	2006	2007	2008	2009	2010
APAの申請	80	82	109	92	123	127	144
国内APA	21	21	42	28	35	39	46
二国間APA	61	61	67	64	88	88	98
多国間APA							
APA締結数	65	53	82	81	68	63	69
国内APA	27	28	42	26	14	21	20
二国間APA	37	25	39	54	51	42	49
多国間APA	1		1	1	3		

(出所) IRS, *Annual APA Statutory Reports*, 2005-2011 より作成。

(2) 日本におけるAPAの状況

表5-5は、日本におけるAPAの過去7年間の利用状況を示している[44]。この図表にみられるように、日本においてもAPAの利用は増加傾向にある。まず、APAの発生件数をみると、2003年度には80件であったものが、2009年度には149件にまで増加している。なお、2009年度のこの数値は13年前の1996年度の約8倍に相当する[45]。また、APA処理件数も2003年度の39件から、2009年度には105件にまで増加している。このデータは、税務当局のAPAに対する積極的な取り組みと移転価格課税を回避する方法としてAPA

の有用性が，多国籍企業に認識された表れであると理解できよう。

ところで，日本のこのデータは『相互協議を行う事前確認の状況』に関するものなので，アメリカ合衆国の相互協議を伴う二国間 APA のデータとの比較が可能となろう。アメリカ合衆国の二国間 APA の申請数は，2004 年度から 2010 年度までの間に 1.5 倍の増加率を示しているが，日本では，2003 年度から 2009 年度までの 7 年間に 1.88 倍の発生件数が確認できる。このデータは，アメリカ合衆国でも日本でも，二国間 APA への期待が高いことを示唆する。ただし，日本の場合には APA 繰越件数が，2003 年度の 128 件から 2009 年度には 305 件まで増加したことには注意が必要である。

表5-5 日本における APA の利用状況

	2003	2004	2005	2006	2007	2008	2009
APA発生件数	80	63	92	105	113	130	149
APA処理件数	39	49	65	84	82	91	105
APA繰越件数	128	143	170	191	222	261	305

(出所) 国税庁『相互協議を行う事前確認の状況』(平成 15 年度から平成 21 年度) より作成。

2. APA の諸形態と経済的二重課税の回避

上記のデータから読み取れるように，今日 APA の中心的形態は二国間 APA である。OECD (2010) もまた，全般的には APA を高く評価しその積極的な利用を推奨しているが，経済的二重課税の観点からは，国内 APA の評価は低い[46]。国内 APA は協議の場が国内に限られるため，経済的二重課税が完全に回避されるかは不確実であると考えられる[47]。したがって，国際的な視点から，OECD が APA に期待する経済的二重課税の回避という機能を国内 APA は十分には果たさず，さらに言及すれば，国家間の「適正」な課税ベース配分の第 1 条件をクリアしないと言えよう。

OECD は国際機関としての立場から，国内的な問題の処理だけでなく，経済的二重課税の回避のために，相互協議を前提とした二国間 APA を推奨している[48]。アメリカ合衆国の歳入手続にも，相互協議が可能である限り，二国

間 APA が望ましいと明記されている[49]。さらに，日本の国税庁も，国内的な視点から，APA の利用が移転価格課税に関する多国籍企業の予測可能性を確保し，移転価格税制の適正かつ円滑な執行につながると評価した上で，国際的な視点からは，国内 APA よりも二国間 APA を推奨している[50]。

例えば，アメリカ合衆国では，基本三法の適用に関して，国内 APA のもと，多国籍企業と IRS との間で合意が成立しても，その合意を相手国が受け入れなければ，経済的二重課税が生じることになる。また，相手国が異なる方法を選択した場合にも，独立企業間価格が二つ以上存在することから，経済的二重課税が生じるかもしれない。それに対して，二国間 APA により，IRS と相手国の税務当局が基本三法のうちいずれの方法を適用するのか，またその結果としての独立企業間価格に関して，事前かつ双務的に協議することで，経済的二重課税が回避され，第 1 条件がクリアされるはずである[51]。

また，国内 APA のもと，多国籍企業と IRS との間で CPM に基づく移転価格に関する合意がアメリカ国内で成立したとしても，CPM は国際的には認められず，その合意は国内に限定されるので，経済的二重課税は回避されないであろう。この問題と同じことが国際的には十分に導入されていない TNMM に関しても言えよう。現段階で，国内 APA により TNMM の適用が国内的に認められても，相手国がそれを認めなければ，経済的二重課税が生じる可能性があり，この場合には第 1 条件はクリアされないであろう。また，国内的 APA のもと PS 法が適用される場合でも，ある国が相対的貢献度を一方的に評価することは，経済的二重課税が生じる可能性を残すので，第 1 条件がクリアされるか否かは疑問である。

それに対して，二国間 APA によれば，いずれの第四の方法による場合でも，その方法や結果などに関して，IRS と相手国の税務当局との間で，事前かつ双務的に協議されるため，経済的二重課税は回避されると期待できよう。羽床(2000) が指摘するように，アメリカ合衆国が CPM の適用を主張し，日本がPS 法の適用を主張したケースでハイブリッド方式が採用された場合に，二国間 APA により双方の国が協議する場が提供されれば，経済的二重課税が回避

され，第1条件がクリアされる可能性は高まろう[52]。Amerkhail (1999) もまたこの点を主張する[53]。

コストシェアリング契約に関しても，国内APAよりも二国間APAの方が望ましいであろう。というのは，コストシェアリング契約に関して国内APAが実施されたとしても，開発費や合理的予測便益などに関する合意は国内的なものなので，相手国がそれに関して合意するとは限らない。それに対して，二国間APAであれば，関係国間で開発費や合理的予測便益などに関して，事前かつ双務的に協議されるので，それに関して合意する可能性は高まり，それと同時に第1条件がクリアされる可能性もまた高まると期待できよう。

3. 二国間APAを補完する相互協議

ただし，国家間の「適正」な課税ベース配分の第1条件のクリアを目的に，二国間APAが十分に機能するためには，その補完的なシステムとして相互協議が必要である。先述したとおり，相互協議は租税条約に適合しない課税問題を解決するために締約国間で行われる協議である。

図5-3は，アメリカ合衆国と日本との間のAPAと相互協議の関係を簡略的に図示したものである。例えば，米国の企業が国内APAを選択した場合には，独立企業間価格（移転価格）に関するIRSと米国の企業との協議がアメリカ国内で行われ相互協議は行われない。そのため，国内APAによる独立企業間価格はアメリカ国内だけで合意が成立しただけで，日本の国税庁がその独立企業

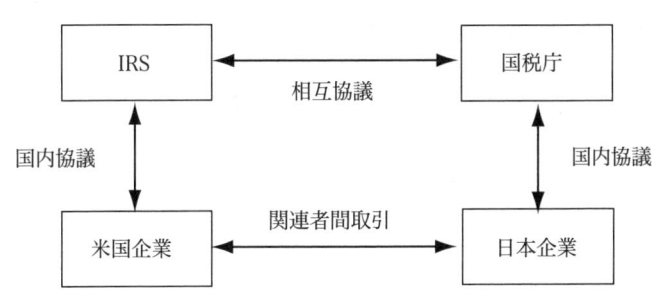

図5-3 APAを補完する相互協議

間価格に合意するか否かは断定できない。したがって，国内 APA のもとで合意された独立企業間価格を国税庁が受け入れなかった場合には，経済的二重課税が生じるので，第1条件はクリアされない。

他方，米国の企業が二国間 APA を選択した場合には，相互協議が必然的に行われ，独立企業間価格とその算定方法等に関して，IRS と国税庁との間で事前かつ双務的に協議されるので，経済的二重課税の可能性は引き下げられ，国家間の「適正」な課税ベース配分の第1条件がクリアされると言えよう。

第5節 小 括

そもそも経済的二重課税は，関係国間の課税ベース獲得争いを背景として，独立企業間価格に関する関係国間の対立から生じると考えられる。それならば，二国間 APA 又は多国間 APA を用いて，独立企業間価格に関して関係国間で「事前」かつ「双務的」に協議が行われれば，経済的二重課税は回避され，第1条件はクリアされるはずである。

先述したように，基本三法には連続価格帯という潜在的な問題があり，また第四の方法をみれば，CPM は国際的に認められた方法ではなく，TNMM はまだまだ国際的に普及した方法ではなく，PS法では相対的貢献度の評価という問題があり，さらにコストシェアリング契約では開発費や合理的予測便益などの問題がある。このような問題があるために，以上の方法だけでは第1条件はクリアされない。そこで，二国間 APA のもと，関係国間で「事前」かつ「双務的」な協議が行われることでその問題は解決され，その結果として，第1条件はクリアされると期待できよう。

将来的には，移転価格問題がさらに複雑化すると予想され，その状況においては，その処理のために APA（国内 APA を含む）と基本三法や第四の方法との併用が今以上に必要になるであろう。また，国際的には，二国間 APA が基本三法や第四の方法を補完することで，経済的二重課税は回避されるので，第1条件がクリアされるはずである。

第 5 章　経済的二重課税を回避する APA：事前確認制度　151

(1) OECD［50］paragraph 4.123.
(2) Revenue Procedure（以下 'Rev.Proc.'：歳入手続）2008-31, §2.04
(3) 国税庁『相互協議を行う事前確認の状況（APA レポート）』（以下『APA レポート』）を参照。
(4) 国税庁『APA レポート』p.1 を参照。
(5) Rev.Proc.2008-31, §2.08
(6) IRS, *Annual APA Statutory Reports*（以下 'APA Reports'）2010, pp.3-5.
(7) Eden, L.［21］pp.630.
(8) アメリカ合衆国は，1990 年 6 月に現在の事前確認制度の前身となる「Advance Determination Ruling（ADR）」に関する歳入手続の草案を公表し，その後 1991 年 3 月に歳入手続 91-22 を公表し，現在の事前確認制度である「Advance Pricing Agreement（APA）」を導入した。
(9) 税理士法人トーマツ［91］p.122.
(10) Rev.Proc.2008-31, §5.05. なお APA に必要な情報に関しては§4 を参照。
(11) Rev.Proc.2008-31, §4.03（8）
(12) Rev.Proc.2008-31, §4.12（3）
(13) Rev.Proc.2008-31, §4.12（5）
(14) Rev.Proc.2008-31, §4.12（4）
(15) Rev.Proc.2004-40 では申請などにかかる手数料は以下の表の通りであった。この表から当時の申請にかかる手数料は多国籍企業の総収入額に応じて支払われていたことがわかる。また，総収入額が 10 億ドル以上である多国籍企業の APA 申請にかかる手数料を Rev.Proc.2004-40 と比べると，Rev.Proc.2008-31 では手数料が引き上げられたことがわかる。

多国籍企業の総収入額又は取引額	当初の申請又は不定期の更新	個々の追加的申請	定期的更新
10億ドル以上	25,000	7,500	7,500
2億ドル以上10億ドル未満	15,000	7,500	7,500
2億ドル未満	5,000	5,000	5,000
少額な取引	5,000	5,000	5,000

（出所）Rev.Proc.2004-40, §4.12（2）より作成。

(16) Markham, M.［43］pp.221-222.
(17) Rev.Proc.2008-31, §11.01（2）
(18) Rev.Proc.2008-31, §11.01（1）
(19) Rev.Proc.2008-31, §11.01（2）

(20) 矢内一好［126］p.192.
(21) Markham, M.［43］pp.215-217.
(22) OECD［50］paragraph 4.142.
(23) Markham, M.［43］p.216.
(24) OECD［50］paragraph 4.143.
(25) 大河原健［74］p.255.
(26) Markham, M.［43］p.217.
(27) Markham, M.［43］p.224.
(28) Markham, M.［43］p.218.
(29) Markham, M.［42］pp.280-283 を参照．
(30) 情報の開示及び保持に関する法律は IRC§6038A である．
(31) 羽床正秀［102］p.41 の注釈（14）を参照．
(32) Markham, M.［42］p.280 では，企業情報の提出は当該多国籍企業の国際的な競争性を阻害する可能性があると指摘する．
(33) Markham, M.［42］p.282 を参照．
(34) 守秘義務に関する法律は IRC§6103 及び§6110 である．
(35) Rev.Proc.2008-31,§13.01 では，APA に関連した基礎的情報などは秘密扱いされると規定されている．
(36) 日米租税条約第 26 条（情報交換）で守秘義務が規定されている．
(37) 二国間又は多国間 APA が実施されるには相手国との租税条約の締結が前提となる．
(38) Rev.Proc.2008-31,§7.04 には，企業の機密情報を開示することなく，条約締結国が審査又は検証できるメカニズムを工夫すべき旨が明記されている．
(39) シークレットコンパラブルに関しては，望月文夫［116］を参照．シークレットコンパラブル（税務当局だけが入手可能な非公開データ）は，アメリカ合衆国では使用されないが，日本，メキシコ，カナダではその使用が可能である．このシークレットコンパラブルも多国籍企業と税務当局間に摩擦を作り出す原因として懸念される．ただし，近年ではアメリカ合衆国の批判を考慮して，日本はその使用を控えているようである．
(40) Boos, M.［8］pp.183-184.
(41) Boos, M.［8］p.187.
(42) Rev.Proc.2008-31,§4.04
(43) 1991 年度から 2010 年度までの間に累積して 904 件の APA が締結された．
(44) このデータにおける APA は，多国籍企業からの相互協議の申立又は相手国からの相互協議の申し入れを前提とした二国間 APA 又は多国間 APA である．ちなみに，日本では国内 APA が主に利用され二国間 APA 又は多国間 APA の利用はほとんどな

いという誤解がある。国税庁のデータによると，日本が APA を導入した 1987 年度から 2004 年度までの間に，国内 APA の発生件数はわずか 57 件 (12.4%) であり，処理件数は 45 件 (14.9%) であったが，その一方で二国間 APA または多国間 APA の発生件数は 401 件 (87.6%) であり，処理件数は 258 件 (85.1%) であった。このデータから日本でも国内 APA ではなく二国間 APA 又は多国間 APA が主に利用されることがわかる。

(45) 1996 年度の APA の発生件数は 18 件であった。
(46) OECD [50] paragraph 4.147.
(47) IRS もこの点を指摘している。IRS 'APA Reports' p.2 を参照。
(48) OECD [50] paragraph 4.162.
(49) Rev.Proc.2008-31, §7.06 and IRS 'APA Reports' p.2.
(50) 国税庁『APA レポート』を参照。
(51) Waegenaere, A. D. et al. [65] は，経済的二重課税及びコンプライアンスコストとの関係から，二国間 APA (BAPA) を検討している。その結論は次の通りである。①コンプライアンスコスト削減は，多国籍企業が BAPA を利用するための必要条件ではあるが十分条件ではない。②経済的二重課税の対象となる所得額が大きい場合には BAPA は利用されない。③関係する二国間に税率格差がない場合には BAPA は利用されない。④高税率国ほど BAPA を好む傾向がある。
(52) 羽床正秀 [103] p.43.
(53) Amerkhail, V. [3] p.104 では，独立企業原則及び定式配賦方式のいずれも批判され，双方の利点を含んだハイブリッド方式と APA の併用が提案されている。なお PS 法と CPM のハイブリッド方式に関しては本研究の第 3 章を参照。

第6章　独立企業原則の限界と
　　　　　移転価格税制改革の方向性

　多国籍企業による活動の多様化の中で，独立企業原則は機能しないと批判されることがある。理論的に考えれば，その批判の的は，独立企業原則が市場の内部化を無視することであると言える。また，独立企業原則は完全競争市場を基礎とするために，市場の失敗に含まれる取引費用の問題は解決できない。さらに，市場の失敗を回避するために進められる市場の内部化の中で，取引費用の節減分に相当する内部取引利益もまたうまく処理できない。

　本章では，以上の問題を勘案して，独立企業原則に代わる方法を模索する。経済学的には，市場の内部化を踏まえ，内部取引利益（＝取引費用の節減）を処理する方法が望まれる。なお，その方法は，第1条件及び第2条件をクリアして，国家間の「適正」な課税ベース配分を達成しなければならない。

第1節　市場の内部化と内部取引利益

1. 多国籍企業による市場の内部化

(1) OLI理論にみる多国籍企業の存在意義

　Dunning (1993) は，多国籍企業が存在する意義をOLI―Ownership, Location, Internalization―理論から説いている。すなわち，OLI理論は，競合他社が得られないレントを獲得するために，多国籍企業が存在することを明らかにする。

　第1に，Ownershipは，特殊資産 (firm - specific assets) の優位性を意味する。Dunning (1993) によれば，特殊資産には，知識や技術などの無形資産

だけでなく，希少な天然資源のような有形資産も含まれる[1]。

さて，Dunning (1993) は，特殊資産は，多国籍企業に市場力を与え，コストの効率化を促進するので，多国籍企業が受ける海外活動での負担を便益が超えると分析している[2]。Eden (1998) もまた，多国籍企業が特殊資産の優位性を海外で利用すれば，競合他社よりも高い限界収入を得るか，低い限界費用を負担するだろうから，多国籍企業のレントは増加すると主張している[3]。

第2に，Location は地理的な優位性を意味する。Dunning (1993) によれば，地理的な優位性は，製品の海外輸出よりも，現地における直接生産の利益性を高めると期待できる[4]。この場合，地理的な優位性としては，熟練の労働者の存在や R&D の環境整備，生産要素の低い価格などがある。この他に，多国籍企業からすれば，低税率国もまた地理的な優位性に含めることができよう。

すなわち，これらの地理的な優位性を踏まえて，多国籍企業は活動地域を決定すると言えよう。例えば，X国とY国のいずれで活動するかを決定する際に，X国には地理的な優位性（低い労務費など）があり，Y国にはそれがなければ，多国籍企業はX国での活動を決定するはずである。その結果として，多国籍企業は競合他社が享受できないレントを稼得することになろう。

第3に，Internalization は内部取引の優位性を意味する。Dunning (1993) によれば，内部取引の優位性には，調査費などの削減，不確実性の払拭，品質管理，市場の確保などが含まれる[5]。すなわち，内部取引の優位性は，外部取引で生じる問題を多国籍企業の内部取引に組み込むことを意味しよう。また，Dunning (1993) は，多国籍企業は内部取引のもとで市場の失敗を解決しようと試みると主張している[6]。さらに，Wendt (2009) は，市場メカニズムが機能しない場合には，市場は特殊資産を正確に評価できなくなることを踏まえ，内部取引の優位性は不完全競争市場のもとで生じると指摘している[7]。

ところで，Dunning (1993) は，移転価格もまた内部取引の優位性であると考えている[8]。確かに，移転価格は，非関連者間取引ではなく関連者間取引で利用されるからこそ意味がある点を考慮すれば，内部取引の優位性として認識することができよう。また Ethier (1993) は，その優位性があるために，

内部取引が独立企業原則に基づく市場（arm's length use of markets）よりも望ましいと認めている[9]。

なお，以上の三つの優位性を踏まえると，低税率国へ無形資産を輸出する場合の移転価格操作は，OLI の優位性全てが関わると言えよう。この場合，低税率国は地理的な優位性，無形資産は特殊資産の優位性，移転価格操作は内部取引の優位性を多国籍企業に与え，その結果が競合他社は得ることのないレントにつながると期待できよう。

(2) 内部取引の優位性と市場の内部化

さらに，内部取引の優位性は，多国籍企業が取引形態として，関連者間取引を選択する理由を説明する。Eden（1998）は，OLI 理論から，多国籍企業が市場の内部化（＝関連者間取引）を進めるのは，市場の失敗を解決するためであると主張している[10]。ここでは，Eden のこの主張を援用して，多国籍企業が関連者間取引を選択する理由を考察する。

第1に，Eden（1998）によれば，無形資産（例えば知識）の市場が失敗するのは，①機会主義，②不確実性，③公共財のためである[11]。まず，機会主義のもとでは，売り手は買い手に複製できるほど十分には知識を説明しないであろう。この場合，買い手が知識を公正に評価することは困難である。さらに，Eden（1998）は，不確実性が機会主義を悪化させ，買い手の利益を引き下げると指摘する[12]。もし，売り手と買い手がリスク回避に努めるならば，外部市場で知識は過少になるであろう。

また Eden（1998）は，無形資産は一旦生産されると共同で消費されるため，無形資産の限界費用はゼロであると指摘している[13]。これは，無形資産の生産後には，誰もその消費から排除されることなく，共同で消費することを意味する。そのため，フリーライダーが現れる可能性がある。Eden（1998）は，公共財が非排除性と非競合性から市場を失敗させるので，多国籍企業は市場を内部化するかもしれないと主張する[14]。これは，多国籍企業が取引形態として関連者間取引を選択する理由の一つが市場の失敗であることを意味する。

Eden(1998)が指摘するように，多国籍企業は無形資産を子会社に移転するが，潜在的な競合他社には移転しない[15]。そのため，関連者間取引は，多国籍企業が無形資産からレントを得ることを可能にするはずである。

なお，OLI理論によれば，この機会は特殊資産の優位性と内部取引の優位性がもたらす相互作用であると説明できよう。Dunning (1993) は，特殊資産の優位性を仮定すると，特殊資産を他の企業に売却またはリースするよりも，関連企業間で利用する方が高い利益性があると主張している[16]。

Eden (1998) は，市場の失敗の第2の原因は取引費用であると主張する[17]。調査費，交渉費，品質管理コスト，輸送費，契約金などがその一例である。取引費用は市場の不完全性を取り除くためのコストであり，多国籍企業には多大な負担となり得る。この問題を解決するためにも市場の内部化が期待される。

二以上の企業が関連取引を行う場合には，取引費用が節減されることはWilliamson (1971) などの研究から明らかである[18]。Eden (1998) の例によれば，外部市場が完全競争の状態にない場合，比較可能な外部価格が存在しないために，長期的な価格契約を締結することは困難であるかもしれない[19]。これはDunning (1993) が言及する将来市場の不確実性であり[20]，この場合には，市場メカニズムが機能しないので市場の失敗が生じる。そのため，内部取引の優位性を所与として，市場の内部化，すなわち多国籍企業が関連者間取引を取引形態として選択することで，このような市場の失敗は取り除かれ，その結果として，取引費用（この場合は価格契約にかかる費用）の節減がもたらされると期待できよう。

2. 内部取引利益と取引費用の節減
(1) McLureが主張する「内部取引利益」

中里 (1997) が指摘するように，多国籍企業は，合理的な意思決定のもと，非関連者間取引ではなく，関連者間取引（親子会社取引）を取引形態として選択したはずである[21]。すなわち，以上の考察を踏まえれば，その合理的な意思決定は，市場の失敗の回避であり，また取引費用の節減であり，そのために

多国籍企業は関連者間取引を選択すると言えよう。

McLure（1984）は，内部化理論との関係から取引費用の節減にアプローチしている[22]。なお，内部化理論とは，企業内に市場（内部市場）を創造することで取引費用を節減し，企業競争力を強めることができ，外部市場よりも内部市場に比較優位をもたらし得るとする考えである。

McLure（1984）は，関連者間取引における取引費用の節減分を「内部取引利益」（extraordinary profit）として認識している[23]。図6-1には，取引費用の節減と内部取引利益との関係が示されている。非関連者間取引には取引費用が存在するが，関連者間取引ではその取引費用が節減され，その分が内部取引利益として存在する。McLure（1984）は，独立企業原則に基づき内部取引利益を関連企業間で配分することは困難であると主張するが，その理由などが明らかにされていない[24]。以下では，McLure（1984）が残したこの問題を検討する。

なお，想定としては，X国（高税率国）の親会社からY国（低税率国）の子会社に市場価格よりも低い移転価格で製品が販売され，X国において独立企業原則（独立企業間価格）に基づき移転価格が更正された場合を考える。

図6-1　関連者間取引と内部取引利益

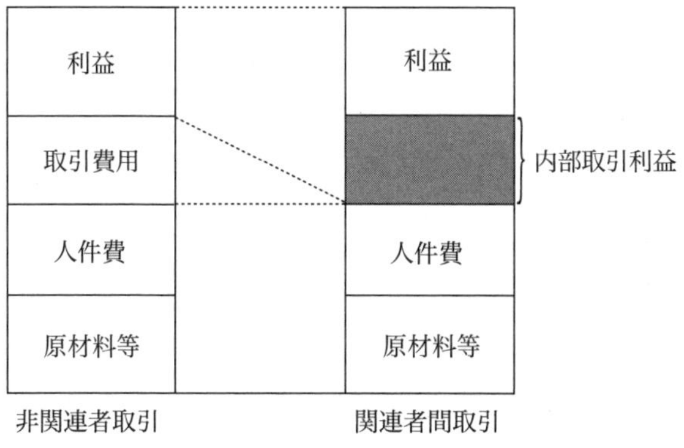

非関連者取引	関連者間取引
利益	利益
取引費用	内部取引利益
人件費	人件費
原材料等	原材料等

(2) 取引費用が存在する影響

ところで，取引費用の影響を考えるためには，それが存在する場合と存在しない場合を比較する必要があろう。まず取引費用が存在しない場合を考えてみたい。移転価格税制に関するこれまでの研究では，McLure（1984）のように内部化理論に基礎をおく研究でない限り，取引費用は考慮されない。言い換えれば，多くの研究で設定された状況下での移転価格に関する検討が取引費用のない場合の結果を導き出すはずである。

図6-2には取引費用が存在しない場合が示されている。先の想定によれば，独立企業原則のもと，親会社の移転価格は独立企業間価格に引き直されるが，この場合には取引費用の影響はない。例えば，独立価格比準法によれば，取引費用が存在しないのだから，内部取引利益が移転価格の操作とみなされることもない。またCPMのように利益率を検証する場合も，取引費用が存在しないので，その影響が利益率の算定に表れることもない。その結果は，独立企業間価格が税務上公正である限り，国家間の課税ベース配分は適正になるはずである。

図6-2　独立企業間価格と親会社の移転価格
―取引費用が存在しない場合―

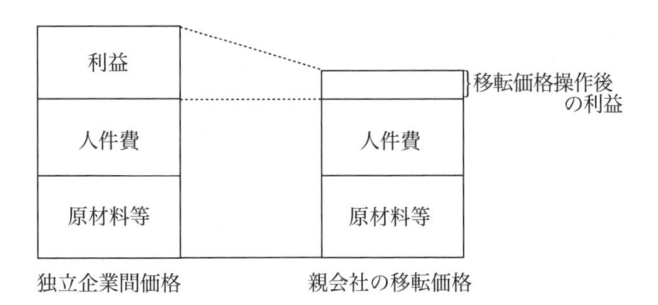

次に取引費用が存在する場合を考えてみたい。図6-3には，取引費用を踏まえた独立企業間価格と親会社の移転価格が示されている。まず移転価格が①点まで引き下げられた場合であるが，この点では問題は生じない。この場合は，取引費用が関係しない部分での移転価格操作なので，上述の取引費用が存在し

ない場合と同じ結果が生じるはずである。すなわち，独立企業原則のもと，独立企業間価格が税務上公正であれば，国家間の課税ベース配分は適正になるであろう。

問題は，取引費用が存在する中で，②点まで移転価格が引き下げられた場合である。この場合，親会社は経験的に関連者間取引において内部取引利益が存在することを知っており，取引費用の節減分を踏まえて，低い移転価格を決定したと想定する。なお，独立企業間価格と親会社の移転価格の相違は，取引費用が存在するか否かだけであり，その他の条件はすべて一定とする。これが本研究で問題視する状況である。この場合には，独立企業原則に基づく移転価格税制は，取引費用が存在するために第２条件である過多過少のない課税ベース配分をクリアできない。以下では，基本三法，CPM，TNMM，PS法との関係からこの問題を検討する。

図6-3　独立企業間価格と親会社の移転価格
―取引費用が存在する場合―

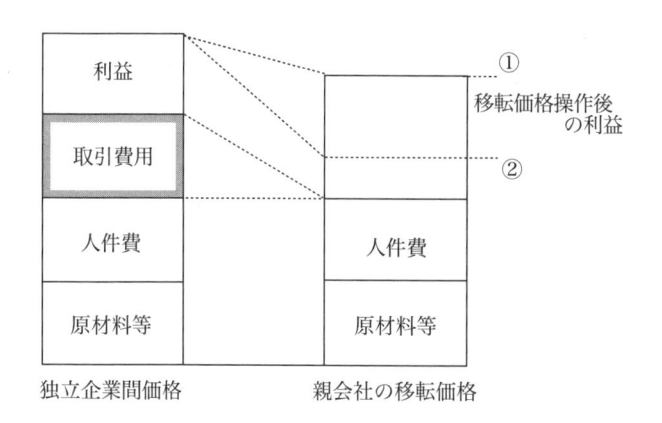

3. 独立企業原則のもとでの内部取引利益

(1) 基本三法による場合

さて，先述のように，独立企業原則に基づき，独立企業間価格の算定に基本三法が適用されるとすれば，その適用要件として関連者間取引に類似した非関

連者間取引（＝比較対象取引）が必要とされる。ここから容易にわかるが，関連者間取引と非関連者間取引を類似した取引と位置付けるのには無理があろう。仮に，双方の取引を同等に扱うとしても，前者には内部取引利益が存在するが，後者にはそれがない。

その結果，基本三法のうち独立価格比準法によれば，非関連者間取引を参照して独立企業間価格が算定される過程において，内部取引利益は移転価格の操作による利益とみなされよう。原価基準法による場合には，非関連者間取引における「原価×（1＋売上総利益率）」により独立企業間価格が算定されるが，その算定において内部取引利益が反映されない。したがって，これらの方法による場合，内部取引利益との関係から国家間の課税ベース配分は不適正になると考えられる。

なお，上記の想定のもと，再販売価格基準法を適用する場合にはその対象は子会社である。例えば，子会社が親会社から仕入れた製品を非関連企業と同じ価格（＝再販売価格）のもと外部市場で販売した場合を想定する。この場合もまた，非関連者間取引における「再販売価格×（1－売上総利益率）」により算定される独立企業間価格には内部取引利益が反映されない。そのため，内部取引利益が存在する場合，再販売価格基準法による独立企業間価格は国家間の課税ベース配分を歪める可能性がある。

(2) 取引費用を節減しない第四の方法

CPM及びTNMMによる場合にも，独立企業原則に基づく限り，内部取引利益（＝取引費用の節減）は問題となるであろう。つまり，この二つの方法では，非関連企業（＝比較対象「企業」）あるいは非関連者間取引（＝比較対象「取引」）における営業利益率が検証基準とされるが，その算定には取引費用の節減が反映されない。

まずCPMによる場合を考え，数種ある営業利益率のうち売上高営業利益率を例にすれば，分母が売上高，分子が営業利益である。そのため，関連者間取引における売上高営業利益率の分母では取引費用の節減が反映されるが，非関

連者間取引にはそれが反映されない。したがって，取引費用の節減分だけ前者の分母は後者の分母よりも小さいので，前者の営業利益の更正が小さくても，双方取引の売上高営業利益率が等しくなるはずである。

他方，TNMMによる場合には，修正再販売価格基準法と修正原価基準法に分けて考えなければならない。まずX国では修正原価基準法が適用される。修正原価基準法では，総費用営業利益率の検証が試みられる。この場合，分子は営業利益，分母は総費用である。そのため，関連者間取引の分母には取引費用が存在しないが，非関連者間取引の分母にはそれが存在する。その結果，前者の分母は後者のそれよりも小さくなるので，前者の営業利益の更正が小さくても，関連者間取引と非関連者間取引の総費用営業利益率は等しくなるはずである。

さらには，PS法による場合も内部取引利益は問題になる可能性がある。既述のように，この方法では，第一段階では通常の利益が分割され，第二段階では，第一段階で分割されなかった利益が残余利益として認識される。したがって，小野島（2004）が主張するように，PS法のもとで通常の利益が厳正に計算されるならば，内部取引利益は残余利益として確認できるかもしれない[25]。しかしながら，King（2010）は，通常の利益がCPMにより計算されるならば，CPMを適用する場合と同じ問題が生じると指摘している[26]。すなわち，CPMのもとで算定される非関連企業の営業利益率の分母では取引費用が節減されないので，上述のようなCPMの結果を受けて，通常の利益が本来あるべき値よりも小さく計算され，その一方で残余利益がその分多く計算される可能性がある。

第2節　内部取引利益と独立企業原則の限界

1. 基本三法に関する第2条件の検証

(1) 独立価格比準法による場合

多国籍企業は，国際市場において障害を乗り越えるための取引形態として関連者間取引を選択し，取引費用を節減することで内部取引利益を生み出す。こ

の意味で，内部取引利益は多国籍企業の国際的な経営戦略の産物である。しかしながら，その一方で，独立企業間価格には内部取引利益は反映されない。この問題を踏まえ，上述と同じく，X国（高税率国）の親会社からY国（低税率国）の子会社に市場価格よりも低い移転価格で製品が販売され，X国で独立価格比準法に基づき移転価格が更正された場合を想定する。また，親会社は，子会社に内部取引利益を帰属させるために，取引費用の節減分だけ価格を引き下げている。ただし，この価格の引き下げは移転価格の操作とは認識しない。

その結果は，図6-4のようになる。つまり，X国では，独立企業間価格と移転価格（A＋B分の引き下げ後）との差額分に相当する課税ベースが更正される。この更正には移転価格の操作Aだけでなく，内部取引利益Bも含まれるため，X国への課税ベース配分はBの分だけ過多になり，X国での更正を受けてY国が対応的調整を実施すれば，Y国にはBに相当する課税ベースが過少に配分される。このように，内部取引利益が存在する場合には，独立価格比準法は第2条件をクリアすることができない。

図6-4　内部取引利益を反映しない独立価格比準法

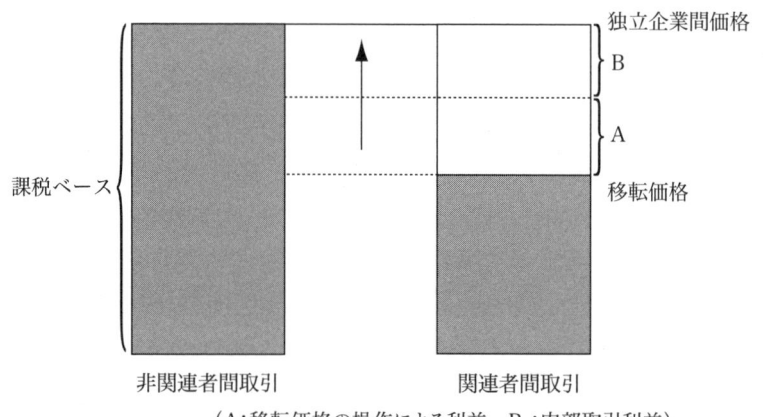

（A：移転価格の操作による利益　B：内部取引利益）

(2) 再販売価格基準法及び原価基準法の場合

次に，先述と同じ想定のもとで，独立価格比準法に代わり，再販売価格基準法及び原価基準法による場合を考えてみたい。原価基準法は，売上総利益率を利用する点で独立価格比準法とは異なるが，独立企業間価格に基づき移転価格を更正する点は同じである。また，その問題が独立企業間価格に内部取引利益が反映されないことも独立価格比準法と変わらない。

この点を踏まえ考察を試みれば，その結果は独立価格比準法と同じである。原価基準法の場合，売上総利益率を利用するが，それは非関連者間取引のものであり，そのベースとなるのも非関連者間取引の原価である。したがって，この手続きにより算定される独立企業間価格には内部取引利益が反映されず，それを基準に移転価格が更正されると，取引費用の節減に相当する内部取引利益もまた移転価格の操作による利益として処理されよう。

図6-4では，その結果が確認できる。つまり，X国では移転価格（A＋B分の引き下げ後）は独立企業間価格に引き直され，その分に相当する課税ベースが更正される。ただし，この更正において，移転価格には内部取引利益Bが含まれる。そのため，X国への課税ベース配分はBの分だけ過多になり，Y国にはBに相当する課税ベースが過少に配分される。このように，原価基準法による場合にも，独立価格比準法の結果と同じように，内部取引利益が存在すると第2条件クリアの可能性はない。

なお，上記の想定のもとでは，再販売価格基準法の対象は子会社である。もし仮に再販売価格基準法が適用された場合には，子会社がその他の非関連企業へ製品を販売する際に設定した再販売価格から比較対象取引の利益分を差し引いた独立企業間価格に基づき，X国とY国の課税ベースが更正される。しかしながら，この更正は内部取引利益を反映しない独立企業間価格によるので，その分の課税ベースが，X国には過多にY国には過少に配分されるであろう。

2. 第四の方法に関する第2条件の検証

(1) CPMによる場合

CPMに関しても内部取引利益（＝取引費用の節減）が問題になるであろう。CPMによる場合、その営業利益率を算定する上で取引費用が反映されないために、第2条件がクリアされない可能性が高い。

先の例と同じケースのもと、親会社と非関連企業の営業利益率（この場合は「売上高営業利益率」）の関係を示すと、図6-5のようになる。なお、縦軸に営業利益、横軸に企業の売上高をとり、直線の傾きが売上高営業利益率を示す。

例えば、CPMにより、非関連企業の売上高営業利益率 P_2 に基づき、親会社の売上高営業利益率 P_1 が更正されれば、親会社の売上高営業利益率は引き上げられ、子会社のそれは引き下げられる。なお、先述したように、取引費用の節減分だけ、親会社の売上高営業利益率の分母は非関連企業のその分母よりも小さいので、営業利益（分母と分子）の更正が小さくても、非関連企業と親会社の売上高営業利益率は等しくなるはずである。その結果が P_2 までの売上高営業利益率の引き上げである。

この結果を受けてX国とY国間の課税ベース配分について考えると、移転

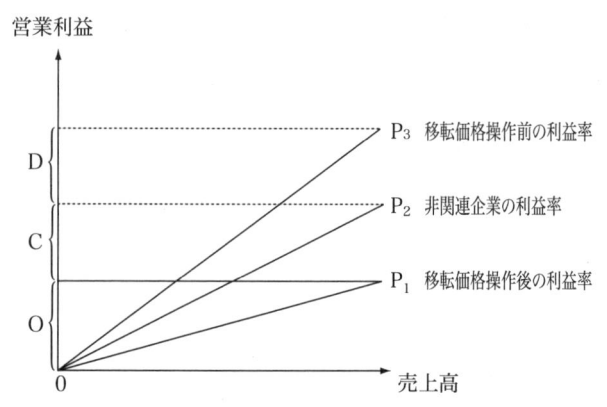

図6-5 CPMにおける売上高営業利益率（親会社）

（O：親会社に残る利益　C及びD：移転価格操作による利益）

価格の操作によりY国へ移転された課税ベースを完全に取り戻すためには，利益C＋Dに相当する課税ベースを増額更正すべきことは明らかであろう。しかしながら，売上高営業利益率P_2のもとでは課税ベースの増額は利益C分だけである。したがって，この場合，独立企業原則に基づきCPMのもと営業利益率が調整されようとも，利益DがY国に残るのだから，X国にはその分の課税ベースが過少に配分され，Y国には過多に配分される。このことから，CPMによる場合でも第2条件はクリアされないことが明らかである。

(2) TNMMによる場合

TNMMはCPMとしばしば比較されるが，その仕組みは全く別のものである。先述したように，TNMMには修正再販売価格基準法と修正原価基準法がある。なお，上記の想定のもとで，X国が適用できるのは後者である。

では，修正原価基準法による場合を考えてみたい。なお，この場合の営業利益率は，売上高営業利益率ではなく，「営業利益／（売上高−営業利益）」により算定される総費用営業利益率である。図6-6には，関連者間取引と非関連者間取引の総費用営業利益率の関係が示されている。この図では，縦軸には営

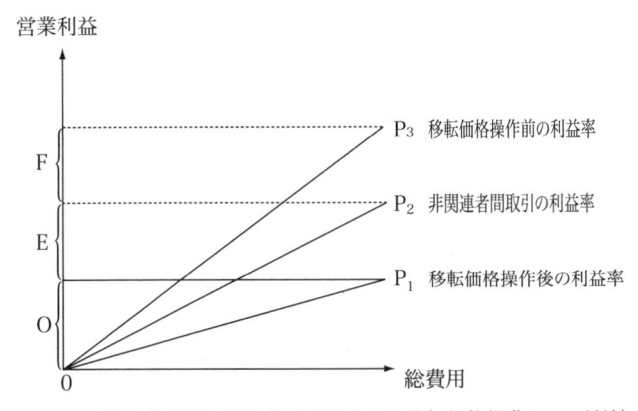

図6-6　TNMMにおける総費用営業利益率（親会社）

（O：親会社に残る利益　E及びF：移転価格操作による利益）

業利益,横軸に総費用をとり,直線の傾きが総費用営業利益率である。

また,P_1は関連者間取引の総費用営業利益率であるが,これは移転価格の操作によりY国に移転された利益E＋Fを反映している。P_2は非関連者間取引における総費用営業利益率である。そして,P_3は移転価格が操作される前の関連者間取引の総費用営業利益率である。なお,Oは移転価格操作後に親会社に残る利益である。

X国で修正原価基準法が適用される場合,関連者間取引の総費用営業利益率P_1は非関連者間取引における総費用営業利益率P_2まで引き上げられる。すなわち,修正原価基準法のもと,原価に利益O＋Eが加算され独立企業間価格が算定される。この場合,総費用営業利益率P_2の分母には取引費用の節減が反映されていない。その結果,移転価格の操作による利益が完全には更正されず,利益F分だけ更正不足が生じる。そのため,原価には利益Fが加算されないので,低い独立企業間価格のもとX国とY国の間で課税ベースが配分される。したがって,修正原価基準法による場合,Hに相当する課税ベースがX国には過少にY国には過多に配分されるので,第2条件はクリアされない。

なお,修正再販売価格基準法が適用される場合,その対象は子会社である。子会社に修正再販売価格基準法が適用される場合には,子会社-関連者間取引と非関連者間取引の売上高営業利益率が等しくなるように更正されることで,X国はY国に移った課税ベースの一部だけ取り戻せるはずである。この部分的な更正は,内部取引利益も含めて子会社-関連者間取引の売上高営業利益率が調整されたからである。すなわち,内部取引利益も移転価格の操作による利益として処理され,必要以上の利益の更正により算定された低い独立企業間価格のもと,課税ベースがX国に過少にY国には過多に配分されるので,修正再販売価格基準法による場合も第2条件はクリアされない。

(3) PS法による場合

では,PS法のもとで第2条件はクリアされるだろうか。先述した通り,残余利益が正確に計算されなければ,PS法による国家間の課税ベース配分は適

正にならないであろうが，内部取引利益（＝取引費用の節減）がその計算に与える影響が問題となろう。つまり，PS法が第2条件をクリアするかどうかは，内部取引利益の存在を踏まえ，残余利益が正確に計算されるか，反対に通常の利益が正確に計算されるか次第となろう。

　まず，残余利益に内部取引利益が含まれる場合を考えてみよう。この場合は，無形資産の利益と同様に，内部取引利益も相対的貢献度に基づき関連企業間で分割されるはずである。確かに，PS法の問題として，相対的貢献度の評価は関係国間で異なるので，この問題を解決することなく残余利益を分割すれば，その分割は不適正になるであろうが，相対的貢献度が厳正に評価されたとすれば，内部取引利益を含む残余利益は，関連企業間で過多過少なく分割されるであろう。

　しかしながら，アメリカ合衆国の場合のように，通常の利益がCPMにより計算されれば，CPMが抱える問題がPS法にも表れる可能性が高い。CPMのもとで国家間の課税ベース配分が行われる場合には，関連企業と非関連企業の営業利益率が比較される。先述したように，取引費用の節減分だけ，前者の分母が後者の分母よりも小さくなるので，分母及び分子に含まれる利益を移転価格操作前の水準まで増額しなくても双方の営業利益率は等しくなる。その結果が国家間の課税ベース配分の過多過少であるが，通常の利益の算定においてもその問題が影響する。つまり，PS法のもとでは，通常の利益に含まれるべき利益FがそのF算定に含まれないので，X国にはF分の利益が過少に分割され，Y国にはその分過多に分割される。これに加えて，残余利益がそれぞれの国に分割されれば，X国とY国の間では過多過少のある課税ベース配分がもたらされる。

　以上のように，PS法による場合，通常の利益が厳正に計算され，その差額である残余利益が公正な相対的貢献度により分割されれば，第2条件がクリアされる可能性はある。しかしながら，現行のシステムではそれが難しいため，第2条件がクリアされないであろう。

3. 二国間APAに関する第2条件の検証

　さらには，内部取引利益（＝取引費用の節減）が存在する場合には，二国間APAによる場合でさえも，国家間の「適正」な課税ベース配分は達成されないであろう。先述したように，二国間APAのもと，関係国間で事前かつ双務的な協議が行われることで，基本三法や第四の方法が抱える問題が解決され，その結果，経済的二重課税が回避される。したがって，二国間APAによれば，第1条件はクリアされると考えらえる。しかしながら，二国間APAが過多過少のない課税ベース配分を達成できるのか，第2条件をクリアできるかは疑問である。

　二国間APAでは，独立企業原則に基づき，多国籍企業が決定する移転価格やその算定方法に関して，関係国間で事前かつ双務的に協議が行われる。この場合，アメリカ合衆国が日本に協議の申し込みをしたとすれば，移転価格（独立企業間価格）の算定方法は，独立価格比準法，再販売価格基準法，原価基準法，CPM，PS法のいずれかである。既述のように，独立企業原則に基づくこれらの方法は，内部取引利益（＝取引費用の節減）を反映しないので，国家間の課税ベース配分を歪める可能性がある。二国間APAでは，基本三法あるいは第四の方法を用いて，事前かつ双務的に国家間の課税ベース配分が実施されるので，この問題が二国間APAにおいては「事前」に生じることになる。

　例えば，独立価格比準法により国家間で課税ベースが配分されたならば，内部取引利益に相当する課税ベースが，移転価格税制を執行した国に過多に相手国に過少に配分されるが，二国間APAによる場合には，この問題が「事前」に生じる。他方，CPMによる場合，独立企業原則に基づく営業利益率の算定には取引費用の節減が反映されないので，国家間の課税ベース配分に関しては，独立価格比準法と反対の結果になるであろう。CPMのもとでは，移転価格の操作に関わる課税ベースが相手国から完全には取り戻せないので，二国間APAによる場合でも，第2条件はクリアされないであろう。すなわち，二国間APAのもとでは，その協議申請をした国に課税ベースが「事前」に過少に配分され，それを受け入れた相手国には「事前」に過多に配分されよう。

先の考察から、独立企業原則を遵守する現行の移転価格税制では、内部取引利益（＝取引費用の節減）を処理できないが、独立企業原則による限り、その移転価格税制を補完する二国間APAでも、この問題を解決することはできないと考えられる。したがって、二国間APAによる場合でさえ、第2条件がクリアされないので、国家間の「適正」な課税ベース配分は達成されない。

第3節　独立企業原則に代替する定式配賦方式

1. 独立企業原則の限界と定式配賦方式
（1）独立企業原則が限界に至る原因

以上のように、基本三法、CPM、TNMM、PS法、二国間APAのいずれの方法も第2条件をクリアすることができないが、その原因は、移転価格税制の基礎にある独立企業原則が多国籍企業による市場の内部化を無視することにあると言えよう。OLI理論によれば、内部取引の優位性を前提に、多国籍企業は市場の内部化によって取引費用を取り込むのである。しかしながら、完全競争市場を仮定する独立企業原則は、市場の内部化を無視するために、取引費用を処理できず、その節減分の内部取引利益も処理できない。

岡村（1997）は「企業の多国籍化は、市場の内部化によってこれら利益を確保し…（中略）…多国籍化によって生じる超過利潤を市場に依拠して配分することは、もともと不可能なはずである」と主張している[27]。この主張から、独立企業原則が内部取引利益を処理できないのは、市場の内部化を無視するからであると言えよう。さらに言及すれば、市場の失敗を回避するために、多国籍企業は内部取引の優位性との関係から関連者間取引を選択するのに、それを独立企業原則に基づき完全競争市場で行われる取引のように処理すれば、新たな市場の失敗が生じる可能性があるのではないだろうか。

Hellerstein（2005）では、独立企業原則は「不思議の国のアリス」（Alice in Wonderland）のような虚構の世界で機能すると指摘されている[28]。これは、独立企業原則が市場の内部化を無視して、グループ化された多国籍企業を独立

企業のように扱うのは非現実的であることを意味する。岡村（1986）も指摘しているが，独立企業原則が，完全競争市場を基礎として，関連者間取引を非関連者間取引のように擬装することで，市場の内部化を無視するのは現実から乖離することになろう[29]。

(2) 定式配賦方式の必要性

Musgrave（1972）は，市場の内部化がある場合には，ユニタリーの概念が取り入れられるべきであり，定式配賦方式（Formulary Apportionment）が必要になると主張している[30]。Herzig and Joisten（2010）もまた，独立企業原則が市場の内部化を反映しないならば，定式配賦方式のような仕組みが必要になるであろうと指摘している[31]。

確かに，定式配賦方式は，独立企業原則が抱える問題を解決できるかもしれない。独立企業原則が内部取引利益を処理できない理由が，市場の内部化を無視することであるならば，定式配賦方式のように，関連者間取引を多国籍企業の取引形態として受け入れ，市場の内部化を認めることで，取引費用の節減から生じる内部取引利益は処理されると期待できよう。またOLI理論によれば，市場の内部化による内部取引の優位性を多国籍企業は享受するはずであるが，それを無視して関連者間取引を非関連者間取引のように扱うのは問題であり，定式配賦方式がその解決の一助になると期待できよう。

以上から，独立企業原則の限界は，市場の内部化を無視することが原因であると言えよう。それならば，その問題はユニタリーの概念を組み込んだ定式配賦方式による解決が望ましいのではないだろうか。将来的には，多国籍企業による市場の内部化は一層進むと予想されるが，市場の内部化があるならば，そのように処理するシステムが必要になるであろう。

2. 定式配賦方式の範囲
(1) アメリカ州政府のユニタリータックス

その代表的なシステムがアメリカ州政府のユニタリータックス（Unitary

Tax)である。ユニタリータックスとは，定式配賦方式を基礎として，複数の州間で事業を展開する関連企業を単一の事業体と仮定して，この事業体の合算利益を各州間である定式に基づいて配賦する方法である。なお，カリフォルニア州のユニタリータックスは，売上，給与，資産の三つの配賦要素を取り入れた定式に基づく方法である。

その歴史をみると，ユニタリータックスは，1870年代に鉄道事業や配送業を営む法人に課された資産税を州間で配分する方法に起源がある[32]。この当時，当該州に配分される資産税を算定するために，法人全体が一つのユニットと考えられ，その法人全体の価値に対して，路線距離の全体に対する州内における路線距離の割合を乗じる方法が採用された。その後，1911年にウィスコンシン州で法人所得税が採用されて以来，この方法は法人所得税にも適用されユニタリータックスがこの時に誕生した。現在，45州において法人所得税が適用されているが，同時にユニタリータックスの適用も可能である[33]。

1980年代頃，ユニタリータックスは，その適用範囲を国内から世界に拡大させることが検討されたことがある（以下「世界的ユニタリータックス」）[34]。世界的ユニタリータックスでは，国際的なユニタリー事業の合算利益（課税ベース）を，売上，給与，資産などを配賦要素とする定式に基づき国家間で配分することが求められた。このような仕組みを世界は批判したが，1994年，クリントン政権は係争中の関連事案に範囲を限定したとは言え，世界的ユニタリータックスの容認を求める趣意書を司法当局に提出している。また同年には，米国連邦最高裁が，イギリスのバークレー銀行事案に対して，世界的ユニタリータックスは合憲との判断を下したことで世界を震撼させた。

近年では，EU諸国がアメリカ州政府のユニタリータックスに類似した仕組みの導入を検討している。EU諸国では，課税ベースの共通化が進められ，それと同時に，その課税ベースを加盟国間で配分するために，定式配賦方式が注目されている。もしこの試みが実現すれば，EU域内の複数の国家間でユニタリータックスが適用されることになる。現時点では州間に限られるその範囲が，国家間にまで拡大することには注視する必要があろう。

(2) 定式配賦方式に準ずる PS 法

　PS 法もまた，合算利益をある基準に基づき分割する方法である点を踏まえれば，定式配賦方式に類似したシステムとして位置づけられよう。なお，その枠組みには，後述の Lebowitz (1999), Russo (2005) が提唱する残余利益分割法と Herzig and Joisten (2010) が推奨する貢献度分析法 (Contribution Analysis) が含まれる。

　OECD (2010) では，純粋な定式配賦方式を完全に否定しているが，PS 法に関しては，基本三法が適用できない場合には，その適用を認めている[35]。ただし，すべての PS 法が第四の方法として認められるわけではない。PS 法の形態に関しては，第 3 章で詳述したが，そのうち残余利益分割法は基本三法に代わる独立企業原則に基づく方法として周知されている。他方，貢献度分析法に関しては，OECD (2010) は認めているが，アメリカ合衆国は規定していない[36]。

　後述のように, Lebowitz (1999), Russo (2005), Herzig and Joisten (2010) は，PS 法を独立企業原則に基づきながら，定式配賦方式の要素を含む方法として考えている[37]。確かに，Lebowitz (1999), Russo (2005) が提唱する残余利益分割法に関しては，その考えに間違いはない。すなわち，残余利益分割法は，独立企業原則にその基礎を置き，OECD (2010) も認める方法であるが，合算利益を分割する点で定式配賦方式に類似する。

　しかしながら，貢献度分析法は PS 法の枠組みを有するが，独立企業原則に基づくか否かは疑わしい。後ほど確認するように，その仕組みをみると，貢献度分析法はむしろ定式配賦方式に準ずる方法であり，そのため上述の考えとは異なる。したがって，本研究では Herzig and Joisten (2010) が推奨する貢献度分析法を，独立企業原則に基づく方法ではなく，定式配賦方式に準じながら PS 法の枠組みを有する方法として位置づける[38]。なお，以後，断りがない限り，「PS 法」は，残余利益分割法及び貢献度分析法を含む PS 法全体を意味する。

3. 第1条件及び第2条件の検証
(1) 過多過少のない課税ベース配分

以上から，独立企業原則よりも定式配賦方式の方が，移転価格税制が本来果たすべき目的を果たすと期待できよう。定式配賦方式では，関連者間取引から生じた合算利益はある定式に基づき関連企業間で配分される。そのため，定式配賦方式によれば，非関連者間取引でも関連者間取引でもその結果は同じになる[39]。すなわち，定式配賦方式は，多国籍企業による取引形態の選択に介入することはなく，国家間で課税ベースを過多過少なく適正に配分すると期待できよう。

例えば，定式配賦方式により，高税率X国と低税率Y国との間の課税ベース配分比率を50対50に決めておけば，関連者間取引における合算利益100のうち利益30（この場合，移転所得の金額は問題ではない）がX国からY国に移転されたとしても，事前に決めておいた配分比率により，X国には50，Y国にも50の課税ベースが配分される。よって，この手続きは非関連者間取引でも同様なので，多国籍企業が取引形態をどのように選択しようとも，関連者間取引と非関連者間取引は同じ結果に導かれる。このように考えると，独立企業原則よりもむしろ定式配賦方式の方が，関連者間取引と非関連者間取引の税務上のパリティを達成するというパラドックスが生じよう。

定式配賦方式によれば，上述した手続きを踏むので，国家間の「適正」な課税ベースの第2条件がクリアされるはずである。つまり，定式配賦方式では，内部取引利益は合算利益に含まれ国家間で分割されるので，課税ベースが一方の国に過多に他方の国に過少に配分されることはないであろう。

(2) 経済的二重課税の回避

国家間の「適正」な課税ベース配分のためには，第1条件として経済的二重課税が回避されなければならないが，定式配賦方式のもとでその条件が満たされるのか。結論を先に述べれば，定式配賦方式によれば，経済的二重課税は回避されるので，第1条件のクリアが可能であると考えられる。

確かに，定式配賦方式に反対する理由として，経済的二重課税がしばしば指摘される。OECD（2010）は，定式配賦方式を適用した場合，各国が課税ベースの獲得に奔走する限り経済的二重課税は回避できないと断言している[40]。この背景には，定式配賦方式では，資産，給与及び売上などを配賦要素とする定式に基づき関係国間で合算利益を配分するため，当該関係国は相手国よりも課税ベースを多く獲得する配賦定式を望むはずであるとするOECD（2010）の分析がある[41]。

しかしながら，課税ベースを可能な限り多く獲得しようと企図するのは，独立企業原則のもとでも同様である。また，独立企業原則によれば，基本三法のいずれの方法を適用するかにより，相手国よりも多くの課税ベースが自国に配分されるように操作することが可能である。連続価格帯の問題でも指摘したが，輸出国が移転価格税制を執行する場合には，再販売価格基準法が適用されることで，その輸出国には原価基準法による場合よりも多くの課税ベースが配分される。したがって，課税ベースの獲得の観点から，定式配賦方式を批判するのには無理があろう[42]。

このように考えると，OECD（2010）は批判的であるが，むしろ定式配賦方式は経済的二重課税の回避に役立つと言えよう。先述のように，定式配賦方式では合算利益が関連企業間で配分されるので，移転価格の操作により高税率国から低税率国へ課税ベースが移転されようが，それは合算及び配分の段階で更正されてしまう。つまり，定式配賦方式による場合には，移転価格の操作はその効果を失うことになる[43]。したがって，定式配賦方式によれば，移転価格の操作は意味がないので，その派生的な問題として生じる経済的二重課税もまた回避されると期待できよう。

ただし，小野島（2004）が指摘するように，配賦要素が国際的に共通化されていない中では，定式配賦方式であろうとも，経済的二重課税が生じる危険性がある[44]。小野島（2004）の例えを参照すれば，A国がマサチューセッツ方式を用い，B国が売上を配賦要素とした場合，合算利益のうちA国に（資産50＋給与60＋売上40）÷3＝50が配分され，B国には売上に相当する60が配分

されるので，この場合には合算利益の110％が課税されることになる[45]。

後述するように，定式配賦方式を導入する場合の重要な課題の一つは，何を共通の配賦要素とするか，すなわち，国際的に認められる配賦要素の合理的な選定である。この課題の解決が，定式配賦方式による経済的二重課税の回避につながり，第1条件クリアを可能にする。

第4節　定式配賦方式が抱える問題

1．合理的な配賦要素の選定
(1)　三つの配賦要素—売上，給与，資産

第1条件及び第2条件をクリアするには，独立企業原則に比べ，定式配賦方式の有用性を高く評価できるが，多くの問題を抱えているのも事実である。その一つが何を配賦定式の要素（以下「配賦要素」）とするかである。定式配賦方式が国家間の「適正」な課税ベース配分を達成するには，配賦要素の選定が重要であることに間違いはない。

現在，アメリカ州政府のユニタリータックスでは，売上，給与，資産が配賦要素とされるケースが多い。Musgrave（1972）は，生産要素に係る収益の配分には，市場の需要と供給の両面が反映されるべきであると主張するが[46]，ユニタリータックスのこの配賦要素はその主張に応じている。つまり，これらの配賦要素のうち，売上は市場の需要面を反映し，給与と資産は市場の供給面を反映する。

しかしながら，定式配賦方式を国際的に適用する際に，給与と資産を配賦要素としてその方式に組み込むことには批判がある。Coffill and Willson（1993）は，関係国の行動に注目して，各国は自国に有利なようにそれぞれの配賦要素の比重を変更する可能性があることを指摘する[47]。つまり，労働集約国では全配賦要素のうち給与に対する比重を高めることで自国により多くの課税ベースが配分され，資本集約国では資産に対する比重を高めることで課税ベースが他国より多く配分されるであろう。したがって，配賦要素が操作されれば，国

家間の課税ベース配分は不適正な状態になるであろう。

また，Avi-Yonah（1993）は，配賦要素に給与と資産を含めることで，多国籍企業の雇用と投資にその影響が生じると主張する[48]。すなわち，もし仮に，給与を配賦要素とすると，多国籍企業は低税率国で労働集約的な製造活動を行う可能性があり，また資産を配賦要素とする場合にも，多国籍企業は低税率国に投資する可能性があろう。そのため，配賦要素の可動性が高い場合には，多国籍企業の雇用や投資行動に影響を与えるので，国家間の課税ベース配分は適正になるとは限らない。

このように，配賦要素の操作が可能である場合や配賦要素に可動性がある場合には，定式配賦方式でさえ国家間の課税ベース配分を歪める危険性があることは容易に予想できよう。そのため，配賦要素を選定する場合には，その操作が不可能であり，またその低い可動性が重視されるべきであろう。

(2) 応益原則に基づく配賦要素の選定

Avi-Yonah（1993）は，配賦要素の選定は，多国籍企業の担税力によるのではなく，多国籍企業がそれぞれの行政管轄区から享受する便益によるべきであると提言する[49]。Musgrave（1972）もまた，便益フォーミュラを提言し，課税ベースは国家が提供する経費削減サービスから生じる便益に応じて国家間で配分されるべきであると主張する[50]。すなわち，Avi-Yonah も Musgrave も，応益原則に基づく配賦要素を一つの選択肢として提言する。

Avi-Yonah（1993）は，上述の考えのもと，給与と資産を配賦要素から除き，売上だけを配賦要素とすることを提唱する[51]。そして Avi-Yonah（1993）は，その理由として，市場経済国家（market state）は，その市場を利用することで得られる所得に課税する権利を有すると主張する[52]。確かに，この場合，「市場利用＝便益」と「所得課税＝費用」という構図はなりたつかもしれないが，しかしながら，市場は国家が提供するものではない。また，Avi-Yonah（1993）も指摘するように，多国籍企業は生産量管理などにより売上を操作することが可能である[53]。したがって，売上だけを配賦要素としようとも，その操作が可

能である限り，国家間の課税ベース配分が歪められる可能性は高いであろう。

　このような問題の解決には，付加価値を配賦要素とすることが望ましいかもしれない。2001年に欧州委員会が公表した調査報告書『域内市場における法人課税』が，その手掛かりを与えてくれる[54]。この調査報告書の中で，EU加盟国における課税ベース配分の方法として，定式配賦方式の導入が模索され，そして，配賦要素を付加価値とすることが提言されている。関係国が供給する公共財から多国籍企業が享受する便益は，付加価値に反映されるであろうから，その便益と付加価値との間には相関関係があると言えよう。したがって，付加価値は応益原則に基づく配賦要素であると考えられる。また，付加価値であれば他の配賦要素に比べ，その操作は簡単ではなく，またその可動性も低いので，定式配賦方式の配賦要素として適当なのではないだろうか。

　先述した三つの配賦要素に関する議論では，多国籍企業の所得とそれぞれの配賦要素の相関関係が問われてきた。しかし，付加価値を配賦要素とする，この議論では，関係国が供給する公共財からの便益と付加価値との関係が問われる。売上，給与，資産を配賦要素とする定式配賦方式のもとでは，それぞれの配賦要素と公共財との関係が不明確であるために，関係国における課税ベース配分が適正になるかは疑問が残るところであった。しかしながら，付加価値を配賦要素とすることで，公共財の便益と付加価値の関係が明確にされれば，公共財の供給に関係して課税ベースが国内的に過多過少なく配分されるであろう。また，関係する双方の国においてもこの状態になれば，国際的にも課税ベースが過多過少なく配分されると考えられる。

(3) 原産地原則と仕向地原則の付加価値

　EU域内で付加価値を配賦要素として定式配賦方式が適用される場合には，付加価値は仕向地原則から原産地原則に基づくように調整される。その調整は「原産地原則に基づく付加価値＝仕向地原則に基づく付加価値＋輸出－輸入＋資本財投資－減価償却費」である。このような調整が行われることで，企業の生産活動に関わる付加価値と，その付加価値に反映される公共財の便益との関

係が結び付けられる。したがって，原産地原則に基づく付加価値を配賦要素とすることで，上述のように，企業の生産活動に関わる公共財の便益と負担との関係から，国家間で課税ベースが配分されることになろう。

ところで，付加価値の形態としては，消費型付加価値を選択するのか，所得型付加価値を選択するのか。それぞれの内容をみると，「消費型付加価＝消費 (C)」であり，「所得型付加価値＝給与 (W) ＋企業利益 (P)」である。そのため，企業の生産活動を直接的に反映するのは，原産地原則と所得型付加価値の組み合わせであることは明白であろう。例えば，生産活動に従事する労働者数が増加すれば，企業が生産活動を行う国（原産地）が供給する公共財からの便益は，その分多くその雇用先である企業が享受することになろう。したがって，所得型付加価値を配賦要素として，企業が享受した便益に応じて国家間で課税ベースが配分されることは合理的であろう。

しかしながら，原産地原則と所得型付加価値の組み合わせでは，給与と企業利益をベースとするので，先述した売上，給与，資産を配賦要素とする場合と同じような問題が生じると懸念される。このような問題を考えると，仕向地原則と消費型付加価値の組み合わせの方が望ましいのかもしれない。ただし，消費型付加価値を配賦要素とすると，当該国の公共財の便益と消費者の負担との関係は成り立つが，公共財の便益と生産者（企業）の負担との間に関連性がなくなることも考慮しなければならない。

2. 配賦要素と税率問題

(1) 配賦比率と税率格差

上述のように，関係各国における配賦要素の比重，例えば，給与の比重を高めるか，資産の比重を高めるかは重要であるが，それに加えて，国家間に税率格差がある中では，ある一つの配賦要素の比率（配賦比率）の操作もまた，多国籍企業による租税負担軽減の観点から問題視しなければならない。これは，移転価格の操作と同じ効果が期待され，国家間の課税ベース配分を歪める可能性があると考えらえる。この問題に関して，Eden (1998) の分析を援用して

考察してみたい[55]。

Eden (1998) は，次のような仮定のもと分析を進める[56]。二つの関係国が定式配賦方式を採用し，多国籍企業の税引き前の合算利益Πを画一的に算定すると仮定する。また，各関係国は配賦比率β_1に基づく多国籍企業の合算利益の一部に課税する。この場合，関係国に配分される配賦要素の合計は$\beta_1 + \beta_2 = 1$となる。また，X国の税率t_1とY国の税率t_2をとすると，税引き後の利益Π^*は(1)式のようになる。

$$\Pi^* = (1 - t_1\beta_1 - t_2\beta_2)\Pi \quad \cdots (1)$$

$\beta_2 = 1 - \beta_1$なので，(1)式は(2)式のように示される。

$$\Pi^* = [1 - \beta_1(t_1 - t_2) - t_2]\Pi \quad \cdots (2)$$

確かに，Eden (1998) が指摘するように，同一の税率で全ての利益が課税されると，租税は多国籍企業の行動選択に対して中立的であるので，租税回避は行われないと一般的には考えられる[57]。しかしながら，税率格差がある場合には，定式配賦方式によろうとも，多国籍企業は租税回避行為に努めるかもしれない。

(2)式をβに関して微分すると次のようになる。

$$\delta\Pi^* / \delta\beta_1 = (t_2 - t_1)\Pi \quad \cdots (3)$$

この(3)式の値はt_2がt_1を超えるならばプラスになる。そのため，X国の税率t_1がY国の税率t_2よりも低い場合には，Eden (1998) が指摘するように，多国籍企業はβ_1を引き上げるはずである[58]。その反対に，t_2がt_1よりも低ければ，多国籍企業によってβ_1は引き下げられるであろう。この配賦比率の操作によって，多国籍企業はグループ全体の租税負担を軽減することができるはずである。

したがって，定式配賦方式のもとでは，税率格差は，配賦比率を操作する際に利用されると言えよう。すなわち，多国籍企業は，高税率国の配賦比率を引き下げ，低税率国の配賦比率を引き上げる。Herzig and Joisten (2010) が指摘するように，多国籍企業は，給与が配賦要素である場合には低税率国の労働比率を引き上げ，他方，資本が配賦要素である場合には，高税率国では資産比率を引き下げ，低税率国ではその比率を引き上げるかもしれない[59]。さらに，

付加価値を配賦要素にした場合も，高税率国と低税率国との間でその比率を操作する可能性はあろう。

その結果として，課税ベース配分が操作され，その歪みが国家間で生じると推察できよう。これは，定式配賦方式による場合にも，国家間に税率格差がある中では，多国籍企業による国際的な租税回避の余地，課税ベース配分の操作可能性が残ることを示唆しよう。

(2) 配賦要素と法人税率

以上では，法人税率や税率格差を所与としたが，定式配賦方式による場合，法人税率そのものが変更される可能性はあるのだろうか。独立企業原則による場合には，法人税率を引き下げれば移転価格操作による課税ベースは引き寄せられるが，移転価格操作の可能性が低い定式配賦方式の場合にも，法人税率は引き下げられるであろうか。

結論として，Sørensen (2004) は，EU 諸国における問題の検討から，定式配賦方式のもとでは法人税率は引き上げられると主張する[60]。Sørensen (2004) によれば，定式配賦方式では法人税は本質的に配賦要素への課税となる[61]。これは，例えば付加価値を配賦要素とする場合，その付加価値の増減が法人税の課税ベースを決めるので，法人税は付加価値への課税のように機能するという意味である。Sørensen (2004) は，この考えを基礎として，定式配賦方式による場合，付加価値を配賦要素とすれば，EU 域内における全ての産業の多国籍企業が同じ法人税率に直面するであろうと主張する[62]。この理由は，Sørensen (2004) が法人税は付加価値への課税と考え，EU 諸国で調和化された付加価値税の税率と課税ベースのもと，もはや法人税率が引き下げられる必要はなく，その引き上げが図られると考えるからである[63]。

また，Sørensen (2004) は，付加価値に基づく定式配賦方式のもとでは，多国籍企業による投資の減少を恐れることなく，法人税率は引き上げられると主張する[64]。これは，法人税の課税ベースが法人税率との関係から決まるのではなく，付加価値税の課税ベースとなる付加価値との関係から決まるからで

ある。したがって，Sørensen（2004）の主張に従えば，定式配賦方式が導入されれば，法人税率の変更に関しては，その引き下げから引き上げに向かうであろう。

　Russo（2005）もまた，独立企業原則のもとでは法人税率は引き下げられ，定式配賦方式による場合には，移転価格の租税弾力性（the tax elasticity of the transfer price）が低下するので，法人税率が引き上げられると主張している[65]。すなわち，この主張は，国家間に税率格差がある中で，多国籍企業が移転価格を操作しようとも，合算利益を配賦する定式配賦方式のもとでは，その操作は効果が期待できないので，法人税率の引き上げによる課税ベースの損失を恐れる必要はないという考えに基づくのであろう。Herzig and Joisten（2010）もまた，定式配賦方式によれば，法人税率は引き上げられると主張している[66]。それに対して，Gordon and Wilson（1989）は，定式配賦方式を適用する場合，資産だけを配賦要素とすれば，法人税率を引き下げ，他国からの投資を引き寄せ，その法人税率の引き下げに伴う法人税収の減少分は資産税収の増加分で補われると分析している[67]。

　このように，定式配賦方式による場合に，法人税率が引き上げられるのか，引き下げられるのかに関しては主張が分かれる。確かに，Gordon and Wilson（1998）の主張にも納得できる部分があるが，しかしながら，定式配賦方式によれば，移転価格操作の効果は失われると一般的に考える点を踏まえると，Sørensen（2004）やRusso（2005），Herzig and Joisten（2010）の分析結果の方が現実的には説得力が強いであろう。

3.　企業グループの範囲の決定

　その他に定式配賦方式において問題となるのが，その対象となる企業グループの範囲を決定することである。一般的には，企業グループの範囲は，経済的アプローチ又は法的アプローチから決定できると考えられている。経済的アプローチは，法的なグループとは関係なく，経済的に関連性がある複数の企業から構成される集団を企業グループとする。それに対して，法的アプローチは，

経済的よりも法的構成を重視し，法律が認める関連性（例えば，株式保有率など）があるものを企業グループと認識する。

　Hellerstein and McLure（2004）は，企業グループの範囲を決定する方法としては，経済的アプローチの方が，法的アプローチよりも優位に見えるかもしれないと指摘している[68]。この指摘は，独立企業原則は市場の内部化を無視するが，定式配賦方式はそれを踏まえ多国籍企業の経済的な活動を対象とすることからも納得できよう。また，Hellerstein and McLure（2004）は，もし共同所有される二つの企業間に関連性がなければ，その利益が合算され，ある定式に基づき配分される理由がないであろうとも主張する[69]。これを理論的に考えれば，確かに市場の内部化があるからこそ定式配賦方式が必要であり，また，経済的アプローチが優位になるであろう。

　しかしながら，経済的アプローチにも問題はある。Hellerstein and McLure（2004）によれば，もしアメリカ州政府によるユニタリー事業（unitary business）の決定に関する経験を手本とすれば，それは企業グループの決定に不確実性を与えると主張する[70]。この点をさらに検討すると，Wetzler（1995）によれば，企業グループに関する州政府レベルのコンセンサスはない[71]。そのため，Wetzler（1995）は，経済的二重課税を回避するためには，国家間で定式配賦方式を統一するだけでなく，企業グループの統一化が図られなければならないと主張した上で，定式配賦方式に関してはかなりの統一化が進むアメリカ州政府でも，企業グループを統一的に捕捉してはいないとその問題点を指摘している[72]。さらには，Wetler（1995）は，その現状に警鐘を鳴らすように，統一的な定式配賦方式が多様性のある企業グループに適用されれば，その結果に差異が生じ，また，企業グループの範囲の拡大は，定式配賦方式を不正確なものにすると主張する[73]。

　では，以上の問題を踏まえると，経済的アプローチよりも法的アプローチの方が優れているのだろうか。Hellerstein and McLure（2004）は，法的アプローチによれば，企業グループの範囲に関する調査は相対的に確実性が高くその実施が容易であり，また経済的アプローチで求められた経済的な関連性に関する

事実調査を回避できると指摘している[74]。Russo (2005) は，簡素性の観点から経済的アプローチよりも法的アプローチの優位性を認め，後者の利用を支持している[75]。

しかしながら，Hellerstein and McLure (2004) によれば，法的アプローチには次のような問題がある[76]。第一に，法的には関連するが経済的には関連性のない企業から生じる利益が，その源泉に直接は関係しない配賦要素に基づくことで，企業グループの利益として認められる可能性があろう。第二に，法的アプローチに基づく場合，配賦される合算利益は，租税負担を軽減するために，企業所有の調整によって操作される可能性があろう。もし，100%所有ではない関連企業も企業グループに含めるならば，その関連企業の全ての利益が合算利益に含まれるのか，それとも関連企業の所有割合に比例した利益だけが含まれるのかが問われよう。

以上のように，経済的アプローチにも法的アプローチにも企業グループの範囲を決定する上で一定の説得力があるが，Hellerstein and McLure (2004) は経済的アプローチを支持する[77]。その第一の理由は，経済的アプローチがその実施において簡素性が高いからである。この点は Russo (2005) の見解とは異なる[78]。第二に，経済的アプローチによれば，配賦要素が公正に選定される限り，利益源泉の歪みを引き起こさないからである。さらには，市場の内部化という経済学的な問題を処理するためにも，法律の枠内で企業グループを定義する法的アプローチよりも，実際の経済活動を対象とする経済的アプローチを支持することができよう。

ただ，Hellerstein and McLure でさえも，その支持に確信が持てないようである。Hellerstein and McLure (2004) は，概念的には魅力的であるが，実際には利用が難しい企業グループの範囲を決定する経済的アプローチと，実際には有効性が高いが，租税負担の軽減のために企業所有の操作をもたらす法的アプローチとの間の問題を解決する「魔法の杖 (magic wand) を持ってはいない」と述べている[79]。

第5節　PS法にみる移転価格税制改革の方向性

1. 定式配賦方式の要素を含むPS法

アメリカ州政府のユニタリータックスのような定式配賦方式は，以上の問題から多方面から批判され，現時点では国際的に認められていない。しかしながら，多国籍企業による市場の内部化を踏まえるには，定式配賦方式のユニタリーな概念は必要であろう。そこで，Lebowitz (1999), Russo (2005), Herzig and Joisten (2010) などが定式配賦方式に準じる方法として提唱するPS法への期待は高まろう[80]。なお，PS法は「取引」の合算利益を対象とする点でユニタリータックスとは異なる[81]。

(1) Lebowitzの所説

まずLebowitz (1999) によれば，全般的にみたPS法の長所は，多国籍企業の利益はどのように分割されるのかという質問に答える点である[82]。Lebowitz (1999) は，伝統的な方法であれば真の価格（the "right" prices）を仮定して，この質問に答えようとするが，真の価格を算定する問題に加えて，個々の取引に焦点をあてることは，多くの問題を引き起こすと主張する[83]。

このような方法に代わり，Lebowitz (1999) が求めたのは，多国籍企業が活動する国家間で合算利益を直接的に配賦する，国際的に認められた方法である[84]。そして，Lebowitz (1999) は，アメリカ州政府のユニタリータックスもその要求に応えるための選択肢ではあるが，国際的に認められた方法ではないのでこれを諦め，最も有力な選択肢としてPS法をあげている[85]。なお，Lebowitz (1999) は，PS法が独立企業原則に準じながら，定式配賦方式の要素を有する点を高く評価している[86]。

利益分割の方法論に関しては，Lebowitz (1999) は，複数の形態があるPS法の中でも，特に残余利益分割法を推奨する[87]。すなわち，第一にルーティンの利益をグループ構成企業間で分割し，第二にルーティン利益を超える残余

利益を分割することが望ましいとする。これは OECD の移転価格ガイドライン及び米国財務省規則が制定する方法と全く同じである。この点からすると，残余利益分割法による利益分割は実行可能性が高いと言えよう。

Lebowitz (1999) の研究が発表されたのは，アメリカ合衆国で 94 年最終規則が公表された 5 年後である。その時点ですでに，定式配賦方式よりも残余利益分割法に優位性を見出したことは興味深い。Lebowitz (1999) によれば，1990 年代頃から残余利益分割法が認められ始めたのは，内部取引利益を相対的貢献度に応じて国家間で分割する必要性が高まったことによる[88]。別の見方をすれば，これは内部取引利益に対処する方法の模索が 1990 年代には始まっていたことを意味する。

Lebowitz (1999) は，将来的な見地から，残余利益分割法が優先順位第 1 位の方法として国際的に認識されるには，国家間における基準やルールの統一が必要であると主張する[89]。確かに「PS 法（残余利益分割法）」という名称は同じでも，国家間で微妙にその仕組みが異なるが，この相違を取り除くことが今後の課題となろう。

(2) Russo の所説

Russo (2005) は，市場の内部化が進む中で，比較対象取引が発見できない場合でも，PS 法は特定の要素に基づき利益を分割することで，独立企業原則が適用されないという問題を解決する点を評価する[90]。また，Russo (2005) は，定式配賦方式が導入される時期はまだ訪れていないが，PS 法は移転価格問題に対する実行可能な解決策となり得ると主張する[91]。

Russo (2005) は，PS 法の有用性を示す根拠を OECD の移転価格ガイドライン及び米国財務省規則に求めている。いずれにおいても PS 法は基本三法に代わる第四の方法であり，その意味で伝統的な方法を補完する仕組みとして期待できる。歴史的にみても，アメリカ合衆国では，基本三法が適用できない場合には PS 法が適用されてきた。その点も Russo (2005) が PS 法を提唱する理由である[92]。

Russo (2005) は，OECD 及びアメリカ合衆国が提唱する幾つかある PS 法の形態のうち貢献度分析法と残余利益分割法をあげ，定式配賦方式に代わる方法として後者を推奨する。その主要な理由として次の点を指摘している[93]。
① 経済的事実との関連性がある
② 国際的に認められた方法論
③ ルーティン機能に基づき市場レベルの利益が分割され，超過利潤は経済的リスクを負担した企業に配分される
④ 現行のシステムに比べると簡素性が高い
⑤ 税務当局，納税者，実務家が構築した移転価格の専門的な知識

まず①に関しては，Russo (2005) が残余利益分割法では事実に適合した機能分析が実施される点を認めていることから確認できよう。②は，残余利益分割法が OECD の認める方法である点から明らかである。③に関しては，費用便益の原則に基づけば納得できよう。なお，この場合，経済的リスクは相対的貢献度を意味する。また，基本三法に比べれば，残余利益分割法は比較対象取引を発見する必要がないなど，その簡素性は高いので④も理解できる。⑤に関しては，定式配賦方式に代わる残余利益分割法の適用は，新たな方法の提言というよりも既存の方法の応用なので，この点も認められる。

(3) Herzig and Joisten の所説

Herzig and Joisten (2010) もまた，定式配賦方式の要素を含んだ方法として PS 法を高く評価している[94]。Herzig and Joisten (2010) によれば，市場の内部化を考慮するには，PS 法は伝統的な移転価格算定法よりもより良い方法であり，また，定式配賦方式の要素を含みながらその欠陥を排除するはずである[95]。この欠陥を排除するとは，PS 法が国際的に認められた方法なので，定式配賦方式が認められていない問題を解決することを意味しよう。

さらに，Herzig and Joisten (2010) は，独立企業原則と定式配賦方式の組み合わせは価値があるとして，貢献度分析法と他企業の数値比較法 (comparison with figures of other companies) を提案している[96]。なお，他企業の数値比較

法として，比較利益分割法と残余利益分割法が示されている。貢献度分析法に関しては，①機能分析法(utility of function approach)，②付加価値ベース法(value added approach)，③ゲーム理論依拠法(game theory approach)に区分される[97]。

機能分析法は，88年白書が提唱したBALRMに酷似する方法である。その仕組みをみると，第一に多国籍企業グループが生み出す利益に貢献する機能をすべて認識し，第二に多国籍企業グループのその利益は各関連企業が果たす機能に応じてそれぞれ配分される。Herzig and Joisten (2010) が指摘するように，このような機能分析法のもとでは，利益の大きな割合が最もリスクの高い重要な機能を果たす関連企業に配分され，また残余利益がある場合には，その利益もまたリスクの高い機能を果たす関連企業に配分されるはずである[98]。

付加価値ベース法は，付加価値を配賦要素として利益を分割する方法である。これは，EU諸国で検討されている定式配賦方式の形に似ている。Herzig and Joisten (2010) は，付加価値の算定には付加価値税を利用することを提案し，付加価値税はほとんどの国が導入し，EU諸国においては調和化が進んでいる点から評価している[99]。ただ，付加価値税による場合には，移転価格操作の余地を残すが，この点に関してHerzig and Joisten (2010) は，利益は付加価値の一部であり，独立企業原則に基づくよりは移転価格操作の影響が少ないと主張している[100]。

ゲーム理論依拠法では，利益分割のためにシャプレー値が利用され，第一に独立企業間取引の利益計算からシャプレー値が算定され，第二に関連者間取引と非関連者間取引の利益が比較される[101]。

2. 貢献度分析法の選定と課題

(1) 第2条件をクリアする貢献度分析法

このように提唱されるPS法であるが，第2条件をクリアできなければ，残余利益分割法よりも定式配賦方式に準ずる貢献度分析法の方が有用性が高いとは言えないはずである。

Lebowitz (1999) とRusso (2005) が提唱する残余利益分割法は現行の方

法と同じである。現在，アメリカ合衆国もOECDも残余利益分割法の適用を認めている。その長所に関しては前述した通りであり，また租税裁判においても残余利益分割法の実績がある。しかしながら，残余利益分割法は，第2条件をクリアできない可能性が高い。残余利益分割法における通常の利益の算定がCPMによることから，その結果として，過多過少のない課税ベース配分が期待できないことは既述した。したがって，第2条件をクリアする方法として，残余利益分割法は適当ではないと判断できよう。

それに対して，Herzig and Joisten (2010) が推奨する貢献度分析法は，アメリカ合衆国では規定されていないが，OECD (2010) はその方法を認めている[102]。貢献度分析法のもとでは，利益創出に関する貢献度に基づき，合算利益が関連企業間で分割される。この点から，PS法のうち，貢献度分析法が純粋な定式配賦方式であるユニタリータックスに最も近い方法であると言えよう[103]。ただし，貢献度分析法では，移転価格操作に関わる課税ベースだけが対象となる点ではユニタリータックスとは異なる。

貢献度分析法であれば，第2条件のクリアは可能であると考えられる。内部取引利益は合算利益に含まれ関連企業間で分割されるので，分割基準となる貢献度が公正である限り，課税ベースがある国に過多に配分され，他方の国に過少に配分されることはないはずである。したがって，第2条件のクリアを求めるならば，残余利益分割法よりも，貢献度分析法の方が有用性が高いと考えられる。このことから，Lebowits (1999) やRusso (2005) が提唱する残余利益分割法ではなく，定式配賦方式に準じながらPS法の枠組みを有する，Herzig and Joisten (2010) が推奨する貢献度分析法を支持することができよう。

また，貢献度分析法に含まれる，機能分析法，付加価値ベース法，ゲーム理論依拠法のうち，第2条件との関係からは，付加価値ベース法がその他の方法よりも優位にあると言えよう。まず，ゲーム理論依拠法による場合には，現実と乖離する条件が満たされなければならない。その点から，ゲーム理論依拠法の適用そのものが困難であると判断できよう。機能分析法に関しては，その仕組みがBALRMと類似することを考えると，内部取引利益は残余利益として

扱われることになろう。BALRMではその配分が問題であったが，機能分析法による場合も同様に問題となろう。このように考えると，Herzig and Joisten (2010) が提唱するこれらの方法の中では，付加価値ベース法が第2条件をクリアする可能性が最も高いであろう[104]。

(2) APAによる貢献度の公正な評価

しかしながら，Herzig and Joisten (2010) は，貢献度分析法を推奨するがその基礎をなす貢献度の評価に関しては十分には検討していない。貢献度分析法がうまく機能するためには，その基準となる貢献度が公正に評価されなければならない。すなわち，内部取引利益が合算利益に含まれそれが貢献度で分割される場合，その貢献度の評価に失敗すると，第1条件だけでなく第2条件もクリアされないことになる。そこで，貢献度分析法を補完すべくAPAを併用することが，この問題の解決策になると期待できよう。なお，関係国間で合意されるという意味で，貢献度の評価は「公正」である。

まず，第1条件の経済的二重課税の回避をクリアするためには，関係国間で合意される貢献度に基づき利益が分割される必要がある。一般的には，それぞれの国は課税ベースの獲得を目的に行動すると考えられるので，自国に有利な貢献度の評価を求めるはずである。仮に，付加価値ベース法が適用される場合にも，貢献度となるその付加価値をどのように評価するかが問題となろう。すなわち，消費型付加価値に基づくべきか，所得型付加価値に基づくべきかを決定しなければならない。Herzig and Joisten (2010) は，消費型付加価値を推奨しているが，相手国が所得型付加価値を利用すれば，異なる二つの結果が生じるために，経済的二重課税が生じよう。しかしながら，APAによれば，この問題は解決されるのではないだろうか。

第2条件の過多過少のない課税ベース配分をクリアするためにも，関係各国が認める貢献度の公正な評価が必要となろう。仮に，貢献度が一方の国に有利になるように評価された場合には，合算利益も内部取引利益もその国に多く配分されるであろう。すなわち，公正に評価された貢献度によれば，配分され

なかった利益がその国に配分されるという意味で，利益分割の歪み，ひいては過多過少のある課税ベース配分が生じる可能性がある。例えば，消費型付加価値を唯一の貢献度として利益が分割される場合でも，移転価格の操作などの外生的な要因を考慮せずにその貢献度を評価すれば，その評価の不適正さが国家間の課税ベース配分の歪みとして表れるであろう。しかしながら，この問題もまた，APAのもと事前かつ双務的に協議されれば，移転価格が操作される前に解決されるであろう。

このように，貢献度分析法が第1条件及び第2条件をクリアするためには，貢献度の公正な評価が必要であるが，APAがその問題を解決すると期待できよう。APAは関係各国が事前かつ双務的に協議する場であるので，その場で貢献度に関して協議されれば，関係国間で合意される公正な評価が導き出されると期待できよう。貢献度分析法では，合算利益がその創造に関わる各関連企業の貢献度に基づき分割されるので，貢献度の評価が公正である限り，移転価格の操作は無効となり，また内部取引利益は合算利益に含まれ適正に分割される。したがって，貢献度分析法によれば，第1条件及び第2条件がクリアされる可能性は高い。ただし，そのためには貢献度の公正な評価が重要な要件となる。それを満たすのがAPAである。

3. 国家間の「適正」な課税ベース配分に向けた改革

以上から，貢献度分析法によれば，第1条件及び第2条件がクリアされ，国家間の「適正」な課税ベース配分が期待できる。この点を踏まえれば，移転価格税制改革の方向性は次のように示されよう。

現行の移転価格税制のもと第1条件がクリアされない理由は，基本三法又は第四の方法のいずれの方法による場合も，一方の国だけが片務的にその方法を適用するからである。したがって，相手国が異なる方法を適用すれば，国家間で異なる二つの結果が存在するので経済的二重課税が生じる。しかしながら，この問題はAPAのもとで解決される。APAのもと，事前かつ双務的に国家間で協議が行われることで，経済的二重課税は回避されると期待できる。

その他方，第2条件は，基本三法，第四の方法，それを補完するAPAによる場合にもクリアされない。その根本的な原因は，移転価格税制が独立企業原則に基づくために，市場の内部化を無視して，関連者間取引が非関連者間取引と同様に処理され，内部取引利益が内在するのにも拘わらず，その存在が認められない点にある。この問題はAPAによる場合でさえ解決されない。したがって，第1条件はクリアできても，独立企業原則による限り，いずれの方法による場合も第2条件のクリアは期待できない。

このような問題を抱える，独立企業原則に基づく移転価格税制を改革する方向を貢献度分析法が示唆すると期待できる。貢献度分析法によれば，合算利益が公正な貢献度に基づき国家間で分割され，かつ内部取引利益はその合算利益に含まれるので，第1条件及び第2条件のクリアが可能である。ただし，貢献度の公正な評価はAPAに頼らなければならない。したがって，APAを前提として，市場の内部化を踏まえ，合算利益を分割する貢献度分析法のような方法のもと国家間で課税ベース配分がなされれば，第1条件も第2条件もクリアされるので，その結果は「適正」になると期待できる。

図6-7 国家間の「適正」な課税ベース配分の結果

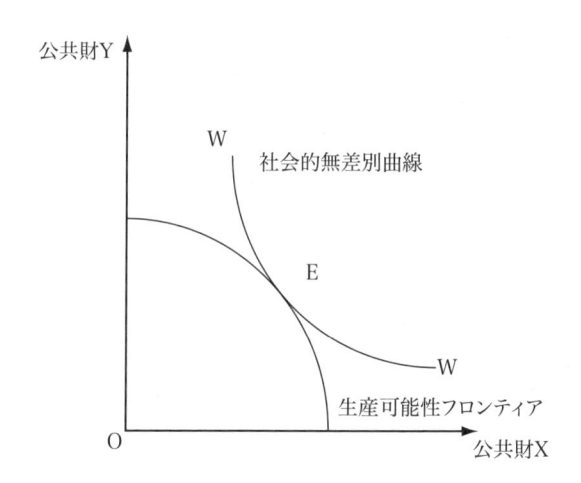

貢献度分析法によるこの「適正」は租税国家が求める結果でもある。これまで租税国家は移転価格税制を利用して租税回避の防止に努めてきた。図6-7に示されるように、国内で利用可能な公共財の供給財源が海外に移転されるのを防ぎ、公共財Xと公共財Yが効率的に配分されれば、社会的厚生が最大化するはずである。しかしながら、独立企業原則のもとでは、第2条件がクリアされないことから、租税国家はこの結果を享受することができない。

それに対して、貢献度分析法では国家間の「適正」な課税ベース配分が達成され、租税回避の防止と同じ結果を租税国家にもたらすと期待できる。すなわち、定式配賦方式に準じる貢献度分析法によれば、独立企業原則のもとでは不可能なことが可能になり、租税国家は社会的厚生を最大化するはずである。したがって、租税国家において移転価格税制は、国家間の「適正」な課税ベース配分を達成すべく、第1条件及び第2条件をクリアする方向に改革されるべきであり、貢献度分析法がその第一歩になり得よう。

第6節 小 括

独立企業原則が限界に至る原因は、多国籍企業による市場の内部化を無視するからであると言えよう。関連者間取引を非関連者間取引のように扱うことには無理があろう。内部取引利益に関しても、この仕組みによるために処理されないのである。

それに対して、定式配賦方式であれば、関連者間取引はそのまま認められ、市場の内部化が踏まえられる。定式配賦方式による場合、関連者間取引の合算利益が国家間で配賦されるので、移転価格の操作の余地がなく、経済的二重課税は回避される。また、内部取引利益は合算利益に含まれ配賦されるので、国家間の過多過少のない課税ベース配分が達成される。つまり、定式配賦方式のもとでは、第1条件及び第2条件がクリアされ、国家間の「適正」な課税ベース配分が達成されると期待できよう。

しかしながら、定式配賦方式には問題がある。第1に配賦要素の選定である。

アメリカ州政府のユニタリータックスでは，売上，給与，資産が配賦要素とされるが，その操作性や可動性が問題となる。第2に配賦要素と税率の問題である。国家間で税率格差がある場合には，高税率国では配賦比率は低く，低税率国では配賦比率が高く設定される可能性がある。また，定式配賦方式が国際的に導入された場合，各国の法人税率は引き上げられるかもしれない。さらに第3に企業グループ範囲の決定に関する問題などがある。

このように，定式配賦方式は，多くの問題を抱えるために有用性は認められても国際的には導入されない。そうした状況において，定式配賦方式に準じながらPS法の枠組みを有する貢献度分析法は高く評価できよう。貢献度分析法によれば，市場の内部化を踏まえ，合算利益が関連企業間で分割されるので，経済的二重課税は回避され，過多過少のない課税ベース配分が期待できるので，第1条件及び第2条件がクリアされ，国家間の「適正」な課税ベース配分が導き出されると考えられる。また，貢献度分析法は，OECDが認めるPS法の枠組みを有する点を踏まえれば，その実行可能性にも期待できよう。

将来的には，これまで以上に多国籍企業による市場の内部化が進み，それに伴い関連者間取引は複雑多様化すると予想されるので，今のままの独立企業原則に基づく移転価格税制では解決できない多数の問題が生じる可能性が高いであろう。定式配賦方式はその解決の手掛かりとなり，貢献度分析法はその第一歩と言えよう。移転価格税制改革の方向性としては，関連者間取引を非関連者間取引のように扱うのではなく，市場の内部化を踏まえて，関連者間取引をそのまま受け入れ，そして，国家間の「適正」な課税ベース配分を達成するようにその改革が進むべきであろう。

---

(1) Dunning, J. H. [17] p.198.
(2) Dunning, J. H. [17] pp.191-194.
(3) Eden, L. [21] p.127.
(4) Dunning, J. H. [17] pp.197-199.
(5) Dunning, J. H. [17] p.198.
(6) Dunning, J. H. [17] pp.193-194.

(7) Wendt, C. [67] p.12.
(8) Dunning, J. H. [17] p.208.
(9) Ethier, Wilfred J., "The Multinational Firm", in Dunning, J. H. [17] p.258.
(10) Eden, L. [21] p.130.
(11) Eden, L. [21] pp.130-131.
(12) Eden, L. [21] p.131.
(13) Eden, L. [21] p.131.
(14) Eden, L. [21] p.131.
(15) Eden, L. [21] p.131.
(16) Dunning, J. H. [17] p.196.
(17) Eden, L. [21] p.131. なお, Dunning, J. H. [18] p.46 が指摘するように, 完全競争市場では, 不確実性などの問題がないので, 取引費用はゼロである。したがって, 取引費用があることは市場の失敗となる。
(18) Williamson, O. E. [68] を参照。また, 中里実 [95] p.124 では, コースの定理を援用して「企業が経済活動を行うに際して市場取引を選択するか企業内取引を選択するかは取引費用により決定される」と指摘されている。
(19) Eden, L. [21] p.131.
(20) Dunning, J. H. [17] p.193.
(21) 中里実 [95] p.124.
(22) McLure, Jr,, C. E. [44] p.94.
(23) McLure, Jr,, C. E. [44] p.94. extraordinary profit に関しては, その内容から「内部取引利益」と呼称する。なお, これは「統合の利益」と同義である。
(24) McLure, Jr., C. E. [44] p.94.
(25) 小野島真 [78] p.239.
(26) King, E. [37] p.30.
(27) 岡村忠生 [77] p.309.
(28) Hellerstein, W. [30] p.108. また同じ文脈から, 独立企業原則を Langbein, S. I. [38] は「神話」(Myth), Bucks, D. R. and M. Mazerov [10] p.387 は「存在しない経済世界 (economic world)」, Miller, B. F. [45] p.1034 は「人工的な空想の世界 (artificial fantasy world)」, 岡村忠生 [77] p.313 は「フィクション」と批判的に表現している。
(29) 岡村忠生 [76] p.59.
(30) Musgrave, P. B. [46] p.407.
(31) Herzig, N. and C. Joisten [32] p.345.
(32) ユニタリータックスの歴史に関しては, 岡村忠生 [75] p.52 を参照。
(33) 米国50州のうち, ユニタリータックスを導入していないのは, テキサス州, ワ

シントン州, ネバダ州, サウスダコタ州, ワイオミング州である。
(34) 世界的ユニタリータックス (Global Formulary Apportionment) に関しては, Miller, B. F. [45] が詳しい。
(35) OECD [50] paragraph1.32. OECD は定式配賦方式の国際的適用を「拒否」する。
(36) OECD [50] paragraph2.119 and 2.200 を参照。
(37) 第6章第5節1を参照。
(38) 独立企業原則に基づくか否かは, 関連者間取引と非関連者間取引のパリティを求めるかにより決まる。Herzig and Joisten が推奨する貢献度分析法はそのパリティを求めない。この点から, 貢献度分析法は, 独立企業原則に基づかないと考えられる。ただし, その仕組みは, OECD が認める PS 法に類似しており, また合算利益を分割する点からは定式配賦方式に準ずる。したがって, 本研究では, 貢献度分析法を「定式配賦方式に準じながら PS 法の枠組みを有する」と考える。他方, Lebowiz 及び Russo が提唱する残余利益分割法はそのパリティを求め, OECD が認める PS 法の枠組みに含まれるので「独立企業原則に基づきながら PS 法の枠組みを有する」と言えよう。なお, 日本には, 貢献度分析法に類似した寄与度利益分割法がある。この方法はそのパリティを求め, かつ PS 法に含まれるので, 「独立企業原則に基づきながら PS 法の枠組みを有する」と位置づけられる。この点で貢献度分析法と寄与度利益分割法は異なる。
<PS 法の枠組み>

Lebowiz 及び Russo	日本の PS 法	OECD	Herzig and Joisten
残余利益分割法	寄与度利益分割法	貢献度分析法	貢献度分析法

(39) Hellerstein, W. [30] p.109.
(40) OECD [50] paragraph 1.22 and 1.23.
(41) OECD [50] paragraph 1.22 and 1.23.
(42) Durst, M. C. [19] では, 定式配賦方式の導入が提案され, 経済的二重課税を問題としてその導入を諦める必要はないと主張されている。現行のシステムでも経済的二重課税が生じると指摘されている。
(43) Miller, B. F. [45] p.1031 は, 定式配賦方式のもとで, 移転価格の操作による課税ベース配分は「ゼロサムゲーム (zero-sum game)」になると主張している。つまり, これは, 関連者間取引では一方の所得が他方の費用であるので, 合算すればゼロになることを意味する。
(44) 小野島真 [78] p.245.
(45) 小野島真 [78] p.245.
(46) Musgrave, P. B. [46] p.401.
(47) Coffill, E. J., and P. Willson Jr. [13] p.1111.

(48) Avi-Yonah, R. S. [4] p.1513.
(49) Avi-Yohah, R. S. [4] pp.1512-1513.
(50) Musgrave, P. B. [46] pp. 399-401.
(51) Avi-Yohah, R. S. [4] p.1513.
(52) Avi-Yonah, R. S. [4] p.1513.
(53) Avi-Yonah, R. S. [4] p.1513.
(54) 小野島真 [79] pp.235-264.
(55) Eden, L. [21] pp.318-319.
(56) Eden, L. [21] p.318.
(57) Eden, L. [21] p.318.
(58) Eden, L. [21] p.318.
(59) Herzig, N. and C. Joisten [32] p.339-340.
(60) Sørensen, P. B. [59] p.101.
(61) Sørensen, P. B. [59] p.95.
(62) Sørensen, P. B. [59] p.96.
(63) Sørensen, P. B. [59] p.96.
(64) Sørensen, P. B. [59] p.96.
(65) Russo, A. [56] p.20.
(66) Herzig, N. and C. Joisten [32] p.338.
(67) Gordon, R. and J. D. Wilson [27] p.90.
(68) Hellerstein, W. and C. E. McLure Jr. [31] p.204.
(69) Hellerstein, W. and C. E. McLure Jr. [31] p.204.
(70) Hellerstein, W. and C. E. McLure Jr. [31] p.204.
(71) Wetzler, J. W. [67] p.360.
(72) Wetzler, J. W. [67] p.361.
(73) Wetzler, J. W. [67] pp.360-361.
(74) Hellerstein, W. and C. E. McLure Jr. [31] p.205.
(75) Russo, A. [56] p.11.
(76) Hellerstein, W. and C. E. McLure Jr. [31] p.205.
(77) Hellerstein, W. and C. E. McLure Jr. [31] p.205.
(78) Russo, A. [56] p.11 では，経済的アプローチに関して，実施の困難性はあるが概念的には優位性があると認めている。これは企業グループ範囲を決定する場合に経済的事実を踏まえる必要があることを意味しよう。
(79) Hellerstein, W. and C. E. McLure Jr. [31] p.205.
(80) この他に Franze, R. [23] p.265 では，PS 法の形態は明確にされずその有用性だけが示されている。

(81) 村上睦 [115] p.205 は，PS 法と定式配賦方式（ユニタリーな課税）の相違に関して「PS 法においては，特定の取引から生じる利益に限定されており，問題とされる取引と直接の関連性を有していることがあげられる。ユニタリーな課税においては全所得が対象となる場合が多く，特定の製品やサービスと関連させることはない」と指摘している。
(82) Lebowitz, B. E. [41] p.1205.
(83) Lebowitz, B. E. [41] p.1205.
(84) Lebowitz, B. E. [41] p.1205.
(85) Lebowitz, B. E. [41] p.1205.
(86) Lebowitz, B. E. [41] p.1205.
(87) Lebowitz, B. E. [41] p.1205.
(88) Lebowitz, B. E. [41] p.1205.
(89) Lebowitz, B. E. [41] p.1205.
(90) Russo, A. [56] p.26.
(91) Russo, A. [56] p.31.
(92) Russo, A. [56] p.26. 米国租税裁判で PS 法が利用された例として，ボシュロム社事案，イーライリリー社事案があげられている。
(93) Russo, A. [56] p.30.
(94) Herzig, N. and C. Joisten [32] p.345.
(95) Herzig, N. and C. Joisten [32] p.345.
(96) Herzig, N. and C. Joisten [32] p.345.
(97) Herzig, N. and C. Joisten [32] pp.345-348.
(98) Herzig, N. and C. Joisten [32] p.346.
(99) Herzig, N. and C. Joisten [32] p.347.
(100) Herzig, N. and C. Joisten [32] p.347.
(101) Herzig, N. and C. Joisten [32] p.347. シャプレー値（Shapley value）は，協力ゲームにおける解概念で，加担する可能性のある結託への限界貢献度の期待値に応じて参加者に利得が配分される。
(102) OECD [50] paragraph 2.119 and 2.120.
(103) また残余利益分割法は独立企業原則に近い PS 法であり，貢献度分析法は定式配賦方式に近い PS 法である。
(104) Herzig, N. and C. Joisten [32] はこの三つの方法に優先順位を付けていない。

結　語

　本研究では，経済的二重課税の回避（第1条件）及び過多過少のない課税ベース配分（第2条件）を条件として，国家間の「適正」な課税ベース配分を達成する移転価格税制の形を模索した。なお，先行研究では，経済的二重課税の回避と内部取引利益は個別の問題として検討されてきたが，本研究ではその二つの問題を国家間の「適正」な課税ベース配分という一つの枠組みの中で考察した。また，同じ研究領域に含まれるMcLure (1984)，Miller (1995)，Hellerstein (2005)，岡村 (1997) などは，内部取引利益の存在を認識しているが，その問題を国家間の課税ベース配分との関係からは検討していないので，本研究はその補完を試みた。

　結論を先に述べれば，現行の移転価格税制では，第1条件はクリアされても第2条件のクリアに失敗するために，国家間の「適正」な課税ベース配分は達成されない。第2条件がクリアされない原因は，移転価格税制の基礎にある独立企業原則が完全競争市場を仮定するために，多国籍企業による市場の内部化がその仕組みに組み込まれないからである。それならば，この原因を取り除き，移転価格税制が国家間の「適正」な課税ベース配分を達成するためには，市場の内部化を踏まえる定式配賦方式のような仕組みが必要になると考えられる。

　先行研究で国家間の課税ベース配分を適正にすると言った場合には，それは経済的二重課税の回避を意味する。これは本研究が設定する第1条件のクリアである。移転価格税制では，独立企業原則に基づく基本三法により独立企業間価格が算定される。理論的には，独立企業原則は完全競争市場を仮定するために，それに基づく基本三法（独立価格比準法，再販売価格基準法，原価基準法）のいずれによる場合も同じ結果が導き出される。しかしながら，実際には，それぞれの方法の結果は異なり，連続価格帯の問題が生じる。したがって，関係

国間で異なる方法が適用されれば，二以上の独立企業間価格が算定され，その結果として経済的二重課税が生じるので，第1条件はクリアされない。

また，基本三法には無形資産を正しく評価できないという問題もある。基本三法は比較対象取引の発見をその適用上の要件とするが，無形資産の特殊性からその要件は満たされない。この問題を理論的に考えれば，無形資産は公共財，機会主義，不確実性という特殊性を持つ。これは経済学が教える市場の失敗なので，完全競争市場を仮定する基本三法はその問題を処理できない。この場合には，基本三法に代わる第四の方法として CPM，TNMM，PS 法の適用が認められている。しかしながら，CPM は国際的に認められた方法ではなく，相手国の方法との整合性が崩れれば第1条件はクリアされない。TNMM は国際的には認められているが，関係国においてその導入が準備段階にあるため，相手国が異なる方法を適用すれば第1条件はクリアできない。PS 法でも，関係国間で相対的貢献度の評価が異なれば，第1条件のクリアは失敗する。また，コストシェアリング契約による場合にも，相手国のアプローチとの不整合性から第1条件のクリアは不可能である。

多くの先行研究が，基本三法及び第四の方法を起因とする経済的二重課税の回避を APA に求める。本研究でも，第1条件をクリアするためには，APA が有効であると考えている。基本三法，第四の方法，コストシェアリング契約で第1条件がクリアされない原因は，いずれの方法による場合も，一方の国が片務的にその適用を試みるからである。それならば，相手国と双務的にその方法に関して協議されれば，経済的二重課税は回避されると期待できる。さらには，関係国間でその問題が事前に協議されることが望ましい。APA はその協議の場を提供し，経済的二重課税を事前かつ双務的に回避するので第1条件をクリアする。

先行研究では，この結果をもって国家間の課税ベース配分は適正であると考える。しかしながら，これは第1条件のクリアだけで，第2条件に関しては結果が明らかにされていない。すなわち，この段階では国家間の「適正」な課税ベース配分は確定しない。本研究では McLure (1984) が指摘する内部取引

利益（＝取引費用の節減）を踏まえ，過多過少のない課税ベース配分（第2条件）に関して考察した。その結果，内部取引利益（＝取引費用の節減）が関わると，独立企業原則に基づく移転価格税制（APAを含む）は機能しないことが明らかになった。原因は，独立企業原則が完全競争市場を仮定するからである。

　Dunning（1993）のOLI理論によれば，多国籍企業が市場の内部化（＝関連者間取引）を行うのは，市場では処理できない問題を解決するためである。また，Eden（1998）が指摘するように，取引費用は市場の失敗なので，多国籍企業は市場の内部化によりその問題を解決する。独立企業原則は，この市場の内部化を認めず完全競争市場に依拠するのだから，市場の失敗である取引費用を処理できず，またその節減分に相当する内部取引利益も考慮できない。

　基本三法及び第四の方法に関して，内部取引利益（＝取引費用の節減）を踏まえ第2条件を検証すると，結果はその条件クリアの失敗である。まず，独立価格比準法及び原価基準法による場合，移転価格が独立企業間価格に引き直される過程の中で内部取引利益もまた更正されるので，その分の課税ベースがある国に過多に他方の国に過少に配分される。次に，CPM, TNMMによる場合，非関連者間取引の利益率に取引費用の節減が反映されない。さらに，PS法では，通常の利益の算定にCPMが利用されるので，CPMと同じ問題が生じる。その結果，独立企業原則に基づくどの方法による場合も，課税ベースがある国に過多に他方の国に過少に配分される可能性が高い。

　この問題に対しては，定式配賦方式が有効である。理論的にみれば，定式配賦方式は，多国籍企業グループの合算利益を対象とするため，市場の内部化を踏まえることが可能である。したがって，定式配賦方式は，完全競争市場を基礎とする独立企業原則が解決できなかった問題を解決する。定式配賦方式によれば，内部取引利益は合算利益に含まれ関連企業間に配賦されるので，国家間で過多過少のない課税ベース配分が可能となり，第2条件がクリアされると期待できる。また，移転価格の操作は合算利益の中でその効果を失うので，定式配賦方式による場合には，経済的二重課税も回避され，第1条件のクリアが可能となる。

しかしながら，定式配賦方式には，①合理的な配賦要素の選定，②配賦要素と税率問題，③企業グループの範囲の決定などの問題がある。まず，定式配賦方式の代表として国際的に認知されるアメリカ州政府のユニタリータックスでは，売上，給与，資産が配賦要素となるが，その可動性及び操作性から，その配賦要素が国際的かつ統一的に選定されることは難しい。またEU諸国が提唱する付加価値を配賦要素とする場合にも，その付加価値の形態を所得型にするのか消費型にするのか，また原産地主義に基づくのか仕向地主義に基づくのかなどの問題がある。

国家間で税率格差がある場合は，配賦要素の比率（配賦比率）が問題となる。すなわち，高税率国では配賦比率を引き下げ，低税率国ではそれを引き上げる。この場合，移転価格の操作と同じ効果が生じる。また，関係各国の法人税率そのものにも影響が生じると考えられる。定式配賦方式では，法人税は本質的に配賦要素への課税となるので，企業の利益を対象とする法人税率を引き上げてもその利益が海外へ流出する可能性はない。そのため，関係各国では，その流出を懸念してこれまで法人税率は引き下げられてきたが，定式配賦方式が国際的に導入されれば，それが引き上げに転じると考えられる。

定式配賦方式では，その対象となる企業グループの範囲の決定も問題である。経済的アプローチによる場合には，経済的な関連性の観点から企業グループの範囲が決定されるので，多国籍企業による実際の経済活動を捕捉することが可能である。それに対して，法的アプローチによれば，法律で規定された企業所有との関係からその範囲が決定される。そのため，経済的関連性を重視する定式配賦方式には，経済的アプローチが適合すると考えられる。しかしながら，今はまだ，企業グループ範囲の決定にいずれのアプローチを適用するべきかに関して，明確な解答がない。

現時点では，これらの問題を抱えるために，定式配賦方式が国際的に導入される可能性はほぼゼロである。しかしながら，合算利益を関連企業間で配賦するという考えは，第1条件及び第2条件をクリアするために有効である。理論的な見地からも，市場の内部化を踏まえるには，関連者間取引をそのまま受

け入れる定式配賦方式のような仕組みが求められるが，それがPS法である。PS法は，OECDも認める国際的な取引ベースの方法であり，かつ，定式配賦方式の利点を内在すると考えられので，第1条件及び第2条件をクリアする方法として期待できる。

　Lebowitz（1999）及びRusso（2005）は，PS法の一形態である残余利益分割法を支持するが，この方法は通常の利益を算定する場合にCPMを利用するのでCPMと同じ問題が生じる可能性が高く，結果的に過多過少のある課税ベース配分を引き起こす可能性がある。それに対して，Herzig and Joisten（2010）はもう一つのPS法である貢献度分析法を推奨する。貢献度分析法は，合算利益を貢献度に基づき関連企業間で分割する方法なので，PS法の中でも定式配賦方式に近い結果が期待できる。しかしながら，Herzig and Joisten（2010）では，経済的二重課税や内部取引利益の問題に関しては検討されていない。

　そこで，本研究では，国家間の「適正」な課税ベース配分を達成すべく，Herzig and Joisten（2010）の貢献度分析法を援用して，第1条件及び第2条件のクリアに関する考察を試みた。本研究の結論として，貢献度分析法によれば，内部取引利益は合算利益に含まれ国家間で分割されるので，第2条件はクリアされる。また，多国籍企業が移転価格を操作しても，その効果は合算利益の中で消失するので，経済的二重課税が生じる可能性は低く第1条件もクリアされる。ただし，貢献度分析法による場合には，貢献度を公正に評価しなければならない。この点についても，Herzig and Joisten（2010）では検討されていないので，本研究はそれを補完した。

　まず，第1条件をクリアするためには，関係国間で合意される公正な貢献度を利用しなければならない。仮に付加価値により貢献度の評価を試みても，所得型付加価値と消費型付加価値のいずれに基づくべきかが問われよう。また，第2条件クリアのためにも，その貢献度の公正な評価が求められる。もし一方の国だけが有利になるように貢献度が評価されれば，内部取引利益はその国に多く配分される。これらの問題は関係国間で事前かつ双務的に協議する場があれば解決に向かうと期待でき，本研究ではそれを可能にするのがAPAであ

ると主張した。貢献度分析法による場合，APAのもと公正に評価された貢献度に基づけば，その結果は，国家間の「適正」な課税ベース配分である。

　将来的には，市場の内部化が今以上に進むと予想され，その中では独立企業原則はうまく機能しないと考えられる。この問題の解決には，市場の内部化を認めるシステムの構築が必要である。それが定式配賦方式に準ずるPS法であり，特に貢献度分析法によれば，市場の内部化が踏まえられ，第1条件及び第2条件がクリアされる。したがって，今後の取り組みとしては，移転価格税制は，市場の内部化を無視して関連者間取引と非関連者間取引の税務上のパリティを求める独立企業原則に基づくのではなく，関連者間取引をそのまま認め，国家間の「適正」な課税ベース配分を実現するような方向へ改革されるべきである。

参考文献

[1] Abdallah, W. M., *Critical Concerns in Transfer Pricing and Practice*(Westport: Praeger, 2004).

[2] Abdallah, W. M. and Ahmed S. Maghrabi, "Do Multinational Companies Have Effective Transfer Pricing Systems of Intangible Assets and E-Commerce?", *International Journal of Commerce and Management*(Vol.19 No.2, 2009), pp.115-126.

[3] Amerkhail, V., "Arm's Length or Formulary Apportionment? Sometimes the Best Choice Is Both", *Tax Management Transfer Pricing Report*(Vol.8 No.3, 1999), pp.94-104.

[4] Avi-Yonah, R. S., "Slicing the Shadow: A Proposal for Updating U.S. International Taxation", *Tax Notes*(March 15, 1993), pp.1511-1515.

[5] Berry, C. H., "Economics and Section 482 Regulations", *Tax Notes*(May 8, 1989), pp.741-749.

[6] Berry, C. H. et al., "Arm's Length Pricing: Some Economic Perspective", *Tax Notes*(February 10, 1992), pp.731-740.

[7] Bond, E. W., "Optimal Transfer Pricing When Tax Rates Differ", *Southern Economic Journal*(vol.47 1980)pp.191-200.

[8] Boos, M., *International Transfer Pricing: The Valuation of Intangible Assets*(The Hague: Kluwer Law International, 2003).

[9] Brauner, Y., "Cost Sharing and the Acrobatics of Arm's Length Taxation", *Intertax*(Vol.38 2010), pp.554-567.

[10] Bucks, D. R. and M. Mazerov, "The State Solution to the Federal Government's International Transfer Pricing Problem", *National Tax Journal*(Vol.46 No.3, September 1994), pp.385-392.

[11] Caves, R. E., *Multinational Enterprise and Economic Analysis* [3rd ed.] (New York: Cambridge University Press, 2007).

[12] Casley, A. and A. Kritikides, "Transactional Net Margin Method, Comparable Profits Method and the Arm's Length Principle", *International Transfer Pricing Journal*(September/October 2003), pp.162-168.

[13] Coffill, E. J. and P. Willson Jr., "Federal Formulary Appointment As an Alternative To Arm's Length Pricing: From the Frying Pan To the Fire", *Tax Notes*(May 24, 1993), pp.1103-1117.

[14] Cole, R. T, "Joint Committee Review of APAs Would Devastate the

Program", *Tax Notes*(February 2, 2004), pp.661-662.

[15] Culbertson, R., "A Rose by Any Other Names: Smelling the Flowers at the OECD's Last Resort", *Tax Notes International*(August 7, 1995), pp.370-382.

[16] Dai, X., "Study on Transferring Price Problem of Multinational Corporations", *International Business Research*(Vol.3 No.3, July 2010), pp.122-125.

[17] Dunning, J. H.(ed.), *The Theory of Transnational Corporations*(London: Routledge, 1993).

[18] Dunning, J. H.(ed.), *Governments, Globalization, and International Business*(New York: Oxford University Press, 1997).

[19] Durst, M. C., "A Statutory Proposal for U.S. Transfer Pricing Reform", *Tax Notes International*(June 4, 2007), pp.1041-1057.

[20] Dworin, L., "Transfer Pricing Issues", *National Tax Journal*(Vol.43 No.3, September 1990)pp.285-291.

[21] Eden, L., Taxing Multinationals: *Transfer Pricing and Corporation Income Taxation in North America*(Toronto: University of Toronto, 1998).

[22] Foly, S. F. and C. J. Chandler, "The IRS's Cost Sharing Proposal: A Change in Direction", *Tax Management Transfer Pricing Report*(Vol.14 No.12 October 12, 2005), p.490.

[23] Franze, R., "Transfer Pricing and Distribution Arrangements: From Arm's Length to Formulary Apportionments of Income", *Intertax*(Vol.33 2005), pp.260-265.

[24] Frisch, D. J., "BALRM Approach to Transfer Pricing", *National Tax Journal*(September, 1989), pp.261-271.

[25] Gary, K. A., "Revolving Door Keeps Spinning, APA Program Keeps Ticking", *Tax Notes*(January 26, 2004), pp.443-446.

[26] Gianni, M. B., "Transfer Pricing and Formulary Appointment", *Taxes*(March 1996), pp.169-182.

[27] Gordon, R. and J. D. Wilson, "An Examination of Multijurisdictional Corporate Income Taxation under Formula Apportionment", *Economica*(Vol.54 No.6, November 1986), pp.1357-1373.

[28] Granfield, M. E., "An Economist in the BALRM", *Tax Notes*(July 10, 1989), pp.217-222.

[29] Hamaekers, H., "The Comparable Profits Method and the Arm's Length Principle", *International Transfer Pricing Journal*(May/June 2003), pp.90-93.

[30] Hellerstein, W., "The Case for Formulary Apportionment", *International*

Transfer Pricing Journal(May/Jun, 2005), pp.103-111.
[31] Hellerstein, W. and C. E. McLure Jr., "The European Commission's Report on Company Income Taxation: What the EU Can Learn from the Experience of the US States", *International Tax and Public Finance*(Vol.11 No.2, March 2004), pp.199-220.
[32] Herzig, N., and C. Joisten, "Between Extremes: Merging the Advantages of Separate Accounting and Unitary Taxation", *Intertax*(Vol.37, 2010), pp.334-349.
[33] Hirshleifer, J., "On the Economic of Transfer Pricing", *The Journal of Business*(July, 1956), pp.172-184.
[34] Horst, T., "The Comparable Profits Method", *Tax Notes*(May 31, 1993), pp.1253-1267.
[35] Horst, T., "Transfer Pricing: Profit Split Methods", *Tax Notes*(July 19, 1993), pp.335-348.
[36] Kauder, L. M., "Intercompany Pricing and Section 482: A Proposal to Shift from Uncontrolled Comparables to Formulary Apportionment Now" *Tax Notes*(January 25, 1993), pp.485-493.
[37] King, E., *Transfer Pricing and Corporate Taxation: Problems, Practical Implications and Proposed Solutions*(New York: Springer, 2010).
[38] Langbein, S. I., "The Unitary Method and the Myth of Arm's Length", *Tax Notes: Tax Analysis Special Reports*(February 17, 1986), pp.625-681.
[39] Langbein, S. I., "Transaction Cost, Production Cost, and Tax Transfer Pricing" , *Tax Notes*(September 18, 1992), pp.1391-1413.
[40] Langbein, S. I., "A Modified Fractional Apportionment Proposal for Tax Transfer Pricing", *Tax Notes*(February 10, 1992), pp.719-731.
[41] Lebowitz, B. E., "Transfer Pricing and the End of International Taxation", *Tax Notes International*(September 27, 1999), pp.1201-1209.
[42] Markham, M., *The Transfer Pricing of Intangibles*(The Hague: Kluwer Law International, 2005).
[43] Markham, M., "The Advantages and Disadvantages of Using an Advance Pricing Agreement: Lessons for the UK from the US and Australian Experience", *Intertax*(Vol.33, 2005), pp.214-229.
[44] McLure, Jr., C. E.(ed.), *The State Corporation Income Tax –Issues in Worldwide Unitary Combination*(Stanford: Hoover Institutes Press, 1984)
[45] Miller, B. F., "None Are So Blind As Those Who Will Not See", *Tax Notes*(February 13 1995), pp.1023-1035.

[46] Musgrave, P. B., "International Coordination of Tax on Capital Income", *Public Finance*(Vol.27, 1972), pp.394-413.
[47] Musgrave, R. A. and Musgrave, P. B.. "Inter-nation equity" Bird, Richard M. and John G., Head(ed), *Modern Fiscal Issue: Essays in Honor of Carl S. Shoup*(Toronto: University of Toronto Press, 1972).
[48] OECD, *Tax Aspects of Transfer Pricing within Multinational Enterprises*(Paris: OECD, 1993).
[49] OECD, *Transfer Pricing Guidelines for Multinational Enterprises and Tax Administration*(Paris: OECD, 1995).
[50] OECD, *OECD Transfer Pricing Guidelines for Multinational Enterprises and Tax Administrations 2010*(Paris: OECD, 2010).
[51] Owens, J., "Should the Arm's Length Principle Retire?", *International Transfer Pricing Journal*(May/June 2005), pp.99-102.
[52] Pagan, J. C. and W. J. Scott, *Transfer Pricing Strategy in Global Economy*(Amsterdam: IBFD Publications, 1993).
[53] Przysuski, M. et al., "Determination of Intangible Property Ownership in Transfer Pricing Analyses", *Tax Notes International*(January 19, 2004), pp.285-296.
[54] Purvis, S. E. C. et al., "At Arm's Length in the BARLM", *Tax Notes*(July 17, 1989), pp.327-334.
[55] Rapp, R. T., "Pitfall in the BARLM", *Tax Notes*(November 5, 1990), pp.703-707.
[56] Russo, A., "Formulary Apportionment for Europe: An Analysis and A Proposal", *Intertax*(Vol.33, 2005), pp.2-31.
[57] Schwartz, M. et al., "Working With the APA Process", *Tax Notes*(March 8, 2004), pp.1184-1185.
[58] Smith, G. V. and R. L. Parr, *Valuation of Intellectual Property and Intangible Assets, Third Edition*(New York: John Wiley & Sons, 2000).
[59] Sørensen, P. B., "Company Tax Reform in the European Union", *International Tax and Public Finance*(January 2004), pp.91-115.
[60] Swenson, D., "Tax Reforms and Evidence of Transfer Pricing", *National Tax Journal*(Vol.54 No.1, March 2001), pp.7-25.
[61] Tang, R. Y. W., *Transfer Pricing in the 1990s: Tax and Management Perspectives*(Westport: Quorum Books, 1993).
[62] Tang, R. Y. W., *Current Trends and Corporate Cases in Transfer Pricing*(Westport: Quorum Books, 2002).

［63］Taly, M., "Comparison of CPM and TNMM Transfer Pricing Methods: A Point of Views", *Tax Notes Internation*(January 29, 1996), pp.315-353.
［64］Uiyanik, A., "Tax Avoidance and Evasion with Transfer Pricing", *The Business Review*(Vol.14 No.2, 2010), pp 91-97.
［65］Waegenaere, A. D. et al., "Using Bilateral Advance Pricing Agreements to Resolve Tax Transfer Pricing Disputes", *National Tax Journal*(Vol.60 No.2, Jun 2007), pp.173-193.
［66］Wendt, C., *A Common Tax Base for Multinational Enterprises in the European Union*(Frankfurt: Gabler Edition Wissenschaft, 2009).
［67］Wetzler, J. W., "Should the U.S. Adopt Formula Apportionment?", *National Tax Journal*(Vol.48 No.3, September 1995), pp. 357-362.
［68］Williamson, O. E., "The Vertical Integration of Production; Market Failure Consideration", *American Economic Review*(May 61, 1971), p.112-123.
［69］Wittendorff, J., *Transfer Pricing and Arm's Length Principle in International Tax Law*(The Netherlands: Kluwer Law International, 2010).
［70］飯野公央「移転価格税制の変遷と合衆国経済」『立命館大学経済学』第42巻　第2号，1993年。
［71］薄木正治「日米税金摩擦―日産・トヨタ還付問題」『経済』(No.295)1988年。
［72］内海英博，堀口大介『海外進出企業のための移転価格税制の実例と対策』中央経済社，2004年。
［73］江波戸順史『アメリカ合衆国の移転価格税制』五絃舎，2008年。
［74］大河原健『移転価格分析の課題と改善策の研究』中央公論事業出版，2005年。
［75］岡村忠生「ユニタリー・タックスの理論とその問題点(一)」『法学総論』第118巻3号，1985年。
［76］岡村忠生「ユニタリー・タックスの理論とその問題点(二)」『法学総論』第119巻6号，1986年。
［77］岡村忠生「国際課税」岩波講座『政府と企業』岩波書店，1997年。
［78］小野島真「国際的定式配賦方式導入の可能性について」『政経論叢』第72第4・5号，2004年。
［79］小野島真「EUにおける法人所得課税の租税協調を巡る議論について―欧州委員会2001年報告書を中心に―」『政経論叢』第74号第1・2巻，2005年。
［80］小幡信史，清水孝『移転価格の税務と管理』税務経理協会，1996年。
［81］加藤惠吉「移転価格税制の変遷― 1990年代初頭までの展開を中心として―」『人文社会論叢(社会科学編)』第18号，2007年。
［82］金子宏「移転価格税制の法理論的検討―わが国の制度を素材として―」『所得課税の法と政策』有斐閣，1996年。

[83] 川田剛『国際課税の基礎知識〔六訂版〕』税務経理協会, 2004年。
[84] 河原茂晴, 浅川洋一, 八田陽子「移転価格課税をめぐる日米の比較―制度・調査・事前確認を中心に―」『国際税務』Vol.17 No.2, 1997年。
[85] 河原茂晴, スティーブン D. ハリス「移転価格課税事例に関する国税庁と米国内国歳入庁の協調体制」『国際税務』Vol.19 No.1, 1999。
[86] 小林威「移転価格税制の財政学的視点」『経済論集』第19巻第1号, 1993年。
[87] 小林威「国際課税の潮流」『成城大学経済研究』1月, 1998年。
[88] 小林威「国際課税の係争と裁定の模索」『関西大学経済論集』第47巻第6号, 1998年。
[89] 小林威, 半谷俊彦「紛争から仲裁の模索へ」小林威編著『移転価格税制の理論・実証研究』多賀出版, 2000年。
[90] 佐藤正勝『移転価格税制の理論と適用 - 日米両国法制の比較研究 -』税務経理協会, 1997年。
[91] 税理士法人トーマツ『日中移転価格税制ガイドライン』中央経済社, 2005年。
[92] 杉村良夫「日本の移転価格税制の研究―日米移転価格税制の比較相違点からの検討―」『名経法学』第24号, 2008年。
[93] 中里実「移転価格とリスクの関係に関するWillsの議論」『一橋論叢』第110巻第1号, 1993年。
[94] 中里実「独立当事者間価格決定のメカニズム」『国際租税法研究』第21号, 1993年。
[95] 中里実「移転価格税制」『ジュリスト』1月号(No.1104), 1997年。
[96] 中里実『国際取引と課税』有斐閣, 2001年。
[97] 中村毅志「独立企業間価格の算定方法等の確認について」『税務通信』2月号, 2000年。
[98] 中村雅秀『多国籍企業と国際税務―海外子会社, タックス・ヘイブン, 移転価格, 日米租税摩擦の研究』東洋経済新報社, 1995年。
[99] 中村豊治「取引単位営業利益法の導入―その意義と実務等―」『国際税務』Vol.24 No.5, 2004年。
[100] 日本租税研究協会『米国内国歳入法第482条(移転価格)に関する財務省規則』1992年。
[101] 八田陽子など「新米国移転価格規則案の概略(第1回)」『国際税務』Vol.23 No.11, 2003年。
[102] 羽床正秀「移転価格税制の論点(上)―日米間の争点を中心として―」『国際税務』Vol.19 No.10, 1999年。
[103] 羽床正秀「移転価格税制の論点(下)―日米間の争点を中心として―」『国際税務』Vol.19 No.12, 1999年。
[104] 羽床正秀「移転価格税制における無形資産の評価について」『国際税務』Vol.20

No.1，2000年。
[105] 羽床正秀，古賀陽子『移転価格税制詳解―平成16年版』大蔵財務協会，2004年。
[106] 藤江昌嗣『移転価格税制と地方税還付―トヨタ・日産の事例を中心に』中央経済社，1993年。
[107] 藤枝純「米国コストシェアリング最終規則解説」『国際税務』Vol.16 No.3，1996年。
[108] フレッド・ジョンソン「移転価格問題のグローバルな解決(3)―無形資産とコスト・シェアリング・アレンジメント―」『国際税務』Vol.21 No.4，2004年。
[109] 本庄資編著『移転価格税制執行の理論と実務』大蔵財務協会，2010年。
[110] 増井良啓「移転価格税制―経済的二重課税の排除を中心にして―」『日税研論集』第33巻，1995年。
[111] 宮嶋大輔，黒川兼「移転価格とロケーションセービング」『国際税務』Vol.22 No.10，2002年。
[112] 村上睦「経済グローバル化に対応する税制のあり方―移転価格税制をめぐる最近の動向―」『租税研究』10月号，1996年。
[113] 村上睦「移転価格税制」日税研論集『経済の国際化と税制』日本税務研究センター，1992年。
[114] 村上睦『多国籍企業と移転価格税制』文眞堂，1996年。
[115] 村上睦「利益分割法の検討」小林威編著『移転価格税制の理論・実証研究』多賀出版，2000年。
[116] 望月文夫『日米移転価格税制の制度と適用―無形資産取引を中心に―』大蔵財務協会，2007年。
[117] 森信夫「利益分割法の適用について(上)」『国際税務』Vol.16 No.8，1996年。
[118] 森信夫「利益分割法の適用について(下)」『国際税務』Vol.16 No.9，1996年。
[119] 森信夫「CPM法の再検討(下)」『国際税務』Vol.19 No.8，1999年。
[120] 森信夫，池谷誠「ロケーションセービングとその帰属について」『国際税務』Vol.25 No.11，2005年。
[121] 森信夫，中島敏「『第四の方法』による移転価格について」『国際税務』Vol.25 No.8，2005年。
[122] 森信夫，中島敏，斉藤優子「米国コストシェアリング規則案について」『国際税務』Vol.26 No.4，2006年。
[123] 森信夫，池谷誠，中野八英「幅としての『アームズレングス価格』について」『国際税務』Vol.26 No.8，2006年。
[124] 森田保男「移転価格税制とOECDガイドラインに関する一考察―米国における移転価格税制を中心として―」『名古屋学院大学論集(社会科学編)』第34巻第2号，1997年。

[125] 森田保男「米国における無形資産取引に関わる移転価格税制の現状」『名古屋学院大学論集 (社会科学編)』第38巻 第1号, 2001年。
[126] 矢内一好『移転価格税制の理論』中央経済社, 1999年。
[127] 矢内一好『日米租税条約』中央経済社, 2004年。

謝　辞

　本研究の作成において多くの先生方からご指導を賜った。ここに感謝の意を表す次第である。

　とりわけ，千葉商科大学の栗林隆先生には感謝を申し上げたい。栗林先生は，著者が研究生活に終止符を打とうか悩んでいた時に再起の機会を与えてくださった。また先生からはご指導を賜っただけでなく，研究に必要な心構えも教えて頂いた。遅々として研究が進まない中で叱咤激励も賜った。本研究が完成したのは栗林先生のおかげである。

　博士課程の演習では，石山嘉英先生，齊藤壽彦先生，三宅純一先生からご指導を頂いた。先生方のご批判のおかげで新たな発見があった。また千葉商科大学大学院の先生方から多くの知識を賜った。明治大学の小野島真先生には，本研究の内容に関する貴重なご指摘を頂いた。さらに，元東京国際大学の小林威先生には移転価格税制の興味深さをご教示頂いた。厚く感謝申し上げたい。

　大阪学院大学の村上睦先生には，貴重な時間の中でご指導を賜った。また学会では討論者も引き受けて頂いた。先生のご指導がなければ本研究は稚拙なものであったであろう。また先生のご批判が研究を進展させたのも確かである。ここに感謝を申し上げる。

　本研究は，これまでの研究の成果である。ただ，移転価格税制の研究は取り組むべき課題が多く，これは一時的な成果にすぎない。今後はその課題に取り組み，更なる研究に邁進する所存である。ご指導頂いた先生方には，新たな研究の成果を示すことで恩返したいと思う。

　また，本研究の刊行にあたり，五絃舎の長谷雅春氏には大変ご尽力頂いた。この場を借りて感謝申し上げたい。そして最後に，いかなる時も応援してくれた家族に感謝の意を表したい。ありがとうございました。

平成24年3月

江波戸順史

索　引

(あ行)

移転価格　　3,6〜13,19,25,40,53,58,
　164,165,168,170
移転価格税制　　19〜22,25,26,29,
　31〜33,40,41,171,175,193,194
移転価格の決定要因　　14〜16
イーライリリー社事案　　99,100
インカムアプローチ　　122〜124
インタークォータイルレンジ　　55〜57
インベスターモデル　　116,144
APA　　83,93,129,130,142〜
　145,191〜193
応益原則　　178,179
OLI理論　　155,157,158,171,172
オートケース　　21〜24

(か行)

外部貢献　　116,117,144
過多過少のない課税ベース配分
　31,33
完全競争市場　　40,43,44,58,68,69,
　71〜73,77,171,172
関連者間取引と非関連者間取引の税務上の
　パリティ　　40〜43,52
機会主義　50,51,157
企業グループの範囲　　183〜185
機能分析　　49
機能分析法　　189〜191
基本三法　　43,44,52,53,57,80,89,
　142,148

92年規則案　　74,75
93年暫定規則　　74,75
94年最終規則　　76
クリントン政権　　19〜21,173
経済的アプローチ　　183〜185
経済的二重課税　　28〜30,62,82〜
　84,93,94,102〜104,142〜144,147,148,
　150,175,176,191
ゲーム理論依拠法　　189,190
原価基準法　　43,44,46,58〜62,
　92,162,165
原産地原則　　179,180
公共財　　50
貢献度分析法　　97,174,189〜194
効率的移転価格　　4,5,9,13
効率的な資源配分　　16
合理的予測便益　　110,119,120
国内APA　　131,147,148,150
国内APAの申請数　　145
国内APAの締結数　　145
コストアプローチ　　122〜124,145
コストシェアリング契約　　109,110,
　114,125,144,149
国家間の「適正」な課税ベース配分
　26,29,30,31,33,192,194,
国家間の課税ベース配分　　21,26,27,
　28,160〜162,170,180

(さ行)

最後の手段　　100

最適方法ルール　　58～60
再販売価格基準法　　43～45,58～62,92,162,165
残余利益分割法　　96,98,99,174,186～190
シークレットコンパラブル　　81,141
CPM　　52,76～83,90,91,99,102,103,142,143,148,160,162,163,166,167,169
CPM型の利益法　　90,92,93
市場の失敗　　51,157,158,171
市場の内部化　　157,158,171,172,188,193
市場メカニズム　　40,43,44,47,50,51,53,77
仕向地原則　　179,180
社会的厚生の最大化　　17,194
シャドウ価格　　9
修正原価基準法　　85～87,163,167,168
修正再販売価格基準法　　85～87,168
使用資本分割法　　98
消費型付加価値　　180,192
所得型付加価値　　180
所得相応性基準　　20,72,73
スーパーロイヤルティー条項　　20,72
セーフハーバー　　55,57
セーフヘイブン　　115
世界的ユニタリータックス　　173
相違説　　90,91
相互協議　　19,22,27,28,30,93,149
相対的貢献度　　96,97,101,169
租税回避の防止　　19～21,23～26
租税国家　　16,18,19,25,194

租税条約　　26,27

(た行)

第1条件　　29,30,61,62,82～84,93,94,101,102,104,142,143,144,147,148,150,175,191,192
第2条件　　29,31,33,164～170,175,189～193
対応的調整　　19,27,28,30,32,33
多国間APA　　131
多国籍企業　　155～159
地理的な優位性　　84,156,157
TNMM　　77,85,87～94,99,143,148,148,163,167
定期的調整　　72,91
定式配賦方式　　172,174～177, 179,182～184,188,190,194
デュポン社事案　　79
伝統型の利益法　　90,92,93
同一説　　90,91
特殊資産の優位性　　155～158
独立価格比準法　　43～45,58,59,160,162,164
独立企業間価格　　19,41,42,44～46,52～54,58,59,62,98,164,165,168
独立企業間価格幅　　54,55
独立企業基準　　41
独立企業原則　　39～41,43,44,47,53,60,69～71,77,91,92,98,130,171,172,174,175,176,193,194
取引企業の節減　　172
取引費用　　158,160,161,171
取引費用の節減　　158,159,162,163,164,166,168,169

索　引　219

(な行)

内国歳入法第482条　19,20,22,26,41,42,72
内部化理論　159
内部取引の優位性　156〜158,171
内部取引利益　159,161〜166,169,170〜172,193
二国間APA　131,147,148,150,170,171
二国間APAの申請数　145,147
二国間APAの締結数　145

(は行)

Buy-in　115,144
配賦要素　176,178,179,181,182
ハイブリッド方式　102〜104,148
Hirshleifer Rule　4,5,10〜13
88年白書　67〜69,71〜76
幅　53,54,120,121
BALRM　69〜71
PS法　52,75,77,89,95〜99,101〜103,143,148,163,168,169,174,186〜188
比較可能性　47,49,59
比較対象取引　44,45〜47,88,95,96
比較利益分割法　96
付加価値ベース法　189,190,191

不確実性　51,157
ベリー比率　78,81
法人税率　182,183
法的アプローチ　183〜185

(ま行)

マーケットアプローチ　122〜124,145
無形資産　49〜51,88
無形資産の開発費　110,119
無形資産の帰属　112,113
無形資産の所有権　113

(や行)

ユニタリータックス　172,173,177,186,190
余剰　6,7,9,10

(ら行)

利潤最大化移転価格　13
リスク　49
連続価格帯　61,62
68年規則　42,43,67,68,69,71,72,73,74,75,76
ロケーションセービング　83〜85,94,100

江波戸順史(えばと・じゅんじ)
 1972 年 千葉県に生まれる
 1996 年 法政大学経営学部卒業
 1998 年 千葉商科大学商学研究科修士課程修了
 2000 年 明治大学大学院政治経済学研究科博士前期課程修了
 2003 年 明治大学大学院政治経済学研究科博士後期課程単位取得
 2012 年 千葉商科大学大学院政策研究科博士後期課程修了
    博士(政策研究)の学位取得

 現　在　大月短期大学非常勤講師
    聖学院大学政治経済学部非常勤講師
    都留文科大学社会学科非常勤講師
    千葉商科大学商経学部非常勤講師
 著　書　『アメリカ合衆国の移転価格税制』(五絃舎),『財政学』(共著)創成社,
    『地方財政論』(共著)税務経理協会,『租税論研究』(共著)五絃舎,
    『現代の財政』(共著)税務経理協会,『現代財政論』(共著)学陽書房など

独立企業原則の限界と移転価格税制の改革

2012 年 6 月 15 日　第 1 刷発行

著　者：江波戸順史
発行者：長 谷 雅 春
発行所：株式会社 五絃舎
　〒 173-0025 東京都板橋区熊野町 46-7-402
　電話・ファックス：03-3957-5587
　メールアドレス :h2-c-msa@db3.so-net.ne.jp
検印省略　2012 ⓒ　　Junji Ebato
組 版：Office Five Strings
印刷・製本：モリモト印刷
printed in Japan　　ISBN978-4-86434-013-7